GÉNÉRAL TROCHU

ŒUVRES POSTHUMES

TOME II

LA SOCIÉTÉ, L'ÉTAT, L'ARMÉE

ŒUVRE POSTHUME ÉCRITE DE 1874 A 1890

Suivie d'un Appendice : L'HISTOIRE ANECDOTIQUE

TOURS
ALFRED MAME ET FILS, ÉDITEURS

1896
Tous droits réservés

LA SOCIÉTÉ
L'ÉTAT, L'ARMÉE

PROPRIÉTÉ DES ÉDITEURS

GÉNÉRAL TROCHU

ŒUVRES POSTHUMES

TOME II

LA SOCIÉTÉ, L'ÉTAT, L'ARMÉE

ŒUVRE POSTHUME ÉCRITE DE 1874 A 1890

Suivie d'un Appendice : **L'HISTOIRE ANECDOTIQUE**

Senilia somnia...

TOURS
ALFRED MAME ET FILS, ÉDITEURS

1896

Tous droits réservés

INTRODUCTION

> De l'arrêt de décadence qui semble prononcé contre la France, nos successeurs appelleront. Je me propose de leur montrer, autant que je sais et que je puis, quelques-uns des moyens à employer pour faire casser par l'avenir ce douloureux et déshonorant jugement.

Peut-être est-il possible à l'homme qui est pour toujours sorti des affaires publiques et du monde, dont il ne souhaite et n'attend plus rien, qui achève dans la paix une carrière laborieuse et chemine vers la fin, de parler avec impartialité, avec désintéressement, avec philosophie, des choses qu'il a vues et des expériences qu'il a faites.

Ce qui semble impossible, c'est que le plus grand nombre, dans ces temps de scepticisme railleur et quelquefois insulteur, croie à cette impartialité, à ce désintéressement, à cette philosophie, qui seront le principal et sans doute l'unique mérite de l'œuvre que j'entreprends.

Alors, à quoi bon l'œuvre? Un enseignement sans autorité est infailliblement un enseignement sans utilité.

Ces réflexions, qui découragent mon zèle, sont combattues par d'autres réflexions qui l'encouragent. Il se réveille en moi à l'heure où la France, après d'extraordinaires et patriotiques efforts, commence à se relever de ses ruines et recommence à espérer. Je me dis qu'elle n'est pas encore arrivée à cette période de doute et d'affaissement moral qui précéda et qui prépara la décadence romaine dès le temps de Cicéron, où déjà les augures chargés d'annoncer les présages sacrés « ne pouvaient se rencontrer sans rire ».

Si les augures français ne sont pas crus, — je suis fixé sur ce point puisque, avant ses revers, je fus vingt ans, sans être cru, augure de malheur dans l'armée française, — il est encore parmi nous des croyants qui peuvent se rencontrer sans rire. C'est beaucoup, et là où la foi (j'entends tous les genres de foi, religieuse, patriotique, militaire, de la famille, du devoir, de l'honneur..., qui ne sont pas d'invention et de convention politiques) a des représentants convaincus, tout n'est pas irrévocablement perdu. La foi moderne, il est vrai, ne transporte plus les montagnes ; telle qu'elle est, elle peut aider à les franchir.

C'est à cet espoir restreint que je borne mes aspirations, et si, comme il est à prévoir, on les qualifie de prétentions, on ne me fera pas justice. A l'avance, d'ailleurs, je m'en console, car je suis arrivé à cet état de l'âme où, ployant sous le fardeau de la vie, l'homme espère ailleurs, regarde en haut et se sent « délivré de
« ses passions, de la malignité des hommes, *de la*
« *tyrannie de leurs maximes,* des malheurs que le
« monde attribue à la fortune, de l'inconstance et de l'in-

« fidélité de ses amis, des artifices de ses ennemis, de
« sa propre faiblesse... »

(Fénelon.)

Si le monde ne croit pas à ces sentiments et s'il en rit, s'ensuit-il qu'ils ne soient pas et qu'ils ne vaillent pas? La vérité méconnue cesse-t-elle d'être la vérité, et l'erreur acclamée cesse-t-elle d'être l'erreur? En 1866, les militaires français, immobiles dans leurs traditions, avaient une grande opinion de l'armée autrichienne, une petite (quoi qu'on pût leur dire) de l'armée prussienne. Cette erreur fondamentale, qu'un examen attentif eût dissipée, a-t-elle changé le cours des événements dans la foudroyante campagne de Sadowa, avec leurs infaillibles conséquences sur nos propres destinées ?

La constitution militaire et l'armée française de 1869 nées d'une légende éclatante entre toutes, mais qui n'avait pas fondé pour l'avenir [1], n'étaient-elles pas dans la croyance du monde, dans la nôtre surtout, les meilleures de l'Europe? La tribune, la presse, des succès militaires (Algérie, Crimée, Italie, Mexique, etc.), presque toujours surfaits dans leurs proportions et dans leurs résultats pour les besoins de la popularité des gouvernements et pour les besoins de la vanité nationale, avaient fixé la tradition de notre invincible supé-

[1] Le premier empire, livré à d'incessantes et difficiles entreprises de guerre, avait formé de puissantes armées. Il n'avait pas fondé d'*institutions militaires*, qui sont exclusivement le fruit de la méditation et du travail des longues paix.

riorité dans les armes. Où cette superstition nous a-t-elle conduits?

La constitution militaire et l'armée française d'aujourd'hui (imitation à certains égards mal entendue des institutions militaires et de l'armée prussiennes) ont déjà leurs courtisans. Quelques succès à la guerre, que je crois dès à présent possibles, les élèveraient de nouveau dans l'opinion sur un piédestal... Est-ce qu'elles répondent soit par la solidité des principes, soit par la perfection de l'organisme, aux redoutables éventualités de la situation que les événements et de grandes fautes ont faite à la France, à présent sans frontières? Je ne le crois pas, et l'un des buts auxquels tend le livre que j'écris est de justifier ce doute.

Ai-je besoin d'ajouter qu'ayant autrefois, dans les mêmes préoccupations de salut commun, librement parlé à l'empire, dont le gouvernement jugea mon effort subversif, je parlerai librement à la république, dont le gouvernement ne sera peut-être pas plus juste et plus clairvoyant. Car en France, pays d'origine du libéralisme, c'est une loi sous tous les régimes politiques qui se succèdent, que toute discussion-critique des choses soit accueillie comme une déclaration de guerre aux personnes, comme un attentat contre le gouvernement et contre la nation! Notre libéralisme est d'exportation. Nous l'avons fait pénétrer chez tous les peuples de l'Europe, nous n'en avons gardé pour nous que les apparences et le renom.

Aussi est-ce moins aux méditations de mes contemporains qu'à celles des générations de l'avenir affranchies des préjugés, des engouements, des partis pris, enfin des passions du temps présent, que j'offre cette étude pour l'inévitable moment où elles auront à défaire et à refaire ce qu'on fait aujourd'hui.

A ceux qui, dans la discussion où je vais entrer, me trouveront pessimiste et chagrin, je répondrai :
« Avant les mauvais jours, vous avez déjà porté
« contre moi cette accusation. Pouvez-vous la renou-
« veler après, quand le châtiment providentiel, dépas-
« sant de beaucoup mes prévisions d'autrefois, nous
« a si durement frappés dans notre orgueil par l'humi-
« liation, dans notre richesse par la pauvreté déguisée,
« dans notre sécurité par la menace de tous les jours?
« Oseriez-vous soutenir que la sanglante leçon a élargi
« les vues des hommes d'État, éclairé les esprits, relevé
« les âmes; que le caractère national retrempé par le
« malheur, ennobli par le sacrifice, est plus modeste,
« plus consistant, plus sage; que les masses françaises
« revenues à la croyance, au respect, au devoir, à la
« simplicité, sont plus sérieuses, plus déférentes et
« d'un gouvernement plus facile? — Non, sans doute.—
« Eh bien! à l'œuvre. Que chacun de nous, selon ses
« moyens, apporte au pays son effort. »
Je lui apporte le mien. Il ne sera pas populaire. De longtemps la France n'accordera son attention et son intérêt qu'aux publications qui lui diront beaucoup de mal de ses ennemis et quelque bien d'elle-même. Je laisse à d'autres le soin de consoler ainsi son orgueil.

Leurs livres seront avidement lus. Le mien, sans doute, n'aura pas cette fortune. Mais s'il y a mille moyens d'obtenir les applaudissements, il n'y en a qu'un d'obtenir l'estime, c'est de la mériter.

Toute mon ambition est là, et c'est une ambition posthume qui me sera, j'espère, pardonnée.

Général Trochu.

ÉTAT SOCIAL

CHAPITRE I

ÉTAT SOCIAL, ÉTAT POLITIQUE, ÉTAT MILITAIRE

Ces trois états sont étroitement liés, dans l'ordre où je les présente, par la solidarité des causes et par la solidarité des effets. Pas un changement en bien ou en mal dans le premier qui ne réagisse par voie de conséquence forcée, dans le même sens, sur le second et sur le troisième. C'est là un axiome, et sa démonstration serait un inutile effort de rhétorique. Il en résulte pour moi l'obligation d'examiner la condition de notre état social et de notre état politique, sommairement, et seulement dans les rapports généraux qu'ils ont avec mon sujet principal qui est l'exposé de mes vues sur l'institution militaire et sur l'armée.

Je rencontrerai plus d'une fois, dans la suite de cette étude, l'occasion de juger contradictoirement la France et les pays étrangers dans des comparaisons qui ne seront pas toujours à son avantage. Elles blesseront, je le sais, des sentiments qui sont naturels et quelquefois respectables. Mais c'est expressément en vue de combattre *le contentement de soi,* maladie constitutionnelle à laquelle notre pays doit ses plus douloureux et ses plus humiliants revers, que j'ai cherché à saisir la vérité au milieu de la confusion et des contradictions d'aujourd'hui, pour la lui dire.

État social.

LES CROYANCES DANS LES SOCIÉTÉS ANTIQUES ET DANS LE MONDE MODERNE

On dit, on écrit que l'histoire est le tableau de la vie des nations. Elle montre comment elles sont nées, comment elles ont grandi, décliné, disparu. Pas un peuple, pas un gouvernement qui ne puisse consulter ce tableau et tirer profit des enseignements si divers qu'il lui offre.

Par quelle fatalité ce bénéfice leur échappe-t-il presque toujours? C'est en principal parce que l'histoire, — comme tous nous en avons la preuve par les notions populaires qui se fixent de notre temps (la légende) sur les événements où nous avons eu les yeux et la main, — est bien moins l'expression de la réalité des faits et de l'impartialité des jugements, que le champ de bataille où luttent les passions et les intérêts des contemporains. *Ceux qui sont les plus forts à l'heure utile, l'emportent et font la légende à leur profit.*

L'autorité de l'histoire est donc absolument contestable, elle est incessamment contestée, et les générations, trompées sur la leçon des temps présents par les passions qui leur sont propres, sont trompées sur la leçon des temps passés par les passions qui ont agité les générations disparues. Mais il arrive qu'à de certains moments des hommes pleins d'un zèle sincère pour la vérité et doués expressément pour sa recherche, pénétrant dans les régions mal connues, obscurcies ou faussées de l'histoire, en font jaillir la lumière, découvrent les causes et les relient aux effets dans une synthèse qui est remplie d'enseignements.

Parmi les écrivains qui se sont donné la mission d'étudier l'histoire des civilisations auxquelles la nôtre a succédé, pour trouver la raison de leurs progrès, de leur décadence et de leur chute, l'auteur[1] de *la Cité antique*, un livre dont les mérites ont frappé tous les esprits sérieux, me paraît au premier rang. Il est difficile de mettre une érudition plus solide au service d'une sagacité plus pénétrante et plus sûre, d'une philosophie plus ferme et plus éclairée. On sent que la vérité est là. Je ne puis laisser échapper les puissants arguments, les preuves, devrais-je dire, que je rencontre dans cette forte étude de l'antiquité, à l'appui de ma thèse que je définis ainsi :

« Malgré les différences si profondes qui séparent l'anti« quité païenne du monde chrétien d'aujourd'hui, — les
« croyances, la direction intellectuelle, les mœurs, les ins« titutions, etc., — qui rendent toute comparaison impos« sible entre des sociétés si dissemblables, elles ont un
« terrain commun, celui des révolutions qui ébranlent leur
« équilibre social, politique, militaire, et, phénomène sin« gulier, *ces révolutions ont à leur origine les mêmes causes,*
« *dans leur développement les mêmes phases et les mêmes*
« *effets qui se succèdent dans le même ordre.* »

De cette thèse, je trouve dans le livre de M. Fustel de Coulanges la frappante justification dont le résumé suit.

Dans l'antiquité, c'est autour d'une croyance religieuse, par la force d'attraction et de cohésion qu'ils recevaient d'elle, que les hommes se sont groupés pour former successivement la famille, la cité, enfin la nation. Leur foi, quelle qu'elle fût, a été pour eux le lien, la direction et le frein dominant les passions et les intérêts, éclairant la voie, ins-

---

[1] M. Fustel de Coulanges, membre de l'Institut.

pirant l'effort des peuples qui ont vécu avec assez de durée et d'éclat pour laisser une histoire.

La nation est formée. Elle s'est agrandie par la conquête; elle touche à l'apogée de ses destinées. Mais le bien-être développant les appétits avec les besoins, la science appelant les esprits au travail et transformant l'intelligence publique, la philosophie discutant la foi des vieux âges, sont venus. Quand cette foi, qui résume en elle le pacte social et politique, s'est affaiblie au point d'être contestée ou raillée, la division pénètre la nation, les compétitions se prononcent, les guerres civiles suivent, les révolutions éclatent. Dans les deux grandes civilisations les plus rapprochées de nous, et dont la nôtre procède, chez les Grecs et chez les Romains, ces révolutions se produisent invariablement dans cet ordre :

— Les rois perdent l'autorité politique. L'aristocratie gouverne, mais avec le temps une sorte de libéralisme s'impose à elle. Il faut qu'elle compte avec l'aristocratie de la richesse née du travail, des affaires, et qui est, comme la bourgeoisie de notre temps, l'avant-garde du peuple dont les agitations obtiendront avant longtemps d'importants privilèges : des magistrats à lui, des lois faites pour lui, des assemblées qui délibéreront en son nom.

— La désunion s'accentue. Les mœurs publiques, non sans luttes sanglantes, tendent à une sorte de nivellement des conditions. Le peuple ne tarde pas à avoir les mêmes lois que l'aristocratie dirigeante et à les faire avec elle. Ses représentants prétendent et arrivent aux plus hauts emplois.

— La transformation sociale et politique suivant son cours, le patriciat perd le pouvoir et s'y voit remplacé par le groupe, dont j'ai expliqué l'élévation progressive, des citoyens riches et influents. Ils favorisent le développement du négoce, de l'industrie, des sciences, des arts, introduisant en même temps dans les mœurs publiques les goûts de bien-être, de recherche et de luxe qui vont amollir les âmes, énerver les bras, ruiner les traditions d'austère simplicité des ancêtres. La portion des armées que recrute la masse populaire, l'infanterie, devient, par le fait de l'évolution démocratique autant que par les progrès de l'art militaire, prépondérante dans ces armées où la cavalerie (la chevalerie patricienne) avait été presque seule comptée jusque-là.

— Mais comme le patriciat religieux s'est heurté aux prétentions des parvenus du travail et des affaires, ceux-ci, arrivés au pouvoir, se heurtent aux exigences du prolétariat, des pauvres, des déclassés devenus nombreux, envahissants, servant d'instruments à toutes les ambitions, à toutes les convoitises, réclamant le suffrage des foules pour l'élection, l'obtenant, provoquant la sédition autour des lois agraires (le socialisme de ce temps), constituant enfin le gouvernement démocratique tourmenté par les factions qui luttent incessamment pour le pouvoir par la conspiration, la proscription et la guerre civile.

C'est de ce grand désordre, résultant de l'effort tantôt patient, tantôt violent des générations, — désordre qui n'est au fond que la lutte à outrance de ceux qui possèdent contre ceux qui ne possèdent pas, — que sortent en Grèce les tyrans populaires, à Rome les Césars.

Le livre de *la Cité antique* n'a pas spécialement défini les effets, sur l'état moral et politique des nations, du gouvernement césarien acclamé par les foules, recevant d'elles tous les pouvoirs, résumant en lui les institutions et les lois, disposant au nom du peuple de la destinée du pays et des citoyens, gouvernant par le double procédé de la séduction et de la violence, abaissant les caractères par les bénéfices offerts à l'adulation ou par la crainte du châtiment, démoralisant par les pires exemples la multitude qu'éblouit le spectacle incessamment renouvelé de la grandeur des personnes et de l'éclat des choses !

C'est la lente et irrémédiable décadence de la société antique, bientôt suivie de sa ruine consommée par la défaite des armées et par l'invasion.

J'insiste, plus et autrement que n'y a insisté l'auteur de *la Cité antique*, sur cette question de la décadence envisagée du point de vue militaire.

L'étude attentive des événements montre jusqu'à l'évidence que, pendant que de l'abandon des croyances et des fortes traditions du passé, naissait la succession non interrompue des guerres civiles et des révolutions au dedans, *la guerre périclitait au dehors.*

Énervées par le scepticisme religieux et bientôt par le scepticisme politique, soumises à une direction changeante et irrésolue, sollicitées par les factions, entraînées par d'ambitieux aventuriers, atteintes dans leur désintéressement par des largesses de toute origine et dans leur virilité par l'habitude devenue le besoin du bien-être..., les armées perdent peu à peu la confiance qu'elles avaient dans leurs chefs et la confiance qu'elles avaient en elles-mêmes, avec le sentiment de la hauteur de leur mission publique.

L'heure vient des grands revers qui remplissent d'étonnement et de colère l'esprit des peuples jusque-là victorieux ; qui découragent et désorganisent les armées ; qui rendent les institutions militaires suspectes à la nation et aux troupes ; qui font naître entre les partis la lutte sans vérité, sans bonne foi, sans justice et sans dignité, des accusations réciproques et des récriminations haineuses.

Si, dans ce tableau de la vie et de la mort des sociétés antiques, rien n'est immédiatement comparable, comme je l'ai reconnu, aux conditions spéciales de notre existence sociale et politique, n'est-il pas évident qu'il nous montre, à de certains points de vue généraux, de frappantes analogies qui sont faites pour nous alarmer?

L'idéal religieux, chez les Grecs et chez les Romains, n'allait pas au delà du culte des ancêtres, de la dévotion du foyer, de la pratique de quelques vertus domestiques, au delà de la crainte d'une multitude de dieux auxquels, avec la toute-puissance, ils attribuaient presque toutes les imperfections de la nature humaine.

Si l'affaiblissement de cette religion singulière qui, telle qu'elle était, fut pendant des siècles la force régulatrice de l'existence des grandes sociétés disparues, a été l'origine des révolutions qui ont préparé leur déclin et leur ruine, quelles destinées ne nous présage pas l'affaiblissement parmi nous de l'idéal chrétien qui nous a révélé, par la liberté individuelle, par l'esprit de sacrifice, par la charité, — que l'antiquité n'a pas connus, — la dignité et la grandeur de la condition humaine !

N'est-il pas extraordinaire que les révolutions qui ont agité pendant des siècles les peuples dont notre civilisation est l'héritière, aient eu les mêmes causes générales, les mêmes caractères et la même succession que nos propres révolutions?

La monarchie et le gouvernement aristocratique de la naissance, — le gouvernement aristocratique de la richesse, — la démocratie, — la démagogie, — le césarisme, qui fut alors, comme aujourd'hui, la préface quelque temps brillante, et la marque toujours certaine de la décadence des nations? N'y a-t-il pas, dans cette évolution constante de leurs destinées, une logique supérieure, une loi providentielle pleine d'avertissements pour nous?

Si les hommes d'autrefois et les hommes d'aujourd'hui diffèrent par les passions spéciales à leur temps, ils ne diffèrent aucunement par les passions propres à tous les temps : la soif de la possession, de la jouissance, de la domination, tous les besoins, tous les appétits, toutes les imperfections qui sont l'originel et commun héritage de toutes les races humaines, qui sont toujours aussi les causes les plus effectives des révolutions.

LE SCEPTICISME RELIGIEUX

Je me propose d'examiner, dans une discussion très abrégée et d'un caractère encore plus pratique que philosophique, les circonstances communes au monde païen et au monde chrétien, qui ont le plus contribué à faire naître le *scepticisme religieux*, péril de l'un et l'autre temps, avec les conséquences qu'elles ont eues. Cet examen, peut-être un peu hardi, me vaudra de nouveaux adversaires ; car, raillé d'ancienne date par les libres penseurs pour mes principes et mes habitudes de piété, je vais à présent me faire condamner par les dévots intransigeants. Je garde pourtant l'espoir que ma bonne foi et ma sincérité en désarmeront quelques-uns.

Dans toute religion, il faut expressément distinguer entre le *fond* et la *forme*.

Le *fond*, c'est le dogme originel, un code de principes sacrés qui demeurent invariables et qui sont l'essence même de la croyance.

La *forme*, c'est l'ensemble des notions doctrinales qui

sont de tradition et qui règlent l'exercice du culte. Elles doivent presque infailliblement se modifier avec les transformations que le temps introduit dans les esprits et dans les mœurs. Je ferai voir que, lorsque en matière de religion la *forme* reste immuable malgré ces transformations, elle perd les respects de la foule, et le *fond* lui-même ne tarde pas à être discuté.

Dans le paganisme, le dogme originel avait une portée morale et philosophique qui fait comprendre qu'il ait pu si longtemps résumer en lui tous les principes de gouvernement et toute la législation civile. Par le culte des ancêtres, par le culte des morts, autour de l'autel du foyer dont le feu ne devait jamais s'éteindre, par la puissance sans limites de l'autorité paternelle, par le mariage, par le droit de propriété et de succession, etc., etc., l'antiquité avait tous les éléments d'une constitution sociale solide et durable.

Mais, à côté de ces principes qui étaient le vrai spiritualisme des anciens, il y avait toute une mythologie bizarre et compliquée, le culte des dieux dont j'ai déjà parlé, avec des pratiques rituelles où dominait l'idéal superstitieux. Quand les esprits furent émancipés par une civilisation savante, raffinée, curieuse, capable de recherches hardies, où le sensualisme remplaçait peu à peu l'austère simplicité des ancêtres, tout l'appareil de la tradition mythologique et le cérémonial qui s'y rattachait furent abandonnés à la superstition populaire. Elle n'en garda pas longtemps le respect. Le moment vint où, comme je l'ai dit, les augures, interprètes de la volonté des dieux, ne pouvaient plus se rencontrer sans rire.

Avec la foi, directrice de la vie nationale, disparurent les forces de cohésion et d'expansion de la société païenne, par les révolutions dont j'ai précédemment résumé les effets. Elle se débattait dans ces convulsions quand la foi du Christ, triomphant après des siècles d'épreuves, vint fonder le monde moderne[1].

Dans la religion du Christ se rencontrent aussi le *fond*, c'est-à-dire le dogme, et la *forme*, c'est-à-dire la législation doctrinale et les rites.

Le dogme, c'est l'*Évangile*, dont les enseignements ont survécu à toutes les révolutions de la civilisation moderne. Ils ne s'imposent pas seulement aux croyants par la foi. Ils s'imposent à tous les esprits éclairés par la notion des forces morales sans lesquelles les sociétés civilisées ne peuvent garder l'équilibre et durer. Avec ces forces, l'Évangile apportait au monde les principes supérieurs que j'ai déjà sommairement définis :

— de la liberté individuelle qui devait être le point de départ et la préparation de la liberté collective ;

— du droit primant la force ;

— du sacrifice caractérisant et ennoblissant le dévouement ;

— de l'assistance aux faibles, aux souffrants, aux pauvres.

Enfin l'Évangile séparait, — dogme absolument nouveau, — la religion de la politique, faisant à chacune son domaine distinct et ses devoirs particuliers. Cette loi chrétienne fondamentale, que je retiens expressément pour en invoquer l'autorité, se résume dans ces deux hautes déclarations :

« A César ce qui est à César, à Dieu ce qui est à Dieu ;

« Mon royaume n'est pas de ce monde. »

Le Rédempteur disparu, il appartenait à ses délégués, aux apôtres, aux pontifes successeurs des apôtres, de régler

---

[1] Résumé du livre : *la Cité antique*.

souverainement toutes les questions de principe et de fait qui intéressaient les consciences catholiques et l'exercice du culte. Ils ont rempli cette grande mission dans la plénitude de l'autorité doctrinale dont ils étaient revêtus. Mais tous étaient des hommes, et, comme l'atteste surabondamment l'histoire, des hommes de leur temps. Je veux dire que tous, pénétrés de l'esprit du temps où ils vivaient, ont nécessairement et successivement introduit dans les décisions qu'ils ont prises et dans la tradition qu'elles ont consacrée, les aspirations et les idées de ce temps, si différentes des aspirations et des idées qui dominent dans le monde moderne.

Entre les pontifes romains d'aujourd'hui absolument désarmés, sans appui, réduits à n'opposer que leur faiblesse et leur foi aux ardents adversaires que les passions et les événements contemporains leur ont faits, et le pape Jules II marchant le casque en tête contre les Vénitiens et leur reprenant la Romagne, quelle distance, quel travail dans les esprits, quelle métamorphose dans les situations et dans les mœurs !

Pendant que s'accomplissait ainsi l'œuvre des siècles, les sociétés chrétiennes, — comme autrefois les sociétés païennes, — subissaient les transformations successives qui devaient faire de l'intelligence publique et de l'esprit public ce que nous voyons qu'ils sont aujourd'hui. Que cette évolution soit progrès aux yeux des uns, affaissement aux yeux des autres, il ne s'agit pas de la déplorer stérilement et impuissamment comme ceux-ci, ou d'y applaudir dans une pensée d'agitation et de renversement comme ceux-là.

Il s'agit de reconnaître que cette évolution est faite et qu'elle a le caractère de la loi providentielle qui préside aux destinées des associations humaines ; que se refuser à l'accepter, c'est lutter contre l'effort civilisateur qui s'égare souvent, qui marche toujours; que c'est lutter contre le fait et se briser la tête contre un mur d'airain; qu'enfin, c'est à diriger ces invincibles mouvements de l'esprit des peuples dans les voies de la morale chrétienne et de l'intérêt national que doit tendre le concert des amis de la religion, de la vérité, de la justice et de la patrie.

L'un de leurs effets les plus regrettables et les plus dangereux a été d'introduire dans beaucoup d'esprits, — comme autrefois chez les peuples de l'antiquité, — l'indifférence; dans beaucoup d'autres, le doute sur certaines parties de ce passé vénérable qui est le code des croyances catholiques. Le scepticisme disputeur des lettrés, railleur des multitudes, a fait d'attristants progrès, l'un et l'autre confondant systématiquement, dans leur guerre contre la religion, le dogme, qui est le fondement de notre foi chrétienne, et les points de doctrine ou de cérémonial, originaires de tous les âges, qui en sont le complément.

Je vais examiner, avec une sincère et respectueuse impartialité, quelques-unes des erreurs, quelques-uns des anachronismes, à la charge de l'Église ou du monde religieux, qui ont contribué à ce grave désordre.

Pendant des siècles, du commencement du VIIIe à la fin du XVIIIe, l'Église, glissant sur la pente des passions qui troublaient la terre, a voulu que *son royaume fût de ce monde* en même temps que de l'autre.

D'abord directement et quelquefois violemment, plus tard sous le voile des influences, sa main a été partout dans le gouvernement des nations. En outre, les ministres de la religion, ceux-là surtout que l'importance de leur situation signalait à l'attention publique, ont pu accumuler les richesses, les honneurs, et en jouir devant le monde. L'Église croyait trouver dans cet ensemble d'efforts et de succès temporels un complément nécessaire d'autorité pour le gouvernement spirituel des hommes. Elle l'y trouva, en effet, jusqu'au jour où l'opinion, sortant de son rôle de soumission passive, s'émancipa par degrés jusqu'au point de prétendre à l'examen, à la discussion, enfin au contrôle des intérêts généraux.

Bientôt l'esprit public, après les groupes chrétiens dissidents, après les empereurs et les rois souvent en lutte avec l'Église, s'élevait contre elle avec l'énergie, quelquefois avec la violence d'injustice, qui sont la suite et le redressement inévitables des abus qui ont longtemps duré. Il ne lui fut pas tenu compte des éclatants services qu'elle avait rendus à la morale, à la science, à la civilisation. Elle paya les erreurs d'une part de son passé, de tous les préjugés invétérés, de toutes les défiances incurables dont sont encore pénétrés contre elle quelques-uns des hommes éclairés de notre temps et beaucoup de ceux qui ne le sont pas.

C'est vainement que l'Église a acquitté sa dette de sang sur l'échafaud révolutionnaire ; vainement qu'elle a été dépouillée de tous ses biens ; vainement que ses représentants réguliers et séculiers ont été réduits au rôle absolument effacé, par rapport à leur rôle public d'autrefois et aujourd'hui âprement disputé, d'éducateurs de la jeunesse ou d'humbles fonctionnaires religieux pauvrement rétribués par le budget ; vainement que leur recrutement s'opère dans les classes de la société qui peuvent le moins prétendre à l'autorité ; la tradition, la *légende*, prêtent à toutes les catégories de religieux une influence politique active, puissante, souterraine, imaginaire, et il n'est pas rare que quelque dévouement et quelques vertus qu'elles montrent, quelques services qu'elles rendent au pays, elles se voient traitées en ennemies du bien public !

L'Église a certainement, aujourd'hui comme autrefois, le devoir de maintenir intacte sa législation doctrinale; mais, comme je l'ai dit, il s'y rencontre certaines vues, originaires de temps très éloignés, qui ne sont à aucun degré contestées lorsqu'elles sont librement abandonnées à la croyance des fidèles, qui sont ardemment contestées par leurs adversaires quand elles sont rappelées et imposées par des *actes de commandement*. Elles deviennent alors, pour les passions antireligieuses, un excitant et un argument dangereux. J'estime que l'Église ferait acte de sagesse et servirait bien les hauts intérêts qu'elle représente, en s'abstenant de faire revivre *autoritairement*, sans nécessité spéciale, ces traditions que tant de siècles, tant de révolutions sociales et politiques séparent de nous.

Est-il prudent aussi de faire intervenir trop souvent, de faire apparaître, pour ainsi dire, Dieu parmi les hommes, comme c'est la tendance d'aujourd'hui, pour les avertir, les contenir et les diriger? Dieu, dans sa justice souveraine, a voulu que les hommes eussent, avec la *responsabilité, la liberté* de choisir entre les deux voies qui sont ouvertes devant eux, celle du bien et celle du mal. Pour qu'ils pussent distinguer entre les deux, il leur a donné les sûres indications de la conscience, complétées par cette formule d'équité qui résume tout l'enseignement chrétien : *A chacun selon ses œuvres.* Cela ne suffit-il pas?

Les hommes de tous les partis se sont trouvés d'accord, par impossible, pour reconnaître que dans un intérêt supérieur de conservation, de sécurité et de paix publique, la mission de l'armée était incompatible avec une ingérence quelconque, collective ou individuelle, de ses membres dans les actes et dans les faits, quels qu'ils fussent, de la politique ; incompatible même avec l'exercice des droits politiques qui dérivent immédiatement du suffrage universel. Un officier, dont la carrière se poursuit jusqu'au généralat, est privé de ces droits, dans cet intérêt supérieur, tant qu'il est présent sous le drapeau, c'est-à-dire, dans le plus grand nombre des cas, presque toute sa vie.

Et cette intervention est permise, et ces droits sont acquis aux serviteurs de l'Évangile, à ces hommes que leur mandat d'origine sacrée devrait élever si haut au-dessus de nos ambitions, de nos divisions, de nos révolutions politiques ! Ils ne sont pas seulement, comme les officiers et les soldats, les instruments de la paix publique. Ils en sont les professeurs parmi nous, et leur place pendant la bataille des partis n'est pas dans l'un d'eux, elle est, comme on l'a vu quelquefois au grand honneur de l'Église, entre les combattants pour faire triompher la paix ou pour mourir. . . . .
. . . .

Si la plupart des membres du clergé régulier et séculier s'abstiennent de toute ingérence dans le domaine de la politique, d'autres y cherchent et y trouvent quelquefois un rôle, montrant qu'ils ne se souviennent pas que *leur royaume n'est pas de ce monde;* mais le suffrage universel, c'est-à-dire les foules aveugles, passionnées, entraînées, trop souvent malveillantes, et les ennemis que l'Église a dans tous les rangs, s'en souviennent. Ils s'en font une arme de guerre contre elle et, par le bruit qu'ils mènent, compromettent la dignité et l'autorité du saint ministère, en vouant la religion elle-même à la suspicion.

Que dirai-je, restant au même point de vue, *des décorations* attribuées aux prêtres, *et plus d'une fois recherchées par eux,* dont l'objet contraste si formellement avec leur haute mission, avec la modestie et la simplicité obligatoires de leur vie, avec leur vœu d'humilité !

J'ai été assez longtemps près du sommet et au sommet des armées pour recueillir des faits nombreux qui montrent quel degré d'affolement l'ambition de cette croix, — si différente de l'autre, — peut introduire dans l'esprit d'un représentant du Christ. Jamais je n'ai vu décorer et je n'ai moi-même, cédant à des nécessités de situation et à la pression des mœurs publiques, décoré un prêtre sans recevoir une pénible impression du contresens que cet acte consacrait.

Au siège de Paris, je me défendis longtemps, seul contre tous, pour que le vénérable supérieur des frères des Écoles chrétiennes, dont le simple et courageux dévouement avait justement ému l'opinion publique, ne fût pas décoré. Mais il ne pouvait échapper aux effets de l'épidémie régnante, il eut la croix, et le rencontrant un jour :

— Mon cher frère, lui dis-je en souriant, c'est bien malgré moi que je vous ai ôté une part des mérites de vos gratuits et charitables efforts.

— Bien malgré moi aussi que je l'ai perdue, me répondit avec simplicité le digne vieillard.

En effet, pour qu'il acceptât le bénéfice du décret, on l'avait instrumenté aussi obstinément que moi pour que j'y misse ma signature.

Je dirai, pour achever ce rapide examen des faits que je regarde comme des erreurs du monde religieux contemporain, ma pensée sur les manifestations publiques religieuses. Je crois que l'Église va contre ses intérêts en les voulant partout, que le pouvoir va contre la raison et le droit en les interdisant systématiquement.

Aux temps, bien éloignés de nous, où un pèlerin portant les insignes de son vœu (le bourdon et les coquilles) voyait la foule s'incliner devant lui et solliciter sa bénédiction, les manifestations extérieures de la foi répondaient expressément aux aspirations et aux besoins des peuples. Ils les entouraient d'un respect sincère, profond, unanime.

Aujourd'hui, la meilleure fortune que les déploiements de l'appareil religieux, au jour des grandes fêtes de l'Église, puissent rencontrer dans les rues de nos villes, en dehors des croyants qui manifestent, c'est l'indifférence tranquille. Les curieux, les passants, le chapeau sur la tête, regardent les défilés processionnels dans une attitude qui ne révèle ni l'émotion de la foi, ni le recueillement qu'elle fait naître.

Sans parler des circonstances où, comme en Belgique, les processions ont donné lieu à de sérieux conflits, on peut dire que généralement les hommes qui ont à cœur le respect et l'honneur des croyances souffrent de la tiédeur quelquefois irrévérente avec laquelle la foule accueille ces démonstrations solennelles.

C'est que la foi d'aujourd'hui, dans beaucoup de nos villes, moins naïve et moins généralisée malheureusement que celle d'autrefois, est peut-être, là où elle existe, plus réfléchie, plus délicate, plus susceptible, et qu'à un haut degré elle a le sentiment de sa dignité, de sa valeur et de ses droits. Elle ne supporte pas le tumulte de la rue et les agitations de la foule affairée, insouciante ou railleuse. *Elle a besoin des sanctuaires.* Elle les trouve au fond des âmes où parle la conscience, dans la maison de Dieu où règne le recueillement et la prière, dans le cloître où vont s'ensevelir les grandes vocations, les grandes déceptions et les douleurs que le monde ne peut pas consoler, dans le cimetière plein d'avertissements et de silence, où reposent les morts.

Je sais que l'Église n'accueillera pas plus ces réflexions sincères d'un fidèle qui l'a toujours servie, que l'armée française n'accueillit, avant ses malheurs, les avis d'un vétéran qui l'adjurait, dans l'intérêt de la patrie, de renoncer à sa vieille légende et de se réformer. Le temps et d'illustres souvenirs ont inspiré à l'une et à l'autre des vues qui ont profondément pénétré les générations religieuses et militaires. Elles se refusent, avec une ténacité qui n'est peut-être pas sans grandeur, mais que je crois pleine de périls, à entrer dans le courant des idées et des faits nouveaux. Mais il emportera tout.

La Providence, il me semble, montre manifestement à l'Église les desseins qu'elle a sur sa transformation en voulant que son chef suprême, anéanti quant au pouvoir séculier, spolié quant aux biens, et vivant de l'aumône que lui apporte au jour le jour la piété des fidèles, soit en cet état, devant ses amis, ses ennemis et le monde entier, la plus grande personnalité morale de ce siècle ! Aucun des successeurs de saint Pierre, peut-être, n'a eu de si hautes destinées et si rapprochées de celles du divin fondateur par l'épreuve et par l'unanimité des respects qui entourent son abandon (le pape Pie IX).

Dans des temps que l'orgueil universel tient pour l'expression de la civilisation transcendante, la Providence, pour humilier cet orgueil, veut que çà et là la force triomphe du droit, et que les peuples, innocents des fautes des empereurs et des rois, soient emmenés en captivité[1], comme aux temps de la barbarie.

Elle veut qu'au milieu de ce grand désordre, la faiblesse insigne d'un vieillard soit l'embarras, l'empêchement moral et un peu la honte des victorieux. Quel spectacle pour les nations, quel enseignement pour l'Église ! Qu'elle se renferme étroitement dans ses vertus, dans sa pauvreté, dans sa mission de direction des âmes, dans sa mission de

---

[1] L'Alsace et la Lorraine.

charité, de consolation et de paix. *Elle aura le gouvernement du monde dès que son royaume n'y sera plus.* . .

. . . .

A présent, pour montrer comment il se fait que, dans le monde païen comme dans le monde chrétien, les révolutions et la décadence aient été le résultat de *l'affaiblissement des croyances dans les masses,* j'énonce et je crois pouvoir prouver cette double proposition de philosophie et de morale :

1° Que non seulement *les respects* procèdent directement d'une croyance, mais qu'ils sont eux-mêmes une croyance ;

2° Que les respects sont à l'équilibre et à la durée des sociétés ce que le ciment est à l'équilibre et à la durée des édifices.

CHAPITRE II

LES RESPECTS DANS LE MONDE

Il y a deux sortes de respects entre lesquels il faut faire une distinction essentielle :

Les respects volontaires, *respects de principe et de sentiments*, qui appartiennent à tout le monde;

Les respects réglementaires, qui sont particuliers aux armées et aux corporations hiérarchisées. Ils ont une sanction pénale et ce sont *des respects à cours forcé*. J'en ferai plus loin l'objet d'une discussion spéciale.

Les respects volontaires ne sont ni définis, ni réglementés. Ils sont naturels autant que libres, et leur unique sanction est dans les avertissements de la conscience. De ces respects, les uns, — les plus nobles et les plus délicats de la civilisation, — s'adressent à la vertu, à la vieillesse, à la faiblesse, à l'infortune; les autres, aux dépositaires de l'autorité dans la famille et dans l'État, aux grands caractères, aux grands services, à l'éclat d'une situation, etc. Il en est un qui est universel, qui a survécu en France à la ruine aujourd'hui presque achevée de toutes les autres, c'est le respect de la mort, celui qui veut que, sur le chemin du cimetière, toutes les têtes se découvrent devant le cercueil du riche et du pauvre.

Je viens d'énumérer, je pense, tous les attributs du sentiment religieux, conscient ou inconscient, qui porte toutes les créatures humaines à fléchir à de certains moments le genou devant le Créateur. Principe ou instinct, c'est de lui que dérivent nos habitudes de soumission, de déférence, et je crois avoir démontré la première de mes propositions : *que les respects, — les respects volontaires, — procèdent directement d'une croyance et qu'ils sont eux-mêmes une croyance.*

La démonstration de la seconde : *que les respects sont à l'équilibre et à la durée des sociétés ce que le ciment est à l'équilibre et à la durée des édifices,* ne sera ni plus savante ni plus longue.

Un peuple a longtemps vécu. Il est laborieusement arrivé à la civilisation par des chemins difficiles, à travers des périls et des épreuves où la confiance des générations était soutenue par une croyance fidèlement transmise d'âge en âge, et leur effort conduit par des pouvoirs solidement hiérarchisés. *Elles avaient les respects.* C'est là le tableau, dont personne assurément ne contestera l'exactitude, des commencements, des progrès et de l'achèvement des sociétés anciennes et modernes qui se sont fait une place dans l'histoire. Il nous montre notamment la France, au temps de l'ancienne monarchie (siècle de Louis XIV), s'élevant au plus haut point de puissance et de splendeur, sous un gouvernement corrupteur et corrompu, par des générations qui avaient la foi et les respects.

Viennent des docteurs qui contestent et qui raillent ces vieilles traditions. Leurs enseignements avec le temps persuadent la nation, qui nie et qui raille à son tour. On lui dit qu'il faut *un état social nouveau, plus éclairé, plus digne des libres conceptions de l'esprit humain et de la grandeur des destinées humaines;* soit.

Mais voilà que, par une contradiction singulière, on attend et on exige de cette nation qui a doctrinairement désappris le respect de Dieu invisible et tout-puissant, qu'elle ait le respect du chef de l'État, de ses ministres, de ses préfets, de tous les représentants de la hiérarchie officielle, que chaque jour elle voit allant et venant au milieu des vulgaires détails de l'existence commune, dont on discute incessamment devant elle la vie publique et même la vie privée, que les uns louent jusqu'à l'exaltation, que les autres insultent en les vouant au mépris du monde !

On veut que la multitude, qui ne s'incline plus devant la croix du sacrifice et de la rédemption, s'incline devant la croix de la vanité bourgeoise ! Cette croix qu'a inventée César pour remplacer le dévouement indépendant, qui a pour origine le devoir, par le dévouement dépendant, qui a pour origine le besoin de paraître et l'intérêt ! On veut qu'une providence galonnée, réduite à demander son prestige à des conventions auxquelles ni elle ni personne ne croit, remplace l'autre dans l'esprit de la foule !

Quelle puérilité, quel mensonge et quelle folie !...

Comment inspirer aux masses populaires par une vague, subtile et abstraite théorie du devoir social et du devoir politique, la foi artificielle qu'on leur demande, quand elles ont perdu la foi traditionnelle qui les liait à tous les respects de la vie ?

Quand ces respects ont disparu, les sociétés, rongées par un scepticisme qui se généralise et qu'elles opposent à tout ce qui leur représente l'autorité et le frein, se divisent et se désagrègent. Elles vont au-devant de cette destinée fatale qu'un grand et clairvoyant esprit montrait, il y a plus d'un demi-siècle, à l'horizon de notre pays :

« ... Des générations mutilées, épuisées, dédaigneuses,
« sans foi, vouées au néant qu'elles aiment ! »

(CHATEAUBRIAND, *Mémoires d'outre-tombe.*)

LES RESPECTS DANS LES ARMÉES

> Il ne faut pas se dissimuler la gravité des symptômes qui accusent dans l'armée l'altération déjà signalée dans l'ensemble de la société française, des principes et des habitudes de respect.
> (*L'Armée française en 1867.*)

Peut-être, pour ne pas m'écarter de l'ordre logique, — état social, état politique, état militaire, — dans lequel j'ai annoncé que ma discussion se renfermerait, devrais-je réserver pour la troisième partie de ce livre le sujet spécial, à mes yeux très important, que je vais traiter ici. Mais il est si étroitement lié à celui qui précède, et ce que je vais dire est la continuation si nécessaire de ce que j'ai dit jusqu'à présent, que je crois devoir faire une exception aux règles d'exposition que je me suis tracées.

On parle beaucoup des armées, mais ceux qui en parlent le plus et même le mieux se font-ils une idée exacte ou seulement approximative de la fin à laquelle les armées tendent, qui est la bataille, s'ils n'ont pas vu la bataille de près ? Un officier général[1], qui l'avait vue de près et l'avait étudiée avec le sentiment profond de la recherche des réalités, en a fait d'après nature la description suivante qui n'a pas trouvé de contradicteurs, même parmi ceux qui font profession de ne pas croire :

« Encore un instant, et la voix des généraux et toutes

---

[1] L'auteur de *l'Armée française en 1867.*

« les voix du commandement seront dominées par la tem-
« pête du combat. Le canon se rapproche et tonne, la
« fusillade éclate. Les boulets passent en trouant les lignes[1];
« les balles pleuvent en blessant et tuant; des ondes de
« mitraille, dessinées sur le sol par les soulèvements régu-
« liers d'une poussière épaisse, cheminent en ricochant vers
« les rangs, les atteignent et les renversent. L'atmosphère
« est tourmentée par mille bruits à la fois sourds et aigus.
« Le terrain se couvre de morts, de mourants qui expirent
« dans d'intraduisibles convulsions, de blessés qui se
« traînent péniblement cherchant l'abri des haies, des fos-
« sés, des murs de clôture, pour échapper aux pieds des
« chevaux et aux roues de l'artillerie. Partout des amas
« d'armes, de coiffures, de havresacs. Partout des chevaux
« étendus ou qui errent épouvantés sans maîtres, annonçant
« aux masses immobiles de l'infanterie **que la charge** vient
« de passer près d'elles...

« Des soldats accumulés (en nombre toujours excessif)
« autour de leurs officiers blessés les transportent en arrière,
« cherchant le drapeau rouge des ambulances, et récla-
« mant des secours. Des groupes dépareillés, qui ont subi
« des pertes extraordinaires, désertent le combat la tête
« égarée, annonçant que l'ennemi les suit, que tous leurs
« camarades ont été tués, que tout est perdu. D'autres
« groupes réguliers, venant des réserves, opposent aux pre-
« miers le contraste de leur confiance, de leur ardeur, et
« ils courent en avant excités par leurs chefs, et s'excitant
« entre eux à une offensive résolue. . . . .

« O vous tous, hommes de gouvernement et de comman-
« dement, qui avez vu ces effroyables crises, dites, pensez-
« vous *qu'à ce moment* l'appât de la gloire pour quelques-

---

[1] Il s'agit du boulet plein, qui n'est plus guère en usage aujourd'hui. Il est remplacé par l'obus à éclatements, projectile dont les effets sont beaucoup plus meurtriers.

« uns, des récompenses pour les autres, suffise à soutenir
« les cœurs soumis à de telles épreuves ?

« Non, il leur faut un plus noble stimulant. Il leur faut
« le sentiment des grands devoirs et du sacrifice. C'est
« alors que dans leur liberté ils vont fermement, dignement
« au-devant de la mort. *Et parmi eux, ceux-là seulement*
« *ont la sérénité qui croient à une autre vie*[1] *!* »

Les gouvernements réunissent pour la bataille, souvent avec une criminelle légèreté, — nous n'en avons eu que trop d'exemples, — des masses d'hommes qu'attachent à la vie les liens puissants de la jeunesse, de la force, de la confiance dans un long avenir, des souvenirs de la famille restée au pays. Ces hommes savent que beaucoup vont mourir, sans savoir qui la mort choisira, en sorte que tous sans exception peuvent s'appliquer la probabilité de cette prochaine et violente fin de leur carrière. Peut-on imaginer, quoi qu'écrivent les poètes sur la guerre, et quoi qu'en disent les héros de salon, une contention morale plus naturelle, plus anxieuse et plus profonde ? Elle l'est à ce point, qu'à l'heure de l'extrême péril les moins croyants, — on le sait parce que beaucoup ont la sincérité de l'avouer, — se recommandent mentalement à l'assistance d'en haut.

Quels moyens de dominer ces irrésistibles émotions du champ de bataille ? Je répète qu'il y en a deux et qu'il n'y en a que deux : 1° une foi sincère dans la récompense promise au delà de la vie présente à ceux qui la perdent dans l'esprit de sacrifice ; 2° un haut sentiment de la mission publique que la mort du soldat peut à chaque instant couronner.

Cette foi et ce sentiment sont les fruits d'une *éducation*

---

[1] Tableau du champ de bataille dans *l'Armée française en 1867*.

chrétienne et militaire que ne reçoit pas la jeunesse de notre pays. On l'élève, au collège comme au régiment, dans la passion des distinctions honorifiques; mais que sont aux yeux du soldat, à l'heure où les morts tombent autour de lui, ces stimulants de convention qu'il sait bien n'être pas destinés à la foule dont il fait partie? Ne sait-il pas aussi que leur valeur, absolument nulle pendant la bataille, est si grande après, que les survivants, le péril passé, se les disputent à la curée? Quelle misère!

J'ai dit qu'il y avait deux sortes de respects : les libres respects de principe et de sentiment, les respects forcés du règlement.

Il y a des armées auxquelles *l'éducation* a enseigné les uns et les autres, et celles-là ont des habitudes d'obéissance, de bon ordre, de discipline, qui survivent à tous les laisser-aller, à tous les relâchements inséparables de l'état de guerre. Nous avons appris à nos dépens de quel poids ces habitudes d'un ennemi qui est par elles toujours préparé, pèsent sur le destin des armées décousues qui ne les ont pas. Mais quelle distance entre les traditions de celles-ci et les traditions de celles-là quant à la croyance et aux respects! Je la fais ressortir par quelques exemples en prenant pour point de comparaison une armée qui n'a que les respects forcés du règlement, la nôtre.

Dans la reconnaissance de la Dobrudja, de douloureux souvenir, qui précéda, en juillet 1854, l'invasion de la Crimée par les armées alliées, le choléra asiatique, dont les troupes avaient emporté le germe de Varna, éclatait dans les rangs avec une puissance de destruction qui allait en quelques jours au désastre.

La marche en avant était impossible et l'heure vint où la **marche en arrière ne le fut pas beaucoup moins.**

Les valides, tous les moyens de transport épuisés, portaient les malades à bras ou sur des brancards improvisés ; mais le fléau était foudroyant autant que contagieux, les morts s'accumulaient et il fallait s'arrêter, non pas en halte, mais à demeure, pour les mettre en terre. De larges et profondes tranchées étaient creusées pour les recevoir. Des travailleurs les apportaient, d'autres les disposaient par couches superposées au fond de la fosse commune, scène funèbre pleine des plus pénétrantes émotions que les plus dures épreuves de la guerre puissent apporter à des soldats ! C'étaient des zouaves, les vieux zouaves de l'armée d'Afrique.

Les porteurs, opérant plus vite que les fossoyeurs, chômaient de temps en temps aux bords de la tombe, leur fardeau déposé à côté d'eux, dans quelle attitude ! Assis, les jambes pendantes le long des parois de la tranchée, les bras croisés, causant librement, ces braves fumaient leurs pipes... et beaucoup parmi les témoins du drame admiraient le stoïcisme militaire des zouaves !

Était-ce seulement le dédain de la mort qu'ils affichaient là ? N'était-ce pas aussi le dédain inconscient des morts, l'oubli de la décence que commandaient le malheur commun, la confraternité des armes et le deuil des familles absentes dont ces soldats étaient sur la terre étrangère les représentants ? Soldats vétérans, ils donnaient aux plus jeunes, sous l'apparence de la fermeté, le déplorable spectacle, le mauvais exemple de l'endurcissement et du mépris des plus inviolables respects.

Voilà où la ruine des croyances conduit les armées. Aussi, quand autrefois dans la nôtre la *zouaverie* prédominait et donnait le ton, ai-je été son constant adversaire, en dépit des admirations de mes contemporains pour ces vieux soldats braves à leurs heures, mais sans principes et prêts à tous les relâchements.

Il est très difficile, souvent même impossible, de comparer dans leur constitution et dans leur organisme les armées entre elles, car chacune d'elles est l'image fidèle du génie particulier et des traditions de la race qu'elle représente. La comparaison entre leurs aptitudes morales est plus facile, parce que, dans tous les pays comme dans toutes les armées, le bon ordre et la discipline, bien que différemment compris et appliqués, ont la même origine, le même but, et répondent aux mêmes besoins.

En Crimée, l'armée anglaise et l'armée française étaient juxtaposées pour le siège de Sébastopol. Le contraste de leurs habitudes au point de vue de l'observation des prescriptions religieuses, surtout de leur attitude le dimanche, était frappant.

Ce jour-là, *tous* les officiers anglais qui n'étaient pas retenus par le service du siège se réunissaient autour de leur vénérable général en chef, lord Raglan, dans la vaste cour de la ferme russe où son quartier général était établi, pour assister à l'office du dimanche et entendre le prêche du ministre du culte. Dans les camps anglais, les soldats inoccupés et presque silencieux avaient une sorte de gravité recueillie, — spontanée ou commandée, je ne sais, — qui donnait à ces grandes réunions d'hommes sous l'uniforme militaire un caractère tout particulier.

Dans les camps français, là où le service religieux avait été organisé, le nombre toujours très restreint des assistants à la messe dépendait du degré d'intérêt que le commandement attachait à l'accomplissement du devoir dominical. Beaucoup, avec ou sans la messe, se rendaient d'un pas alerte au grand port français de Kamiesch, dans les centres connus sous les noms de Brigandville et Coquinville, où la civilisation, transportée par des spéculateurs nomades qui n'étaient pas tous scrupuleux, leur offrait ses marchandises et ses distractions.

C'était le rendez-vous des adeptes de la vieille devise : *courte et bonne,* qui avait, en raison des périls infinis du siège, et pour chacun, de l'incertitude du lendemain, un mérite spécial de réalité et d'actualité.

Au siège de 1870, les défenseurs de Paris, d'origines très diverses, ne constituaient pas une armée puisqu'il n'y avait là, entre plusieurs centaines de mille hommes sous les armes, que quatre mille soldats appartenant à deux régiments d'infanterie d'ancienne formation. Il ne serait ni juste ni vrai de comparer l'état moral et la discipline de ces troupes improvisées, à la fois en contact avec les jouissances accumulées de la civilisation et avec la contagion démagogique, à l'état moral et à la discipline de l'armée assiégeante qui occupait les villes et les villages de la région suburbaine. Je ne dirai pas ce qu'étaient les dimanches de Paris où les subsistances se raréfiaient tous les jours, où les excitants liquides ne manquèrent jamais !

Je puis dire ce qu'étaient les dimanches de l'armée allemande, qui ne différaient pas, pour la gravité et la décence de l'attitude des troupes, de ceux des Anglais en Crimée. Du haut de nos observatoires, nous pouvions voir les soldats allemands (sans doute de la religion catholique), conduits par leurs officiers, cheminer en longues files vers les églises.

Mes conclusions arrivent ici d'elles-mêmes et le lecteur les a prévues.

L'armée anglaise et l'armée allemande, avec une constitution, une composition et des traditions absolument différentes, mais soumises aux respects religieux qu'elles tiennent de l'éducation ou de la coutume, sont à citer parmi les armées qui ont la plus ferme aptitude à l'observation de la discipline et des règles. Elles ne sont dépassées en ce point que par l'armée russe, et on sait à quelle étonnante hauteur de foi religieuse atteignent les soldats du czar ! Après la sanglante bataille d'Inkermann, nous n'avons pas relevé un seul des blessés de cette armée, nous n'avons pas enterré un seul de ses morts, — il y en avait là quatre mille, — qui ne portât sur sa poitrine, les officiers une image sainte, les soldats une martyrisante croix en métal de la longueur et de l'épaisseur du doigt.

Les soldats de ces trois armées, que j'ai pu étudier de près, ont par complément un autre genre de respect que n'ont plus les nôtres, *le respect de la hiérarchie sociale*, mort pour toujours dans notre pays, encore très vivant dans le leur. La pensée n'entre pas dans leur esprit qu'ils soient de même essence humaine que leurs chefs militaires, qui leur représentent une *classe supérieure* pour laquelle ils avaient, avant d'être soldats, une déférence qu'ils lui continueront après qu'ils auront cessé de l'être. C'est pour le commandement un considérable supplément de prestige et d'autorité.

En France, les respects forcés du règlement ont pour sanction les divers degrés d'une pénalité militaire tarifée qui est, pour les manquements de toute sorte, journellement appliquée aux troupes casernées :

La consigne ;

La salle de police ;

La prison ;

Le cachot.

Si l'on considère que, du jour où l'armée marchant à l'ennemi a passé la frontière, la série entière des moyens de répresssion et même de surveillance disparaît ; qu'ils ne peuvent être journellement remplacés par la juridiction des conseils de guerre qui ne connaissent que des délits graves ou des crimes, on s'expliquera que le commandement soit en quelque sorte désarmé, alors qu'au milieu du désordre de la guerre les tentations et les passions du soldat sont au plus haut point excitées.

Il en résulte que les troupes françaises en campagne perdent, avec le temps, le sentiment du respect et les habitudes déférentes qu'il comporte. La guerre se prolongeant, les liens de la discipline se relâchent peu à peu. Les revers survenant avec les grandes épreuves, on voit des groupes tomber dans le désarroi et arriver jusqu'à la désorganisation, donnant aux populations le spectacle douloureux qu'elles ont eu quelquefois sous les yeux dans la dernière guerre. N'en ai-je pas été écœuré moi-même au milieu d'événements dont je fais ailleurs [1] le récit, en voyant arriver à la gare de Châlons-sur-Marne des troupes (un régiment de zouaves) revenant de Reischoffen dans un désordre cyniquement scandaleux.

Je pourrais aller plus loin dans cette pénible discussion, multiplier les citations et préciser les faits qui se pressent dans mes souvenirs. Je m'arrête, car le sujet est attristant. Je crois en avoir dit assez pour montrer les périls qui attendent les nations dont les armées n'ont que les respects obligatoires de la règle écrite, sans avoir les libres respects nés d'une éducation nationale et militaire bien conduite. Les premiers, je le répète, n'assurent que *la discipline de la garnison*, et ils sont impuissants à fonder sans l'aide des seconds *la discipline de la guerre*.

Comme dans nos lycées la jeunesse scolaire ne reçoit que l'instruction, dans nos régiments la jeunesse militaire ne reçoit que le dressage. Aux uns et aux autres, au grand

---

[1] *Le Siège de Paris.*

dommage du pays, le bienfait de l'éducation échappe. Quel ressort moral n'ajouterait-elle pas aux facultés natives de nos soldats, que je crois les plus faciles, les plus prompts à la compréhension, les plus alertes, les plus humains, les plus ouverts aux bons sentiments, qui soient en Europe !

LA CONTREFAÇON DES RESPECTS

> Je dirai ce que les révolutions consommées par la sédition des rues, alternant avec les révolutions consommées par la sédition des coups d'État, ont fait du caractère français.
> *L'auteur.*

Comme la Providence, fondant l'inégalité dans la nature, a voulu qu'il y eût des montagnes et des plaines, des contrées privilégiées qui ont le bienfait du soleil, et des contrées déshéritées qui ne l'ont pas, des terres fertiles et des terres infécondes, elle a fondé l'inégalité parmi les hommes.

Ils ont l'inégalité d'origine, dont le trait le plus saisissant est la condition, si différente sur la terre, de la race blanche et de la race noire. Ils ont l'inégalité du destin qui apporte aux uns la joie, aux autres la douleur. Ils ont l'inégalité sociale, des grands et des petits, des riches et des pauvres.

L'inévitable effet des révolutions qui se succèdent dans notre pays en des sens opposés, est de montrer à la foule des petits qui deviennent grands et des pauvres qui deviennent riches en un jour. Comme elle n'a aucun intérêt à envisager le sort contraire des grands qui deviennent petits et des riches qui deviennent pauvres du même coup, la foule s'en tient à sa première impression, profonde autant que vive, et qui la pénètre de *toutes les ambitions de l'envie*. C'est ce que les *poètes des révolutions*, — confrères des *poètes des champs de bataille* dont j'ai déjà parlé, — appellent encore aujourd'hui la passion *française de l'égalité*, comme si cette passion n'avait pas été pleinement satisfaite, en ce qu'elle a de vrai et de légitime, par l'égalité civile et politique dont nous tenons le bienfait de la révolution de 89 !

Aussi quand j'entends dire, — et c'est tous les jours, — *que le goût que les Anglais ont pour la liberté, les Français l'ont pour l'égalité*, je ne puis m'empêcher de penser que, dans ce partage entre les deux nations, nous ne sommes pas les favorisés. Quoi qu'il en soit, l'expérience, à défaut de la croyance, de dix révolutions prouve catégoriquement qu'au milieu de nos vicissitudes sociales et politiques le plan de la Providence, quant à l'inégalité des conditions humaines, demeure immuable; car, au lendemain d'une révolution démocratique, démagogique ou césarienne, *toujours faite pour servir le peuple et affermir l'égalité*, l'inégalité est au comble.

Il y a donc toujours des grands et des petits.

Tant que les grands sont grands, les petits se groupent en rangs serrés autour de leur influence et de leur crédit. Cette clientèle, si les grands sont au pouvoir, s'accroît du nombre infini des effrayés qui croient au prochain cataclysme plein de menaces pour les divers intérêts dont la conservation leur importe. La clientèle, qui s'étend incessamment, devient un parti. Elle est tout à la fois politique et personnelle, et son dévouement est d'autant plus intraitable et bruyant qu'il est plus conditionnel et temporaire. Comment le manifestera-t-elle ?

Par les respects ? Ils ont disparu. Par quoi donc ? *Par la contrefaçon des respects,* qui a fondé dans notre pays ce qu'on pourrait appeler *le régime de l'idolâtrie passagère,* régime de compliments et d'applaudissements que je veux décrire.

Sans remonter dans le passé au delà de la révolution de 1848, la nomenclature des personnages investis du pouvoir qui ont été *les sauveurs du moment* et qui ont, du plus au moins, vécu du régime dont il s'agit, est d'une étendue véritablement extraordinaire. A n'en citer que quelques-uns, — sans aucune intention de comparaison, bien entendu, — on trouve sur cette liste :

Lamartine, qui fit prévaloir à l'Hôtel de Ville le drapeau national sur le drapeau rouge, et qui fut pendant quelques jours l'idole de la France entière;

Caussidière, qui mit fin à la terreur des bandes de Sobrier, les dispersa, *fit de l'ordre avec le désordre,* et fut pendant quelques jours le sauveur de Paris, qui l'envoyait à l'Assemblée nationale par un contingent de votes que nul candidat, je pense, n'a recueilli depuis;

Le général Cavaignac, devenu le libérateur de la patrie après la sanglante victoire de juin sur la démagogie armée;

Le prince Louis-Napoléon, avant le coup d'État, quand il apparut aux conservateurs comme l'instrument légendaire du salut commun, et après le coup d'État, quand il dit à la France ravie et à l'Europe rassurée : *L'empire, c'est la paix!*

M. Thiers ;

Le maréchal de Mac-Mahon [1].

En sorte que ce grand pays, qui a versé à flots le sang

---

[1] J'ai commencé ce livre sous les présidences de M. Thiers et du maréchal de Mac-Mahon, en écrivant tous les ans quelques pages,

de ses enfants et tourmenté l'Europe pour s'affranchir de la tutelle des *rois de droit* et fonder les institutions libres, ne se confie jamais à ces institutions et se donne périodiquement des *rois de fait,* — pas toujours de choix, — qu'il applaudit avec enthousiasme et à qui il remet, sans hésiter ni compter, ses destinées de l'heure présente.

Quel étonnant exemple des contradictions de l'esprit humain, de ses infirmités, de la vanité de ses plus hautes entreprises! Et pour justifier la qualification de *conditionnel et temporaire* que j'ai donnée à l'état de l'esprit public dont je fais ici le tableau, il me suffirait de rapprocher, au moyen du journalisme officiel ou officieux, la série des applaudissements que chacun de ces hommes reçut à son heure, de la série des injures que reçurent ceux d'entre eux que le torrent des événements précipita du pouvoir.

Pour l'empereur Napoléon III, héritier sous ce rapport de l'empereur Napoléon Ier, les formules de l'idolâtrie officielle, officieuse, publique et privée, eurent des proportions épiques. Elles peuvent se résumer dans le discours célèbre que le sénat, cédant à l'enthousiasme de la confiance et du dévouement, lui adressa par l'organe de son président, M. Rouher, à la veille de la guerre insensée qui devait décider de nos destinées et des siennes. En quoi l'esprit de ce discours qui, — on s'en rappelle les termes, — invoquait *le génie* de l'empereur et lui annonçait la victoire de ses légions, différait-il de l'esprit de l'ode fameuse que la servilité de Boileau adressait à Louis XIV:

> Grand roi, cesse de vaincre et je cesse d'écrire?

Ce discours sénatorial ne mesure-t-il pas le chemin que,

jusqu'en 1890. Je n'ai donc pas pu joindre ici à cette liste le nom plus significatif que tous les autres du général Boulanger, apparu douze ans plus tard. (*Note de 1890.*)

sous l'empire, nous avions fait en arrière de la révolution de 89?

Eh bien, le souverain soumis à ces violences d'adulation n'obtenait pas de la foule de ses sujets les marques du respect le plus ordinaire. Je l'ai vu remonter au pas de ses chevaux, dans l'élégant appareil de la promenade impériale, la longue avenue des Champs-Élysées, recueillant des saluts isolés, jamais ceux des groupes de toute condition accumulés sur son passage. Ils le regardaient passer avec la plus profonde indifférence et la plus tranquille irrévérence.

En Angleterre, le seul avertissement de l'arrivée de la reine, — qui de sa vie entière n'a reçu du plus osé de ses sujets que l'appellation de « Sa très gracieuse Majesté », — et la seule audition de l'hymne à la reine, font que toutes les têtes se découvrent dans un libre et universel sentiment de respect.

En France, nous avons cessé de respecter. Nous n'avons pas cessé de complimenter et de louer. Le souvenir de nos fautes, de nos malheurs, de nos humiliations, et la république elle-même, n'ont rien pu sur ce déplorable régime de *la contrefaçon des respects* qui a profondément pénétré les mœurs. Au moment où j'écris[1], la presse enregistre et le monde entier lit les discours qui viennent d'être prononcés à l'Assemblée, dans les conseils généraux, dans des réunions électorales, des banquets officiels, etc.

Pas un ministre, un député, un président de réunion, un candidat conservateur qui, sans doute pour donner des gages à ses coreligionnaires politiques et au pouvoir, n'ait mis en scène la haute personnalité du chef de l'État, en la livrant

---

[1] Août 1875.

sans ménagement à l'admiration publique. On ne va pas, comme au temps de l'empire, jusqu'à invoquer son génie, mais on rappelle incessamment au pays qu'il est (je transcris textuellement) :

Le descendant des anciens rois d'Irlande,
Le glorieux vaincu,
Le premier soldat de France,
Le Bayard moderne,
Celui qui a dit : « J'y suis, j'y reste ! »
L'épée loyale,
La vigilante sentinelle de l'ordre,
Le gardien fidèle de la paix publique,
avec des variantes à l'infini.

Je rends hommage aux intentions, je m'incline respectueusement devant les éloges; mais convient-il qu'on jette ainsi en toute occasion, à tous les échos, le nom et les mérites du président de la république? Lequel de ses prédécesseurs dans le gouvernement du pays s'en est bien trouvé?

Je dis que ces idolâtres compromettent le pouvoir au lieu de le servir, qu'ils sont irrespectueux, qu'ils font de mauvaises mœurs politiques. C'est en effet par de tels procédés et par de tels exemples qu'on arrive à persuader le pays que ce n'est pas à lui-même que tout est dû, mais au gérant de ses affaires qui est le sauveur du jour. Et comme la personne du gérant et le mode de gestion changent à chaque instant, le pays, las d'adorer et de brûler alternativement ces changeantes idoles, devient défiant, railleur, sceptique. Il tombe dans l'indifférence et dans l'impuissance politiques où nous voyons qu'il est. Autrefois, pour être un bon citoyen, il fallait être napoléonien et le prouver en mettant l'empereur dans son discours. A présent, pour être un bon citoyen, il faut être mac-mahonien, et le prouver en louant le chef de l'État. Si on s'abstient, c'est qu'on est dans l'alliance « des éternels ennemis de l'ordre », c'est qu'on rêve le bouleversement et la ruine... Quelle école de politique, de morale et de dignité !

Ces enseignements portent leurs fruits. Les grands s'habituent à la louange. Bientôt ils en ont le besoin, et enfin ils arrivent à croire fermement qu'elle est le critérium de leur popularité. Ceux qui les louent veulent être loués à leur tour par leurs clients, et alors se produisent des habitudes sociales singulières. *Tout devient matière à piédestal,* la guerre, les émeutes, les incendies, les inondations, les épidémies, les naufrages. Pas de dévouement effectif ou seulement apparent qui ne prétende à être signalé par l'autorité et par le journal, qui ne veuille être admiré, médaillé, décoré :

Laudum immensa cupido.

Tout le monde visant à l'évidence, personne ne se croit plus à sa place. Les bourgeois, notamment, ne veulent plus du nom de leurs pères. Avec un peu d'influence et d'argent, quelquefois même sans ces deux auxiliaires, on illustre ce nom par la particule ou par un titre qu'on va promener dans le monde, qui en rit d'abord, et puis qui s'y fait. Alors on est considérable.

Il y en a aussi qui vont demander leur illustration à l'étranger, et c'est ainsi que la France voit s'annexer à la noblesse indigène une foule de comtes romains qui passent pour indigènes. N'est-ce pas un signe des temps, caractéristique et singulier, que le pouvoir temporel du saint-père, depuis longtemps détruit dans les sources de son existence même, se manifeste encore à une clientèle presque toute française par la concession des titres et des décorations ! De ce haut et antique pouvoir, tout ce qui s'appuyait sur le droit s'est écroulé, tout ce qui s'appuyait sur la vanité a survécu, et le saint-père, quoi qu'il en pense et quoi qu'il veuille, sera toujours sollicité et sera toujours forcé de s'en servir.

La contrefaçon de la noblesse est, je l'ai dit, l'une des industries les plus répandues et les plus prospères de la France de 1789. Ses produits les plus distingués sont légalisés par le conseil du sceau des titres, mais beaucoup d'exploitants se passent de son intervention et introduisent eux-mêmes dans le monde les noms nouveaux ou modifiés ou les titres qu'ils se sont donnés.

Ce désordre est vieux. Il date surtout du contresens que le gouvernement césarien fit pénétrer dans les mœurs, quand il ressuscita, au sein et avec les éléments de la démocratie, même de la démagogie française, la noblesse impériale bien rentée qui devint l'objectif de tous les appétits nouveaux. Il n'est pas défendu de croire qu'il n'a manqué à Robespierre que quelques années d'existence de plus, pour être, comme tant d'autres révolutionnaires fameux, baron de Robespierre et grand-croix.

Le langage officiel, celui du parlement et de nos différentes assemblées, portent l'empreinte de cet état général des esprits. Les qualifications d'*illustre collègue*, d'*éminent publiciste*, de *glorieux général*, s'y distribuent avec une libéralité qui n'a d'égale que leur banalité.

M. X*** est nommé ambassadeur de France à Londres. Voici dans quels termes un journal sérieux, gouvernemental et conservateur, annonce sa prise de possession :

« Nos informations nous apprennent que M. X*** a reçu
« de la reine le plus gracieux accueil, et cet accueil nous
« ne pouvons oublier que si elle le faisait à la France, elle
« le faisait aussi à la personne du représentant français.
« M. X***, en effet, a l'honneur *d'être pour la reine presque*

« *un ami* qu'elle a connu dans sa jeunesse, alors qu'il habi-
« tait près de Windsor, et que la famille royale l'appelait
« à toutes les fêtes du château. *Nous savons que la reine*
« *avait témoigné, il y a quelque temps, une aimable impa-*
« *tience de revoir* M. X***.

. . . .

« Il a montré les plus hautes qualités dans une précé-
« dente ambassade où ses mérites avaient été vite appré-
« ciés. L'élévation de ses idées, la dignité de ses sentiments
« et de sa vie, son discernement, son tact, sa discrétion
« lui avaient valu tous les suffrages.

. . . .

« M. X*** connaît à merveille les usages et les traditions
« de la vie anglaise. Il est aussi profondément instruit dans
« la littérature de nos voisins. Peut-être peu d'Anglais
« commentent-ils Shakespeare avec plus de savoir, et
« peuvent-ils réciter Byron avec une mémoire plus sûre.

« Nous ne parlerons pas de Mme X***. L'auteur de (suit
« le titre d'un livre fait par Mme X***) a une juste réputa-
« tion parmi les lettrés les plus difficiles. Tout ce que la
« discrétion nous permet de dire, c'est qu'elle tiendra
« dignement à la cour d'Angleterre le rang qui sied, etc... »

On le voit, c'est une héroïde en prose, et si elle a traversé le détroit, il faut en effet que les mérites de notre
ambassadeur soient transcendants, pour qu'ils aient dominé
l'impression de gaieté qu'elle a dû produire sur le monde
anglais. Il n'est pas là d'homme si considérable, que ses
perfections puissent jamais être célébrées sur ce ton, et on
y chercherait vainement un Anglais *qui fût pour la reine
presque un ami*. Dans ce pays, le plus haut personnage
parmi les pairs ne s'est jamais entendu appeler que « le
noble lord », et le plus éminent parmi les parlementaires,
que « l'honorable membre ». La parole n'y surfait personne.

Le plus illustre et le plus populaire des généraux anglais de ce siècle par l'éclat des services qu'il rendit à son pays, lord Wellington, n'était communément appelé par ses compatriotes que *le duc,* comme si, à leurs yeux, il n'y en eût qu'un seul en Angleterre. Leur prédilection enthousiaste bien connue pour sa personne et pour sa carrière n'avait trouvé rien de plus. Cette appellation, d'une originale simplicité, n'avait-elle pas en effet la signification la plus respectueuse et la plus haute ?

C'est autour de l'armée surtout que, depuis le commencement de ce siècle, le régime des applaudissements fonctionne avec la plus violente énergie. Pour louer les gens de guerre, il emploie la parabole et l'hyperbole, sûr de ne dépasser jamais l'enthousiasme du public, de ne blesser jamais la modestie des bénéficiaires, que l'habitude a cuirassés. Le chauvinisme né sous le premier empire, acclimaté sous les gouvernements suivants, maître de l'esprit public sous le second empire, est une maladie nationale, constitutionnelle, endémique, épidémique, héréditaire. Elle est dangereuse au plus haut point, car elle substitue dans l'imagination de la nation *la légende de la victoire certaine* au sentiment des patients efforts de réflexion, de comparaison, de préparation, de travail assidu, qu'il faut faire pour la mériter.

Elle se manifesta dès le début de la dernière guerre par l'inconcevable confiance du gouvernement du pays, par l'attitude dont les troupes, en traversant Paris et les villes, donnèrent l'affligeant et indécent spectacle, enfin par les récits, tantôt héroïques, tantôt touchants, — d'un ridicule accablant dans tous les cas, — de la victoire de Saarbrück, dont retentit la presse entière.

Cette maladie, probablement incurable, a résisté à la plus sûre des médications, celle de l'humiliation et de l'infortune. Elle sévit parmi nous, après comme avant, avec les mêmes symptômes et les mêmes effets. Écoutez le récit d'une revue du 28 juin 1874, que j'emprunte textuellement, en l'abrégeant beaucoup, à une feuille conservatrice fort répandue.

Une colonne entière du journal exprime d'abord, dans un style brillant et imagé, l'ardeur joyeuse des multitudes de toute condition « de l'émigration parisienne » qui se précipite à flots pressés vers le théâtre de l'événement, « car
« personne ne saurait croire combien ces rendez-vous mili-
« taires font battre de cœurs. »

. . . .

Puis les troupes arrivent : « un pêle-mêle ondoyant d'uni-
« formes multicolores, une forêt de baïonnettes en marche,
« le soleil se jouant sur l'acier des cuirasses et sur le
« bronze poli des canons.

. . . .

« Un mouvement général se fait soudain dans cette masse
« imposante et la foule se dresse à son tour. Vingt et un
« coups de canon annoncent l'arrivée du président de la
« république. Les troupes présentent les armes, les dra-
« peaux s'inclinent, les tambours battent aux champs, et
« le maréchal paraît, suivi d'une escorte brillante et nom-
« breuse où les uniformes anglais, autrichiens, russes,
« allemands, se détachent par leur richesse et par l'éclat
« de leurs couleurs.

. . . .

« Le maréchal montait un cheval de sang dont le **galop**,

« par bonds et par élans d'une puissance singulière, désar-
« çonnerait bien vite un cavalier moins accompli. Le prési-
« dent a parcouru les lignes de bataille. Sur son passage,
« la foule l'acclame. Les cris de : *Vive Mac-Mahon! vive le*
« *maréchal!* sortent de toutes les poitrines. »

C'est, hélas! sans aucune différence de fond ni de forme, la prose qu'on offrait naguère *au souverain, cavalier sans rival, maîtrisant un cheval sans pareil,* que les mêmes voix, avec le même ensemble, poursuivent aujourd'hui du cri brutal de : *A bas l'homme de Sedan!*

. . . .

Mais voici le défilé :
« Les masses de l'infanterie s'avancent avec une crânerie...
« L'artillerie a plus particulièrement excité les applaudisse-
« ments de la foule. Mais l'enthousiasme n'a plus connu de
« bornes quand les cuirassiers, se présentant à leur tour
« dans une attitude vraiment guerrière, ont reporté tous
« les cœurs vers les souvenirs de Reischoffen, où cette
« cavalerie, aux ordres de Mac-Mahon, se fit décimer par
« la mitraille prussienne pour le salut de l'armée. Elle en
« a eu le principal honneur, et de la part des spectateurs,
« les démonstrations les plus chaleureuses. C'était justice.»
Une légende de plus! Elle n'aura pas seulement pour effet, — très légitime, — de consacrer la mémoire des braves gens qui périrent à Reischoffen. Elle consacrera, en l'illustrant, le souvenir d'une erreur militaire qui ne manquera pas d'être renouvelée dans la prochaine guerre par des imitateurs dont le jugement ne sera pas sûr. Et elle éternisera dans la cavalerie française l'anachronisme, qui est en même temps un contresens, de la cuirasse et du casque.

Je passe, dans ce mémorable récit de la revue du 28 juin, les défilés de l'école de Saint-Cyr et de quelques autres corps. C'est long, et on pense bien que l'enthousiasme du commencement ne se refroidit pas vers la fin. Mais voici qui est imprévu. L'écrivain a un ami parmi les généraux. Il ne peut pas se résoudre à le laisser dans la foule où il est, et il lui offre ce piédestal :

« Une des divisions d'infanterie a été plus particulière-
« ment remarquée pour la correction de son défilé. Elle
« est d'ailleurs aux ordres d'un *de nos plus habiles manœu-*
« *vriers, le général X****, *tacticien aussi distingué que brave*
« *soldat, qui, à l'âge de trente-trois ans, avait conquis sur*
« *le champ de bataille ses épaulettes de colonel.* »

Des colonels de trente-trois ans ! Les princes (et peut-être La Moricière) exceptés, on n'en a vu, depuis 1815, que sur les champs de bataille du théâtre du Gymnase, promus hors tour par M. Scribe.

Ces récits guerriers sont typiques. Lus et relus, ils ont dû mouiller plus d'une fois les yeux des bonnes gens à qui il ne fut pas donné de voir ce grand, cet émouvant spectacle de la résurrection de l'armée française sur l'hippodrome de Boulogne !

Je le demande aux hommes de réflexion et de jugement, qui croient que les plus brillantes apparences ne sont pas la réalité, que les mots sonores ne sont pas les faits, le temps n'est-il pas venu de renoncer à ce puéril et dangereux parti pris de l'hyperbole, de la louange à outrance qui s'applique, sans examen comme sans choix, aux choses, aux personnes et à tout? de renoncer, en ce qui touche l'armée, à cette sensiblerie excessive, banale, qui émeut en l'abusant le gros public civil et militaire; qui affadit en l'affligeant le petit groupe des clairvoyants; qui fait sourire nos adversaires, prompts à comparer les récits sérieux et sincères de leurs victoires aux récits emphatiques et surfaits de nos revues?

Avec de tels enseignements, avec les habitudes qu'ils font, comment s'étonner qu'on rencontre au sommet de la société française, des administrations publiques, de l'armée surtout, tant d'hommes dont le principal mérite est d'avoir été congratulés trente ans de ce mérite !

Au moment même où je termine cette discussion, les réservistes, appelés pour la première fois par la loi à un service de vingt-huit jours dans l'armée, viennent d'être renvoyés dans leurs familles. Je constate à ce sujet les faits suivants :

Quand les réservistes, quittant momentanément leurs familles et leurs travaux, se sont acheminés vers leurs corps respectifs, la presse s'est répandue en louanges sur l'entrain et sur le dévouement qu'ils montraient. Pendant les manœuvres d'automne, auxquelles ils ont été pour la plupart associés, l'excellent esprit, l'excellente attitude, les aptitudes professionnelles des réservistes ont été célébrées. Enfin, comme ils rentraient dans leurs foyers, ils ont été, par chacun des commandants militaires, l'objet de brillants ordres du jour :

« Réservistes, je suis content de vous. »

Et, pendant huitaine, on a rencontré partout l'apologie de l'armée, de la réserve et des réservistes.

Cherchons à nous soustraire à cet enthousiasme de circonstance et examinons tranquillement le cas.

Il s'agissait de l'application d'une loi qui impose aux réservistes le sacrifice d'un mois de leur liberté, assez lourd pour les anciens soldats de l'armée active, plus léger pour les réservistes provenant de la deuxième portion des contingents que le sort a dispensés ou à peu près de payer leur dette. Il y a cette compensation que les premiers sont rompus à toutes les exigences du service, que les seconds ne les connaissent que très imparfaitement ou ne les connaissent pas. Dans tous les cas, il était utile, je le reconnais, d'encourager l'effort des uns et des autres, de les y accoutumer et d'y accoutumer leurs familles. C'est donc avec raison et dans un juste sentiment de la situation que le ministre de la guerre, par un acte public, a recommandé aux chefs militaires d'accueillir avec bienveillance et de traiter avec des ménagements particuliers ces soldats du moment.

Ç'aurait été avec raison aussi que, dans chaque régiment, les réservistes de bon vouloir et de zèle eussent été récompensés par quelques-unes de ces modestes distinctions nominatives dont l'effet est d'autant plus utile et plus sûr que, ne dépassant pas le cercle de la publicité régimentaire, elles appartiennent expressément au corps et l'honorent à ses propres yeux; avec raison encore que le ministre, l'expérience achevée et jugée dans ses résultats, les eût fait connaître au pays, dans un rapport grave et sincère qui l'eût associé aux espérances qu'elle aurait fait naître.

Mais multiplier les ordres du jour; exalter l'institution; exalter les soldats qu'elle crée, les bons et les mauvais; exalter, pendant qu'on y est, la réussite des innocentes entreprises militaires auxquelles ils ont été mêlés; conclure, avec la plus grande partie de la presse, à la solidité des promesses que fait à la France et que réalise déjà la nouvelle organisation de l'armée (qui date d'hier), c'est aller au delà de la vérité et du but. C'est *retomber dans le vieux sillon* en spéculant, comme autrefois, sur l'orgueil public et en lui préparant des déceptions.

Un grand journal qui a reproduit comme les autres ces congratulations, fait malgré lui, — après avoir lu les appréciations critiques d'une correspondance anglaise sur le même sujet, — un retour sur la réalité :

« A tous, dit-il, il est recommandé, dans les circon-
« stances présentes, de se rappeler que de cruels revers ont
« toujours été pour la France la punition immédiate de sa
« présomption et de ses illusions. C'est pourquoi nous avons
« jugé bon de citer, en regard des ordres du jour des géné-
« raux français, les jugements recueillis par le correspon-
« dant du *Times* et le conseil discret qu'ils paraissent ren-
« fermer. »

C'est bien parler. Mais quelle influence peuvent avoir *ces conseils discrets*, d'origine anglaise, sur notre tempérament militaire et sur nos habitudes traditionnelles, quand la douloureuse leçon de 1870 en a eu si peu ?

Je répéterai pourtant sans me décourager, en terminant ce chapitre où je me suis efforcé de montrer le péril d'une des plus frappantes déviations de notre généreuse nature :

Renonçons pour toujours à ces entraînements qui nous coûtent si cher au jour de la liquidation. Nous y gagnerons en simplicité, en vérité, en dignité d'attitude. Nous mériterons d'inspirer et nous inspirerons plus de confiance à nos amis, plus de respect à nos ennemis, quand nous aurons abandonné notre vieille habitude, — fatale, par ses effets d'altération et d'abaissement des caractères, au pays tout entier, — d'acclamer et de présenter au monde comme des héros les hommes qui font leur devoir.

Je définis la hiérarchie sociale « le classement que l'évo-
« lution de la vie nationale, c'est-à-dire le temps, a opéré
« dans l'ordre des préséances sociales entre les habitants
« d'un même pays ».

Parmi les nations qui nous entourent, il en est qui donnent à ce classement un caractère absolu, en ce sens que les classes dites supérieures prétendent à l'exclusion et se refusent au partage avec celles qui ont été traditionnellement réputées au-dessous d'elles.

Il en est d'autres qui, plus libérales et mieux avisées, admettent le partage à des conditions que déterminent le pouvoir dirigeant et l'opinion.

Toutes tiennent cette hiérarchie pour l'un des plus énergiques ressorts de leur vitalité nationale. C'est dans ses rangs que, par une forte préparation réglée sur leur future destinée probable, se forment les jeunes gens qui doivent un jour prendre place parmi les hommes publics et les hommes d'État. En outre, tant que la hiérarchie est acceptée par le pays et reste dans ses mœurs, elle est l'origine d'habitudes de respect, au moins de déférence, qui, du haut en bas de l'échelle sociale, rendent les rapports plus faciles et tiennent en équilibre l'esprit public, unique force effective des gouvernements à l'heure des crises.

Né dans la bourgeoisie française, y ayant toujours vécu, ne l'ayant jamais dépassée, c'est avec une entière liberté d'esprit que j'expose ici mes vues, qui sont de profondes et sincères convictions, sur la hiérarchie sociale. Les orages révolutionnaires ont ruiné en France l'autorité et le rôle de celle que le temps avait faite, que le temps seule pouvait faire. C'est vainement que l'empereur Napoléon Ier a voulu la reconstituer par l'aristocratie impériale, le roi Louis-Philippe par la pairie qu'une ordonnance royale conférait, M. Gambetta par l'avènement de ce qu'il appelait *les nouvelles couches*. Le monde nouveau n'a pas remplacé l'ancien. Ces entreprises n'auraient pu servir l'avenir de la France qu'à la condition que chacun de ces gouvernements éphémères durât autant que le gouvernement des Capétiens.

La destruction, à présent définitive, de la hiérarchie sociale est l'un de nos plus irréparables malheurs. Tout le monde aujourd'hui prétend à entrer dans la hiérarchie du moment, une hiérarchie qui, à chaque nouvelle révolution ministérielle, se déplace.

Ce n'est plus, comme autrefois, l'antagonisme tempéré et limité des castes, c'est la lutte sans trêve des individualités et de leurs intérêts. Ce n'est plus l'ascension par l'effort régulier, c'est la prise de possession par l'intrigue des habiles ou par l'escalade des audacieux. L'esprit public a cessé d'exister, et c'est sur le sable mouvant des assemblées politiques qui se dérobe incessamment sous eux, que les gouvernements doivent s'appuyer. Tous sont condamnés à une existence précaire et incessamment disputée.

CHAPITRE III

LA VIOLENCE ET LA SÉDUCTION

> Ce n'est pas la violence qui perd les peuples, c'est la séduction.
> (Pensée de Chateaubriand, *Mémoires d'outre-tombe*.)

La pensée que rappelle l'épigraphe ci-dessus n'est pas seulement profonde et vraie. Elle résume toute notre histoire contemporaine. Elle explique notre malaise social, notre scepticisme politique, nos révolutions et nos guerres. Elle explique notre vanité, nos imprudences, nos déceptions, nos malheurs, et l'impossibilité radicale où nous sommes, depuis le commencement de ce siècle, de fonder un gouvernement qui ait *l'équilibre et la durée*, double condition nécessaire et suffisante pour que les nations aient *la sécurité*.

Les seuls gouvernements qui puissent prétendre à l'équilibre et à la durée sont ceux dont les principes et le mode de gestion sont en état d'accord et de solidarité avec la constitution sociale, les mœurs, les aspirations et les besoins des gouvernés. Je me propose de faire ressortir ici, entre les causes qui rendent en France cet accord et cette solidarité impossibles, celle que je crois la principale.

Du xve au xixe siècle, sans remonter plus haut, les violences ont une place considérable et souvent prédominante dans notre histoire. L'occupation de la plus grande partie du territoire et de Paris par les Anglais, — les guerres de religion avec le massacre et le pillage, — les tueries de la Saint-Barthélemy, la lutte des factions à l'intérieur, — les guerres étrangères, — la révocation de l'édit de Nantes, — la grandeur et l'horreur des attentats de la période révolutionnaire, chargent notre passé d'un contingent de violences par l'ennemi, par les citoyens, par les gouvernements, qui semble lourd.

A-t-il arrêté les progrès de l'unité française, l'essor de la civilisation et de la puissance nationale ? Non.

La violence, au contraire, — après l'heure des sévices et des périls passée, — réagit sur l'esprit public par des effets de relèvement et de redressement d'une efficacité singulière. La Saint-Barthélemy, la révocation de l'édit de Nantes ont plus fait pour la liberté de conscience dans notre pays que toute la prose des philosophes. Les échafauds de la Terreur ont assuré l'adoption d'un principe nouveau dont tout gouvernement issu d'une révolution qui prétend chez nous à la confiance publique, fait l'objet de son premier décret, l'abolition de la peine de mort en matière politique.

Non, la violence ne perd pas les peuples, car elle leur apprend à détester la violence, et c'est, — juste châtiment, — le souvenir toujours vivant des crimes de la première république qui rend si difficile aujourd'hui, après trois quarts de siècle, l'établissement en France de ce gouvernement qui semble le seul possible, parce qu'il est le seul capable, *s'il le veut,* de contenir les partis en compétition et les factieux.

Les ébranlements, si profonds qu'ils soient, que la violence imprime à une nation douée d'une énergique vitalité, ne l'atteignent pas dans ses aptitudes viriles. Jamais, — je le prouverai de nouveau dans le cours de cette étude, l'ayant déjà prouvé ailleurs[1], — les armées françaises n'eurent plus de ressort, plus de valeur vraie, plus de désintéressement, plus de patriotisme, plus de succès eu égard à l'insuffisance de leur organisation et de leurs moyens, qu'après la Terreur et après la courte méprise « des volontaires de la patrie en danger », quand la loi et bientôt le service obligatoire formèrent les premières armées régulières de la république.

Ce fut avec cet instrument de guerre, dont la puissance était uniquement dans l'esprit qui animait les troupes, et dans leur mobilité qui étonnait l'immobilité traditionnelle de leurs adversaires, que des hommes inconnus la veille, célèbres le lendemain, étendirent les frontières de la France, en état de presque anarchie, jusqu'aux limites qu'on sait, par l'étonnante succession des faits d'armes de 1794 à 1800.

L'éclatante, légitime et universelle renommée du plus grand des généraux de ce temps, et peut-être de tous les temps, de Napoléon Bonaparte, a effacé celle des autres chefs militaires de la république. Montenotte, Millesimo, Dego, Mondovi, Lonato, Castiglione, Arcole, Rivoli, la campagne d'Égypte, Marengo, résultat prodigieux des efforts d'un seul homme, ont rejeté dans l'ombre Newstadt, Landrecies, Fleurus, l'occupation de la Hollande, Maëstricht, Neuwied, Neumarck, Zurich, Glaris, Biberach, Memmingen, Hochstett, résultats des efforts de plusieurs. La France cependant serait ingrate, si elle ne rendait hommage aux talents déployés, aux services rendus par Hoche, Pichegru, Marceau[2], Desaix, Kléber, Masséna, Macdonald, Lecourbe, Moreau et d'autres encore.

[1] A la tribune de l'Assemblée nationale.
[2] Marceau, mortellement blessé au combat d'avant-garde d'Hochsteinbach, le 20 décembre 1796, mourut entre les mains de l'ennemi,

A leur suite, généraux de brigade, colonels, chefs de bataillon et capitaines, marchaient les hommes qui devaient être les illustrations de l'empire. Les services des uns et des autres, à quelques rares exceptions près (comme Masséna, ancien sous-officier du régiment Royal-Italien; Ney, ancien sous-officier du régiment Colonel-Général-Hussards), ne dataient que de 1792 !

En dehors des passions qui se sont agitées autour de ces hommes et de ces temps, étudions sincèrement, impartialement, à l'aide des faits (et de ceux-là seulement qui ont une authenticité indéniable) l'esprit qu'avaient, en 1800, ce personnel militaire et la génération qu'il représentait :

Tous, sans exception, des généraux aux capitaines, devaient leur situation à l'ardeur violente, personnelle, démonstrative, avec laquelle ils avaient embrassé les principes de la révolution et s'étaient jetés dans le mouvement révolutionnaire, la plupart de bonne foi et par conviction. Plusieurs avaient cédé à des calculs d'ambition. On en peut juger par ce fait extraordinaire que :

Le général d'artillerie Bonaparte,
Les colonels Masséna,
— Murat,
— Lannes,

furent poursuivis après le 9 thermidor (chute de Robespierre) à *titre d'affiliés au jacobinisme*, le général Bonaparte rayé du contrôle des généraux d'artillerie en activité,

qui l'inhuma avec de grands honneurs dans le camp retranché de Coblentz. Le chef de la magistrature de cette ville prononça sur sa tombe les paroles suivantes, qui sont caractéristiques du genre de sévices que les populations allemandes avaient à redouter de l'invasion française :

« ... Il n'outragea pas nos femmes et nos filles. Au milieu des vio-
« lences de la guerre, il soulagea les peuples, préserva les propriétés
« et protégea le commerce et l'industrie des provinces conquises par
« les Français. Qu'il repose en Dieu. »   (*Biographie universelle*.)

sur le rapport d'Aubry, directeur du comité militaire, et un avis conforme signé par Merlin, Berlier, Boissy-d'Anglas et Cambacérès, le futur archichancelier de l'empire [1].

Ainsi posés devant l'opinion par leur chaleur républicaine, ces officiers de fortune avaient remplacé le personnel (de commandement et de cadre) des officiers de l'armée royale disparus par la retraite volontaire, par l'émigration, par la mort. Le cadre des sous-officiers avait été conservé, et représentait dans la nouvelle armée une très importante force d'expérience et de cohésion. Les titres honorifiques, les décorations, les pensions, les dons et tout le brillant appareil des faveurs gouvernementales appliquées aux armées avaient été supprimés. Les officiers nouveaux venus n'avaient pas eu besoin de ce stimulant. D'obscure, ou même d'humble condition, ils s'étaient élevés en quelques années, voire en quelques mois, à des positions inespérées. Le contentement du succès personnel, s'ajoutant au sentiment patriotique du plus grand nombre, les avait confirmés dans leur enthousiasme pour la révolution. Tous étaient prêts, comme le général Bonaparte, vainqueur des Autrichiens en Italie, à dire au monde :

La république est comme le soleil, aveugle qui ne la voit pas.

Leurs troupes mal pourvues, mal instruites, à demi disciplinées, mais hardies, entraînées, convenablement encadrées, disposées à recevoir et recevant incessamment de leurs chefs l'excitant patriotique encore tout-puissant sur les armées,

---

[1] *Biographie universelle et histoire apologétique de Napoléon*, par Laurent. « L'avis du comité militaire fut adouci en ce sens que le général Bonaparte fut transféré dans l'infanterie, avec future mission en Vendée (où il ne se rendit pas) contre l'insurrection royaliste, et que les colonels ne subirent que ce que nous appelons aujourd'hui le retrait d'emploi. »

avaient de très réels avantages sur celles qui leur étaient opposées. Généraux, officiers et soldats, dégagés de toutes théories de guerre préconçues (celles du grand Frédéric prévalaient dans l'Europe entière), avaient trouvé ensemble un système de guerre approprié à leur tempérament, fondé sur la vitesse, la résolution et la dispersion (les tirailleurs), qui déconcertaient les habitudes et les combinaisons des généraux de l'ennemi, vieux adeptes de la guerre réglée et compassée des temps antirévolutionnaires.

Tels étaient, de 1795 à 1800, la physionomie et l'esprit des armées de la république. Elles offraient, personne n'oserait le nier, un tableau original et nouveau dont le trait le plus frappant était *la simplicité désintéressée*. Elle résultait de l'état des mœurs publiques, de la difficulté et de la pauvreté des temps. Elle résultait surtout de la législation *qui ne proposait aux ambitions des généraux, des officiers et des soldats que la gratitude publique, avec l'avancement hiérarchique éventuel, en refusant tout à leurs convoitises*. Ces armées étaient la représentation vigoureuse et fidèle de la démocratie française dans ce qu'elle avait de plus digne.

Quel était à la même époque l'esprit de la nation ?

Elle avait vu s'écrouler, sans y avoir eu beaucoup de part, tous les régimes, l'ancien dont il ne restait plus trace, et les nouveaux, de la royauté constitutionnelle à la tyrannie sanglante du comité de salut public. Elle vivait sous les ruines, d'une existence précaire et misérable, tourmentée depuis six ans par les alternatives violentes de l'enthousiasme et du découragement, de la liberté et de l'oppression, de l'espoir et de la terreur.

La confiance publique, avec la fortune publique et la fortune privée, était profondément atteinte. L'obéissance et les respects avaient disparu avec la croyance et avec les autels. La nation française désormais et pour toujours émancipée, démocratie sans direction et sans règle, mais restée virile, et dont les masses ne connaissaient ni le faste ni le sensualisme, attendait, affamée d'ordre et de paix intérieure, une organisation définitive. . . . .

Elle lui fut apportée par un jeune et illustre général qui s'offrait à elle entouré de tous les prestiges que le génie et la fortune peuvent accumuler autour des hommes prédestinés au rôle de sauveur des peuples.

Si le général Bonaparte avait eu le tempérament moral d'Antonin ou de Marc-Aurèle dans l'antiquité, de Washington de nos jours, il aurait mis au service exclusif du pays son invincible autorité, sa puissance de conception et d'organisation, sa rare fermeté. La démocratie française logiquement rattachée *par la pratique des institutions libres,* apprises et conquises au prix de tant de crimes et de malheurs, à l'effort de 89, c'est-à-dire à ce que le passé de la révolution avait de plus digne et de plus grand, aurait trouvé une base et sans doute un avenir.

Le général, chef d'État, résignant le pouvoir politique, cette œuvre glorieuse achevée, serait revenu au commandement des armées de son pays. L'histoire et la gratitude publique lui auraient fait une place encore plus haute, je pense, que celle où il est, — car elle aurait été unique, — entre les grands capitaines et les grands bienfaiteurs!

Mais le général Bonaparte n'était ni Antonin, ni Marc-Aurèle, ni Washington. Il était Jules César et Olivier Cromwell agrandis. Il ne dédaigna pas d'être le bienfaiteur de la France, en y rétablissant l'ordre et en relevant les autels ; mais ce fut à la condition de rester le maître incommutable de la France, de l'ordre, des autels et de tout. Il lui donnait en échange une gloire déjà éclatante qui devait dépasser dans un avenir de quelques années celle de Charlemagne, et sur les nations de l'Europe une prédominance oppressive qui devait les mettre toutes, l'Angleterre exceptée, aux pieds de la France. Le césarisme napoléonien a pesé sur elles à ce point, que par la mort violente de plusieurs millions de Français dans les guerres des deux empires, par trois invasions, par la perte, en 1815, des frontières de l'ancienne monarchie, par la perte, en 1871, de deux provinces chères et nécessaires à la France, par la ruine de ses finances, de douloureuses humiliations et d'incalculables malheurs..., il n'est pas sûr que la France ait acquitté le prix des défiances, des rancunes et des haines que ces nations lui gardent !

L'histoire de notre pays montre qu'il s'est plus d'une fois laissé prendre à des appâts de gloire moins faits pour le tenter. Il se jeta sur celui-là, le traité fut conclu, et au lendemain de la signature l'empereur, en possession, dit à son peuple : *Je suis le peuple, et je suis la patrie. Quiconque n'est pas avec moi est contre eux.* Et il le fit bien voir à quelques rares contradicteurs qu'il rencontra[1]. En même

---

[1] Le général Delmas, volontaire républicain de 92, naguère lié avec le général Bonaparte, ne put se résoudre à accomplir certaines formalités d'étiquette exigées des généraux pour la cérémonie du sacre. Mené durement à cette occasion par l'empereur :

« J'ai fabriqué, lui répondit-il irrité, plus d'une des feuilles de ta « couronne, et ce n'était pas pour en venir à jouer un rôle dans cette « capucinade. »

Exilé dans le Jura pendant toute la durée de l'empire, il reprit du service devant l'invasion de 1814, et, — cruelle ironie de la destinée, — fut tué dans cette campagne.

temps, il élevait à une hauteur et à des proportions inconnues l'antique procédé césarien des largesses. *Il versait à flots aux Français le poison de la séduction.*

Louis XIV, arrachant lui aussi la France aux factions et à l'anarchie, avait porté haut le titre de roi. Napoléon, — celui-là même qui avait été arrêté et destitué, après la chute de Robespierre, pour cause de jacobinisme, — voulut dépasser Louis XIV. Il prit le titre d'*empereur et roi, protecteur de la confédération des peuples vaincus.* Et, pour caractériser la prééminence de sa couronne sur toutes les couronnes, son orgueil voulut que le souverain pontife vînt en personne lui apporter l'huile sainte.

Il appela à lui ses compagnons de guerre, ces hommes qui avaient la plupart quitté l'atelier pour répondre à l'appel du pays en péril, et il leur dit : « Vous serez
« princes, ducs, barons, maréchaux de France. Par les
« dotations, les pensions, les majorats, les dons de terres,
« vous aurez la richesse et vous montrerez à mes peuples
« et à mes armées, avec le faste qui convient à la nouvelle
« noblesse française, comment l'empereur sait récompenser
« les serviteurs de l'empire. » Et ils allèrent exécuter la consigne.

Il dit au soldat : « Tu ne seras plus le mandataire pauvre,
« mal vêtu, harassé de la république disputant à l'ennemi
« sa frontière. L'empereur, plein de sollicitude pour toi,
« pourvoyant libéralement à tes besoins, t'associe à ses
« grandes destinées et t'assure une carrière. Tu iras porter
« à travers l'Europe entière, dans la pompe et dans l'éclat,
« les gloires de l'empire. »

L'armée devint un État dans l'État, vivant de la guerre,

défilant triomphalement après la guerre devant la nation éblouie. Elle avait vu jadis, au sommet des pyramides d'Égypte, quarante siècles en contemplation devant elle. Depuis, elle avait soumis ou humilié les peuples. Elle se donna à l'empereur, qui était à la fois l'auteur et le héros de ces prodigieuses entreprises, et c'est de haut qu'elle regardait les Français qui ne portaient pas l'épée. Enfin l'entraînement fut irrésistible, l'ivresse universelle. Les journaux, les livres, le théâtre, formèrent la légende militaire et populaire qui devait pénétrer ces générations et celles de l'avenir des principes, des traditions, des habitudes, des besoins, du fanatisme inconscient et aveugle, sous lesquels s'est écroulée deux fois la fortune de notre pays.

Louis XIV avait, lui aussi, régné dans l'omnipotence personnelle et politique qui prépara la chute de la monarchie et la révolution. Mais son égoïsme souverain, sa pompe royale, le rôle écrasant de sa noblesse, l'appareil de puissance et de force qu'il déployait, préexistaient dans la tradition de la monarchie et dans la tradition des mœurs publiques. La nation y était accoutumée.

L'inévitable corruption de ce gouvernement ne pouvait atteindre profondément que la portion très limitée du corps social où s'arrêtaient les grâces du maître, et qui avait sous les yeux ses exemples, *la noblesse de cour*. La noblesse de province vivant dans ses terres ou à l'armée, la bourgeoisie qui ne comptait guère, le peuple qui ne comptait pas, échappaient à cette influence délétère.

Cette grande et inquiétante différence de situation devait frapper la pénétrante sagacité de l'empereur, au sortir d'une période d'émancipation bourgeoise et populaire qui avait tout mêlé et tout nivelé. Il comprit la nécessité d'étendre le système de la séduction gouvernementale au corps social tout entier.

Il fit avec le sénat, avec les sénatoreries et les titres, une noblesse civile, la plus magnifiquement dotée et la plus largement ouverte aux ambitions des hommes publics qui fut jamais. Les purs de la république, et plusieurs des anciens terroristes qui avaient eu des rapports personnels avec le général Bonaparte, s'en disputèrent l'entrée.

Et comme il avait été entendu et prouvé par les faits *que tout soldat français avait dans sa giberne un bâton de maréchal de France,* il fut entendu et prouvé par les faits que tout citoyen français, civil ou militaire, pouvait prétendre à la Légion d'honneur dont je ferai tout à l'heure l'histoire. *Ce fut l'habile, la grande institution du règne et son effort de séduction le mieux réussi.*

Une centralisation que l'ancien régime n'avait pas soupçonnée, qui dépassait de beaucoup la centralisation créée par la Convention, enserra la France tout entière. « Par
« l'Université, l'empereur devint l'éducateur public ; par la
« presse, exclusivement officielle, l'informateur public ;
« par la distribution de tous les emplois et de toutes les
« grâces, le bienfaiteur public ; et, par une police dont les
« procédés sont restés célèbres, le surveillant de tous les
« Français[1]. »

Au sommet de ce gouvernement si fermement réparateur, si intelligemment et si glorieusement corrupteur, de cette armée qui ne connaissait encore que la victoire, de cette nation si heureuse d'avoir abdiqué et de n'avoir plus le souci de son destin, il y avait une cour. Elle était dans les camps pendant la guerre, aux Tuileries pendant la paix.

[1] Discours (27 mai 1872) à la tribune de l'Assemblée nationale.

Dans cette cour, principe et origine des grâces, on voyait quelquefois des rois. On y voyait toujours des Altesses, des Monseigneurs, des Excellences de toute sorte. Obtenir dans ce monde supérieur un rang et une place définis, — rappelant le droit au tabouret de l'ancien régime, — était le but des hautes ambitions et la marque des hautes faveurs.

Aux jours des grandes cérémonies officielles, ce personnel brillant et opulent s'offrait à l'admiration de la foule dans un appareil et des costumes d'une telle magnificence, qu'ils nous sembleraient extravagants aujourd'hui. Et l'empereur Napoléon, aux jours solennels de l'empire, — le couronnement, — le sacre (comme roi d'Italie) dans la cathédrale de Milan, — le mariage avec l'archiduchesse d'Autriche, — le Champ de Mai en 1815, — apparaissait à ses peuples la couronne sur la tête, le sceptre et la main de justice portés devant lui, dans la toge augusticlave des empereurs romains !

La révolution, avec ses grandeurs et ses crimes, avait formé le courant des *doctrines,* des *aspirations* et des *mœurs démocratiques.*

L'empire, avec ses gloires et ses bassesses, forma le courant des *doctrines,* des *aspirations* et des *mœurs césariennes.*

L'un et l'autre coulent encore à pleins bords, et chacun dans un lit si profondément creusé, qu'ils n'ont pu être ni arrêtés, ni ralentis, ni détournés par le temps, par les révolutions, par les guerres, par l'effort des événements à peine croyables qui ont rempli ces soixante dernières années.

Ces deux courants de passions contraires se disputent

incessamment la possession du sol national, dans une lutte dont les alternatives l'ont ravagé à ce point que c'est son existence même qui est en péril aujourd'hui.

Avec l'émancipation civile et politique la plus nécessaire, la plus enviable, la plus complète, et avec les hautes mais creuses théories de fraternité et d'égalité, la révolution a légué au peuple français l'ineffaçable tradition :

De l'émeute et de la sédition, considérées comme des moyens de redressement gouvernemental ; — des utopies sociales et politiques les plus dangereuses, quelquefois les plus coupables[1]*, substituées au sentiment des devoirs sociaux et des devoirs politiques ; — d'un orgueil de liberté qui ne devait pas tarder à produire la négation du frein, le dédain des croyances et la ruine des respects ; — enfin, c'est par la révolution que les gouvernants, les hommes publics et les citoyens aspirant à l'être, ont appris à se faire les courtisans des foules.*

Avec le rétablissement des autels, de l'ordre, du travail, de la paix intérieure, et avec une gloire éclatante, l'empire a légué au peuple français l'ineffaçable tradition :

De la dictature militaire, inaugurée par la violation des lois, considérée comme moyen de salut public ; — de la guerre intermittente, considérée comme moyen de gouvernement ; — de la centralisation, violente et jalouse, qui érige l'État en providence de la nation désormais et pour toujours désintéressée de ses affaires, — du faste, du sensualisme, des appétits, du besoin de paraître, du chauvinisme vaniteux, étendus à la population tout entière ; — de l'abaissement des caractères par les revenus et les privilèges acquis

---

[1] Par exemple la notion du *droit au travail* substituée, dans l'esprit du peuple, à la notion du *devoir du travail.*

à la servilité ; — enfin, c'est par l'empire que les hommes publics et les citoyens aspirant à l'être ont appris à se faire les courtisans du pouvoir.

Entre beaucoup d'autres, voici un exemple frappant de l'aberration morale où nous a jetés la tradition césarienne, qui substitue à la patrie française la personne du souverain et son gouvernement :

Un jour, devant la justice du pays, des généraux connus par les attaches qui les liaient à l'empire ont osé demander à un autre général comment il se pouvait faire que, commandant *la veille* dans Paris pour l'empire, il eût commandé *le lendemain* dans Paris pour la république...

Leur patriotisme et leur cœur ne paraissaient pas leur rappeler que, *entre cette veille et ce lendemain,* huit cent mille soldats étrangers envahissaient la France et que deux cent cinquante mille allaient investir Paris ! Ils n'y pensaient pas, et leur préoccupation à ce moment suprême de détresse et d'angoisse nationales, ce n'était pas le pays foulé et Paris assiégé, c'était l'empereur et l'empire !

Les mêmes généraux aujourd'hui, — sans y être forcés par l'invasion et par un devoir sacré, — conduisent ou servent dans des emplois supérieurs, avec une entière liberté de conscience, les destinées de la république, dont ils remplissent les salons dès que les y appelle l'intérêt de leur carrière. Et ils parlent de leur sincérité politique et on loue leur prud'homie ! Il se peut que la Providence, — je le souhaite ardemment, — permette qu'ils relèvent la fortune de la France. Elle ne les a pas choisis pour relever son caractère.

L'empereur Napoléon déclara et prouva que ce régime, ainsi fait d'une gloire sans exemple, d'un despotisme sans scrupule et sans frein, était l'œuvre du peuple, la continuation naturelle, nécessaire, légitime de l'effort de 89. *Tout pour le peuple et par le peuple* fut l'hypocrite devise et l'audacieuse tromperie du césarisme moderne, comme du césarisme de l'antiquité.

Cette duplicité, commune à tous les hommes qui caressent et qui exaltent les passions des peuples pour les asservir, est, avec la force du caractère, le point de ressemblance entre les deux étonnantes physionomies que j'ai déjà eu l'occasion de mettre en parallèle, du général républicain Olivier Cromwell[1] et du général républicain Napoléon Bonaparte.

Entre toutes les institutions césariennes, l'institution de la Légion d'honneur est peut-être celle qui a eu l'influence la plus générale et la plus durable sur l'état moral des classes dirigeantes dans la société française. Elle a introduit avec le temps, dans les esprits, des convoitises; dans les caractères, des altérations; dans les procédés de gouvernement, des déviations si profondes, qu'elle mérite une étude particulière.

Je constate d'abord qu'*elle a survécu*, — exemple presque unique, je pense, dans notre histoire contemporaine, — à *toutes les révolutions d'en haut et d'en bas*. Comment expliquer cette énergique vitalité, alors que tous les ordres de chevalerie, quelques-uns d'une haute et très ancienne

---

[1] Le 16 décembre 1653, le parlement-croupion, fait de la main de Cromwell, l'avait déclaré *protecteur de la république d'Angleterre, d'Écosse et d'Irlande*.

notoriété, ont disparu avec les gouvernements qui les avaient institués ?

C'est d'abord parce que, décoration d'origine militaire (bien qu'à la fois militaire et civile), son institution a été immédiatement suivie d'événements de guerre prodigieux : Austerlitz, Iéna, Eylau, Friedland, Wagram, baptême de gloire qui a solidement et légitimement fondé dans l'opinion d'alors, et plus tard dans la tradition légendaire, son autorité et son prestige.

C'est encore, je l'ai déjà dit, parce que, au contraire des décorations de fondation royale, elle s'adressait à toutes les classes de la société française, non pas à une seule.

C'est enfin parce que le fondateur, comprenant le haut intérêt qu'il avait à la conservation de cette autorité et de ce prestige, envisageait son œuvre d'un tout autre point de vue que celui qui a prévalu depuis. *Il ne la prodiguait pas, même dans l'armée.*

Jusqu'aux revers de 1812 à 1815, dont l'étreinte le força de multiplier les grâces, il se défendit avec une fermeté systématique contre l'envahissement des solliciteurs. Un général de brigade, en ces temps de guerre toujours ouverte, se contentait du grade d'officier dans la Légion, alors que de nos jours un colonel qui n'a pas la croix de commandeur se tient pour incomplet et pour lésé.

Ainsi, la politique de l'empereur, que les élections législatives et les débats de son parlement n'inquiétaient guère, voulait que la Légion d'honneur, accessible à tous en principe, ne fût acquise en fait qu'à un petit nombre et qu'*elle fût incessamment désirée*. La politique des gouvernements suivants a voulu qu'*elle fût incessamment accordée,* au nom de leurs plus pressants intérêts et de leur existence même à chaque instant mise en péril par le vote. Ils en ont fait de plus en plus l'instrument de leur influence politique et de leur popularité.

Au bon temps du suffrage restreint, on décorait les électeurs censitaires ou leurs ayants cause. Quand vint le temps plus difficile du suffrage universel, on décora successivement au cours de l'année, par grandes fournées à l'approche des élections, les maires, les maires-adjoints, les hommes publics, les chefs d'industrie, les propriétaires qui avaient sur le vote populaire une influence certaine ou probable.

Les voyages du chef de l'État et de certains ministres, les anniversaires donnaient lieu à une véritable pluie de croix. On décorait aussi, à l'heure utile, les produits de l'élection, c'est-à-dire les députés. On ne saurait imaginer combien de transactions et même de convictions politiques se sont faites dans notre pays par ce procédé de gouvernement, depuis bientôt un demi-siècle qu'il sévit.

Il y a là tout à la fois un désordre politique et un désordre moral. Il s'est compliqué avec le temps d'accidents divers, — même d'accidents de police correctionnelle, — qui ont fait voir que des chevaliers et même des dignitaires de l'ordre appartenaient à une légion dont l'honneur n'était pas le mobile exclusif[1]. L'institution s'est transformée.

Elle a gardé une part de son prestige dans l'armée où, sous les gouvernements constitutionnels, elle fut uniquement honorifique, où elle forme aujourd'hui l'appoint budgétaire très utile de beaucoup d'existences laborieuses, intéressantes et souvent disputées.

Au civil, elle est devenue banale, et on peut dire que là

[1] J'écrivais cela dix ans avant les scandales éclatants qui ont rempli la présente année (1888) et la précédente, au sujet d'*un véritable trafic* de décorations par des officiers généraux et des personnages politiques.

personne n'a prétendu à la Légion qui, avec l'effort, l'appui et la patience nécessaires, n'y soit entré. L'exemple de ces réussites, qui n'auraient pas été possibles autrefois, a surexcité les appétits, et si la banalité de cette distinction honorifique lui a fait perdre beaucoup de sa considération, elle lui a laissé toute sa vogue. Elle a aujourd'hui, à tous les étages de la société française, des représentants et des défenseurs. Elle est devenue un besoin pour les gouvernés, elle s'impose aux gouvernements comme une invincible nécessité politique.

J'en ai fait l'expérience dans mon éphémère gouvernement du siège de Paris, qui ne ressemblait pourtant à aucun autre. J'avais eu, et j'avais à peu près fait prévaloir autour de moi la pensée, naïve peut-être à mon âge et dans ces temps-ci, que l'effort désespéré de Paris, inutile désormais pour vaincre, nécessaire pour sauver l'honneur national, *devait être gratuit.*

Cherchant à pénétrer de ce sentiment les masses armées que je commandais, je leur dis dans une proclamation, — une de celles qui m'ont valu tant d'ingénieuses railleries, — que j'attendais de leur patriotisme qu'elles tinssent *une citation à l'ordre du siège* pour l'honneur le plus grand et la récompense la plus haute que pussent ambitionner les défenseurs de Paris...

La théorie en parut d'abord bien accueillie. La pratique n'en réussit pas du tout. A bref délai les généraux et les chefs de corps vinrent déclarer que sans l'indispensable excitant de la Légion d'honneur et de la médaille militaire, les dévouements seraient plus tièdes, et les actions d'éclat plus rares. Sur leurs instances, quelques croix et quelques médailles furent données, et par cette brèche ouverte la foule se précipita à l'assaut. Elle y était encore six mois après le siège, grossie par les prétendants des armées de la Loire, du Nord et de partout, renversant tous les obstacles que le gouvernement de M. Thiers cherchait à opposer aux assaillants. Le spectacle en était honteux, et j'ai pu dire à la tribune, sans rencontrer un seul contradicteur :

« Que la France s'était plus décorée après ses humi-
« liantes défaites, que dans d'autres temps après ses plus
« éclatants triomphes ! »

Les mœurs publiques étaient faites dans le sens que j'ai défini, quand vint l'établissement du deuxième empire. L'empereur Napoléon III, à l'imitation de son oncle, se demanda comment il pouvait les saturer dans le même sens, en faisant pénétrer plus avant encore dans les masses la passion du ruban avec la passion de l'empire. Il réalisa cette visée par trois actes souverains qui firent que, du premier coup, il dépassa dans le grand art de la séduction son modèle.

1° Il rendit à la Légion d'honneur ses dotations et traitements que les gouvernements constitutionnels avaient supprimés, disposition qui éleva très haut sa popularité parmi les légionnaires, dont les mérites, seulement classés jusque-là, furent désormais tarifés, et qui rendit en même temps à l'institution, dans l'armée, une jeunesse et une vie nouvelles.

2° Il créa pour les sous-officiers et les soldats en activité de service *la médaille militaire payée*, disposition qui lui valut les bénédictions et le dévouement des masses qui se succédaient sous les armes.

3° Il créa pour les vieux soldats survivants du premier

empire, — vrais et faux ; car, notoirement, beaucoup de jeunes soldats de 1813, 1814 et 1815, bénéficiant de l'immense confusion où était le pays, n'avaient pas tous rejoint, encore moins combattu, — *la médaille de Sainte-Hélène* avec brevet. En outre, les vrais reçurent tous des secours en argent, les authentiques une pension viagère, et toute la vieille France militaire, jusque dans les plus humbles villages, se décora, s'enrubanna et s'enrichit aux applaudissements de la nouvelle. Cinquante ans et plus s'écouleront avant que ces largesses impériales soient oubliées dans les campagnes françaises.

Ces largesses consacraient pourtant un scandaleux déni de justice distributive.

Il y avait en ce moment-là même, en France, plus de *cent mille vétérans* qui, de la prise d'Alger à la bataille d'Isly, 1830-1844, avaient conquis à la France, au prix des plus douloureux sacrifices, l'Algérie dont la terre avait gardé plus du quart de leurs compagnons ! Il faut avoir vécu dans ce temps-là au milieu d'eux, au milieu de ces régiments qui marchaient, travaillaient, combattaient toute l'année, pour se faire une idée de leurs efforts, des infirmités précoces et de l'effroyable mortalité qui en étaient la suite.

Quelques-uns de ces régiments étaient fixés en Algérie. D'autres, en bien plus grand nombre, à titre de corps acclimatés, étaient retenus sept à huit ans dans la fournaise. Mais, — ces vétérans n'avaient pas servi l'empire. — Ils avaient servi et bien servi la France, qui avait cru à bon droit, au temps des anciennes mœurs militaires, s'acquitter envers eux en leur délivrant, rendus dans leurs foyers, *le certificat de bonne conduite !*

Il y eut la médaille anglaise de Crimée, la médaille

d'Italie, la médaille du Mexique, pour les plus comme pour les moins méritants, pour tout le monde. Encore un demi-siècle d'un tel régime et le nombre des porteurs de distinctions honorifiques passant toute mesure, le peuple français aurait été comme une collection de grands enfants jouant aux apparences et préoccupés de faire admirer leurs jouets[1].

Dira-t-on que je charge le tableau ? Mais j'en affaiblis au contraire l'effet, en me bornant aux considérations générales qui montrent à quel point le césarisme, par la séduction pénétrant partout, est entré dans nos mœurs. *Les faits spéciaux* abondent, et ils sont bien plus probants et plus piquants.

Quoi de plus singulier, par exemple, et de plus imprévu que cette représentation où figurent, — victimes, selon moi, de la séduction et des erreurs de leur temps, — deux éminents hommes d'État pour qui je fus toute ma vie plein de respect, M. Thiers et M. Guizot !

Les douloureux événements de 1870, avec leurs fatales conséquences, sont accomplis. Paris a été repris à des brigands dont les crimes ont épouvanté la France et le monde. Nous avons la république, une république mal définie et ardemment combattue par les partis contraires. Les temps sont incertains et périlleux.

C'est dans ces conjonctures qu'un *chapitre de la Toison d'or* se tient à Versailles pour recevoir un nouveau chevalier, et pour lui conférer le collier de l'ordre. La Toison d'or ! un ordre de chevalerie presque exclusivement princier, une institution de Philippe le Bon (1430), fils de Jean sans Peur et père de Charles le Téméraire, fondée, dit la *Bio-*

---

[1] Quand j'écrivais ces réflexions, je n'avais pas prévu l'invention par la république *du Mérite agricole* (ordre nouveau) et l'immense dispensation qu'elle fait à ses fidèles de palmes universitaires et académiques, à titre décoratif.

graphie universelle, « sur un mélange de dévotion catho-
« lique, de politique et de galanterie, avec des cérémonies
« militaires et religieuses qui peignent à elles seules toute
« la féodalité. »

M. Thiers, illustre bourgeois français, enfant de la révolution s'il en fût, président de la république, est le récipiendaire. C'est du roi Amédée, de la maison de Savoie, qui a remplacé sur le trône d'Espagne la reine Isabelle, de la maison d'Espagne et de Bourbon en exil, qu'il tient cette haute dignité.

M. Guizot, illustre bourgeois français, enfant de la révolution aussi (bien qu'à un degré différent), ancien président des conseils du roi Louis-Philippe, protestant zélé, est le parrain. Mais, — amère ironie du destin, — c'est de la reine Isabelle, aujourd'hui bannie, qu'il a reçu le collier, c'est donc elle qu'il va représenter là!... Et tout à l'heure, — ironie encore plus amère, — M. Thiers, descendu de la présidence, devra décliner l'invitation d'assister à la réception dans l'ordre de son successeur le maréchal de Mac-Mahon, fait à son tour chevalier de la Toison d'or, mais par le roi Alphonse qu'une autre révolution a intronisé au lieu et place du roi Amédée de Savoie, dont M. Thiers aurait été le représentant à cette solennité!...

Voilà à quelles extrémités, au moins singulières, les anachronismes préparés par la séduction gouvernementale conduisent notre pays et ses hommes d'État ! Est-il surprenant que la vieille Europe, libéralisée, mais restée en possession de ses princes, de ses ordres, et la jeune Amérique qui n'en a jamais eus, — l'une et l'autre très attentives à suivre les développements de la révolution française, — se soient un instant amusées de celui-là ? Était-il possible que, porteurs d'ordres royaux d'origines si différentes, ces chevaliers pussent se rencontrer sans se demander à qui la vraie Toison d'or était échue ?

J'estime, quant à moi, que si, — comme l'exprime la *Biographie universelle,* — les anciennes cérémonies d'investiture de la Toison d'or « peignaient à elles seules toute la féodalité », les cérémonies plus récentes que je viens de rappeler peignent à elles seules l'état de contresens permanent où vit une grande nation qui, avec quelques intermittences de gouvernement régulier, oscille depuis près de cent ans entre celui de César et celui des foules.

L'Assemblée nationale de 1871 a eu dans ses mains la solution de tous les grands problèmes que soulevait la réorganisation fondamentale de la société française. Elle n'a pas même résolu les petits. Dominée par ses passions politiques, aveuglée par ses divisions, elle s'est arrêtée à des compromis ardemment disputés qui ont pu faciliter la marche des affaires, et créer l'équilibre du moment. Ils n'ont rien fondé pour l'avenir sur la base solide et durable des principes.

En ce qui touche les distinctions honorifiques, écœurée par le spectacle qu'elle avait sous les yeux, l'Assemblée devait :

Supprimer la Légion d'honneur pour les services civils, et la réserver tout entière à l'armée pour *les services de guerre rendus en temps de guerre,* et par exception dans la paix, pour les services auxquels une longue durée définie par un règlement aurait mérité cet honneur ;

Rehausser par le principe de la gratuité le prix de cette récompense nationale, en supprimant ses dotations par voie d'extinction ;

Interdire aux nationaux l'acceptation et le port de toutes

décorations étrangères, origine de tant de secrets, honteux et souvent très graves abus.

Je sais, en ayant fait l'expérience, que ces vues considérées comme radicales, comme attentatoires à la légende et à des ambitions consacrées par l'état des mœurs publiques, n'ont aucune chance d'être accueillies. Que deviendrait un gouvernement, même républicain, surtout républicain peut-être, qui ne disposerait plus de ce puissant instrument d'influence ?

Comme toutes les réformes, celle-là n'aurait pu prévaloir que lorsque le pays courbé sous le poids de son humiliation, de son malheur et de ses fautes, allait au-devant de l'effort réparateur, prêt à entendre toutes les vérités. On ne les lui a pas dites, et l'heure en est passée à présent que les vieux plis sont repris.

L'Assemblée nationale tout entière à la dispute, à la colère, à la prétendue recherche des responsabilités, en a assumé une qui l'accable, celle des incurables divisions qui frappent d'impuissance les assemblées du temps présent, ruinent le principe du gouvernement parlementaire, et préparent un troisième avènement césarien.

Elle a laissé échapper l'occasion d'introduire la moralité et la sincérité dans la politique, la simplicité et la virilité dans les habitudes, la dignité dans les caractères. Elle a contribué à rendre vaine pour le pays la leçon providentielle de 1870.

CHAPITRE IV

L'ARGENT ET LE SENSUALISME

La passion de posséder pour jouir, le luxe et le sensualisme par conséquent, ont successivement conquis sur la société contemporaine tout le terrain que perdaient la croyance et les vertus qui en dérivent.

L'inévitable fléau a eu, je l'ai démontré, dans l'antiquité et dans le monde moderne les mêmes origines, les mêmes développements et les mêmes effets. Toute civilisation parvenue à une certaine période d'avancement l'engendre. Il est aujourd'hui chez toutes les nations de l'Europe à son œuvre d'altération ou de destruction, et la France n'en a pas le privilège. Mais il sévit à des degrés différents selon le caractère et l'état de maturité des peuples, selon leur richesse et leur climat, et c'est parce que la France réunit au plus haut point toutes les conditions favorables à ses progrès, qu'elle est le plus atteinte.

Les derniers gouvernements qui aient opposé quelque résistance à ces entraînements, au moins qui ne les aient pas servis, sont le gouvernement de la Restauration et le gouvernement de Juillet. Les dignités et les distinctions honorifiques qu'ils conféraient, la pairie, la Légion d'honneur, etc., n'avaient pas de dotation. C'est gratuitement aussi que s'exerçaient tous les mandats publics originaires de l'élection.

La démocratie, à l'avènement de la seconde république (1848), ouvrit la voie dans le sens des idées nouvelles et des besoins nouveaux, en décidant que les représentants du peuple recevraient, sous la dénomination euphémique d'indemnité, un traitement.

Le second empire, dépassant de beaucoup les idées nouvelles et les besoins nouveaux, éleva comme le premier empire, par le chiffre et par la variété des dotations, les libéralités du pouvoir à la hauteur d'un principe de gouvernement et d'une nécessité d'ordre public. Le sénat, formant une sorte d'aristocratie sans apanage, mais dont la fonction était très hautement appointée, devint au civil comme au militaire l'objectif ardemment convoité de tous les directeurs des affaires publiques et de tous les dévouements politiques supérieurs. Le traitement des députés, accru d'un tiers, fit aux moins fortunés des législateurs de ce temps un équilibre budgétaire respectable.

J'ai précédemment rappelé que la Légion d'honneur à tous ses degrés et la médaille militaire furent payées, que certains médaillés de Sainte-Hélène eurent des pensions, d'autres des secours. Enfin l'empereur se fit autoriser par une loi qui eut des effets très étendus, à concéder des pensions d'un caractère spécial à des titulaires dont elle lui réservait d'apprécier les droits. Il prélevait d'ailleurs libéralement sur sa propre dotation des sommes considérables destinées à des attributions de pensions particulières, à des secours privés, à l'acquittement des dettes de beaucoup d'officiers, etc., etc.

Ce serait indignement travestir mes intentions que de me croire disposé à jeter le décri sur les corporations ou sur les personnes qui ont recueilli les avantages de ce système de gouvernement. Elles ne l'avaient pas imaginé ; les bénéfices qu'elles en retiraient étaient légitimés par la législation et par les règlements du temps. Ne lui dois-je pas moi-même une part de mes moyens actuels d'existence, le traitement de la Légion d'honneur, devenu le complément très important de la pension des retraités qui n'ont pas d'autre fortune?

Ce que j'ai entendu constater, c'est que cet afflux extraordinaire de largesses gouvernementales qui arrivaient, sous des formes variées à l'infini, à tous les étages de la société française éblouie par l'éclat du règne, a transformé les habitudes et enflammé les appétits. Le dévouement désintéressé, rare en tout temps, a définitivement cédé la place au dévouement calculateur.

Par son traitement, un sénateur entrait de plain-pied dans la richesse ; un député, élu d'hier, recevait une allocation dont le chiffre ne peut être acquis dans les fonctions publiques qu'à un serviteur de l'État arrivé au sommet de sa profession, et qui lui a consacré sa vie entière. Les sénateurs et les députés de la république, bien que plus modestement rétribués, le sont encore assez pour que la même comparaison leur soit applicable.

Peut-on douter qu'au moment de leur élection, à un légitime sentiment de fierté satisfaite, ne s'ajoute un sentiment beaucoup moins relevé d'intérêt satisfait ? Pour le plus grand nombre aujourd'hui, *le mandat* se double d'une *carrière,* et peut-on croire que devant le pays la situation de ces mandataires appointés soit aussi forte et aussi digne qu'au temps où ils le représentaient gratuitement ?

Si le mandat des sénateurs et des députés est rétribué, pourquoi celui des conseillers généraux, des conseillers d'arrondissement, des maires, des commissions d'intérêt public, de tout mandataire élu ou nommé qui devra à sa mission, jusqu'alors honorifique et gratuite, du temps, du travail et des soins, ne le serait-il pas ? Comment s'arrêter dans cette voie à la fois ruineuse et abaissante, quand c'est par l'invincible entraînement des mœurs publiques que la nation s'y précipite ? Et puis, à présent que la république est légalement constituée, qu'elle fonctionne librement, que devient devant cette invasion des appétits si menaçante pour le trésor par les dépenses qu'elle crée, si inquiétante pour la moralité du pays par les exemples qu'elle donne, l'argument par excellence, l'argument traditionnel de la république : *Je suis le gouvernement à bon marché ?*

Peut-être, si l'invasion ne s'arrête pas, nos neveux verront-ils *la tutelle,* cette haute et respectable mission qui sauvegarde, au nom des pères et mères disparus, les plus chers intérêts de la famille, demander à la loi de lui adjuger le tant pour cent pour l'administration du bien des orphelins mineurs !

Je ne dirai rien de ce qui se passe aujourd'hui dans le monde dont je suis sorti depuis des années et que je ne connais plus, rien de l'esprit qui anime la portion de la nation qui vit du travail manuel dans les villes ou dans les centres industriels, et que je n'ai pas été en mesure d'étudier. Mais je m'arrêterai un instant, parce qu'elles sont en rapport étroit avec mon sujet, sur les observations que j'ai pu faire en Touraine au milieu d'une population rurale notoirement paisible et laborieuse, mais l'une de celles qui se sont le plus vite et le plus facilement assimilé les habitudes de la civilisation ambiante.

Là il arrive souvent, trop souvent, que lorsque le fils atteignant sa seizième année se sent des bras utilisables, il se présente au chef de famille, lui rappelle que le prix de la demi-journée est fixé par l'usage, et en réclame le bénéfice immédiat. Devant un refus, il irait se louer à un exploitant du sol qu'il sait avoir besoin d'ouvriers, aux ateliers du chemin de fer ou de l'usine, à la ville, partout où le travail est proportionnellement rémunéré.

D'adulte, devenu homme, c'est le prix de la journée qu'il entend recevoir, se fondant sur les mêmes droits et exprimant les mêmes résolutions. Le père, le fils majeur lui échappant, peut opposer au mineur les droits et les résolutions de la puissance paternelle; mais que devient la famille? un atelier de travaux forcés désorganisé.

Voilà des mœurs rurales qui, si elles se généralisent, ne ramèneront pas la famille agricole française au patriarcat! Mais ce n'est pas au point de vue de la morale et de l'esprit de famille, — bien que sans doute il soit ici prédominant, — que je veux les considérer. C'est au point de vue de leur influence sur l'état de l'industrie-mère, de l'agriculture, dont toutes les autres industries, si brillantes, productives et nécessaires qu'elles soient, ne peuvent être, à peine de déchéance nationale, que la force auxiliaire et complémentaire.

C'est par les bras de la famille que le paysan créait l'épargne, et jusqu'à présent les grandes familles avaient toujours été sa richesse, au contraire de ce qui se passe dans les villes. Les nombreuses familles de nos campagnes relevaient le chiffre déplorablement inférieur qui exprime en France l'accroissement annuel de la population. Quel intérêt le cultivateur aurait-il à les créer, si l'assistance qu'il a le droit d'attendre de ses enfants, qui n'ont été pour lui qu'une charge dans leur premier âge, devait lui être disputée ou lui échapper au moment même où elle va lui être profitable?

D'autres causes concourent, avec cet état de dépression de l'esprit de solidarité dans les familles rurales, à raréfier le personnel de la main d'œuvre agricole. Entre toutes, il faut signaler *la longue durée* du service militaire (cinq ans) combinée avec *l'obligation,* erreur qui est l'une des plus grandes de ce temps.

La vie de garnison, prolongée au delà d'une certaine limite, crée des habitudes inconciliables avec la vie des champs, habitudes dont un grand nombre de militaires ne peuvent plus secouer le joug. L'armée devient ainsi, par rapport à la population des campagnes, un instrument de déclassement. Le jour où l'industrie, les arts mécaniques et le commerce auraient dans l'existence nationale une plus grande place que la mise en valeur du sol, le péril économique et peut-être le péril social seraient grands.

La France, au temps de la Restauration, respirait après vingt-cinq ans de guerre qui venaient d'aboutir aux calamités et à l'humiliation d'une double invasion étrangère. Les doctrines socialistes, les théories de la religion positive, de la religion naturelle, de la libre pensée, et les autres toxiques sociaux qui sont les fruits de l'orgueil contemporain, lui étaient à peu près inconnus. Enfin elle avait en moins (au passif de ses révolutions, de ses guerres et de ses invasions) les quatre révolutions [1], les quatre guerres [2] et l'invasion [3], qui depuis ont livré le pays à l'affaiblissement, aux divisions et aux déchirements qui menacent à présent son existence. . . . .

Ce fut une période de sécurité relative, et pourtant, dès ce temps-là, un homme de patriotisme, de réflexion et d'expé-

---

[1] Les révolutions de 1830, 1848, 1851, 1870.
[2] Les guerres d'Orient (Crimée), d'Italie, du Mexique, de Prusse.
[3] L'invasion de 1870-1871.

rience, le général Morand[1], eut l'intuition des périls que la passion de la richesse et du bien-être avec l'invasion du sensualisme préparaient à la France. Il les lui dénonça dans un langage plein de vérité et de fermeté. Il l'adjura de réagir contre ces tendances funestes qui avaient perdu les grands empires d'autrefois. *Il l'adjura de fonder la constitution de ses forces militaires sur le principe du service obligatoire à durée restreinte, qui armerait toute la nation.* Et pour la persuader, il s'écriait dans une conviction inspirée *qui devinait et qui précisait* les désastres futurs[2] :

« Nous opposerions vainement nos sciences et nos richesses
« à ces peuples dont le climat et la pauvreté ont conservé
« la vigueur ; qui toujours prêts à combattre, parce que la
« guerre améliore leur existence, sont toujours menaçants.
« Ils ont non seulement la force matérielle, mais la force
« que procurent les sciences nées de la civilisation. Ce n'est
« qu'en préparatifs de guerre que leurs princes emploient
« les ressources dont ils disposent. Pourrions-nous som-
« meiller quand tout est en armes autour de nous ?... »

Le général Morand, qui avait, *un demi-siècle à l'avance,* cette seconde vue, ne fut pas compris. Je crois même qu'il ne fut pas lu. Il avait pourtant vu de près et il avait bien étudié les peuples et les armées dont il annonçait ainsi l'avenir. A l'heure où il écrivait, les bourgeois français connaissaient déjà les délices de la dinde truffée. A l'heure où j'écris (cinquante ans plus tard) les bourgeois prussiens n'en sont encore qu'à l'oie fumée de Poméranie !

La discipline sociale est le ressort des nations, comme la discipline militaire est le ressort des armées. L'une et l'autre, je le redis, sont solidaires. J'ai cherché à mettre en lumière

---

[1] L'un des plus considérables divisionnaires du premier empire.
[2] *L'Armée selon la charte,* par le général Morand (1827).

les altérations de celle-là, qui ont le plus contribué aux défaillances de celle-ci. Nous avons vu croître notre richesse matérielle dont, au delà d'une mesure déterminée, les effets sont destructeurs. Nous avons vu décroître notre richesse morale dont les principes seraient réparateurs. Y a-t-il un moyen de rétablir entre ces deux forces l'équilibre qui est le secret de la grandeur et de la durée des peuples ?

Je crois qu'il y en a un et qu'il n'y en a qu'un, mais il est d'une application difficile et les résultats en sont longtemps attendus. Les générations qui l'emploient n'en ont pas le bénéfice. Elles travaillent gratuitement, dans une pensée de patriotisme qui les honore et les soutient, pour l'avenir. *Ce moyen, c'est l'éducation de l'enfance et de la jeunesse, secondée par le jeu des institutions libres et des institutions militaires.* Je dirai ici quelques mots de la question de l'éducation, réservant celle des institutions libres pour la deuxième partie (*État politique*), et celle des institutions militaires pour la troisième partie (*État militaire*) de ce travail.

L'ÉDUCATION ET L'INSTRUCTION PRIMAIRES

Si on interroge au hasard des soldats prussiens prisonniers[1], on est frappé de l'uniformité des réponses qu'ils font aux questions qui leur sont posées, quand ces questions touchent à certains principes.

S'il s'agit du service militaire auquel ils doivent la

---

[1] Pendant le siège de Paris, j'ai eu plusieurs fois l'occasion de faire cette expérience, en interrogeant quelques-uns des prisonniers réunis en assez grand nombre à la maison de la Santé.

pénible situation où ils sont, il ne faut pas les plaindre, car il semble qu'ils n'acceptent pas les sympathies qu'on leur offre. Ils disent invariablement « qu'ils ont quitté leurs « familles pour servir le roi et la patrie, qu'ils avaient une « grande mission publique dont l'accomplissement comporte « des périls qu'il faut braver et des épreuves auxquelles il « faut se soumettre, etc. »

L'uniformité de ces déclarations, un peu solennelles, est tout à la fois dans les idées et dans les termes. Comment l'expliquer ?

Serait-ce que la discipline des armes irait dans ce pays jusqu'à formuler le patriotisme prussien et la règle prussienne en une série d'aphorismes militaires qui auraient chacun la valeur d'un mot d'ordre ? Personne ne croira que cela soit possible.

Serait-ce que ces soldats tirent de leur propre fonds, dans une sorte de concert, ces principes et l'expression de ces principes ? Personne ne le croira non plus. Qu'est-ce donc ?

C'est le résultat d'une leçon dont les effets durent parce qu'elle vient de loin, parce qu'elle vient du temps où les leçons se fixent ineffaçablement dans l'esprit des hommes, c'est le résultat de l'*éducation primaire*.

En Touraine où je réside, en Dauphiné et en Bretagne où je passe l'été et l'automne, je rencontre par les chemins, dans les campagnes où je promène tous les jours mes réflexions, des groupes d'enfants allant à l'école du village ou en revenant, qui forment invariablement deux catégories : ceux qui saluent respectueusement l'étranger, absolument inconnu d'eux mais ayant l'apparence d'un *monsieur*, qui passe ; ceux qui ne le saluent pas, même qui en rient s'il a dans son vêtement ou dans son attitude quoi que ce soit qui leur semble nouveau.

Comment expliquer ce contraste entre les habitudes de

ces deux collections d'enfants de même origine et vivant dans le même milieu? C'est que les premiers reçoivent à l'école l'*éducation primaire* avec l'instruction. Les seconds n'y reçoivent que l'instruction. Ceux-là entreront et chemineront dans le monde avec les respects. Ceux-ci ne les connaîtront pas.

L'éducation et l'instruction, voilà où j'en voulais venir. En France, les gouvernements et l'opinion s'agitent depuis longtemps autour de la question de l'*instruction populaire,* dont ils savent la haute importance. Sera-t-elle laïque ou ecclésiastique, libre ou obligatoire, gratuite ou payée? On ferait de gros livres de tout ce qui s'est dit et s'est écrit sur ces trois points, les seuls à peu près qui soient débattus, quoiqu'il y en ait d'autres d'un bien plus puissant intérêt.

Les gouvernements et l'opinion n'ont pas tant de sollicitude pour l'*éducation populaire* qu'ils paraissent confondre avec l'instruction ou que, peut-être, ils supposent virtuellement contenue dans l'instruction. Ils croient que si tous les jeunes Français des classes vouées au travail manuel, qui sont illettrés, avaient l'instruction que distribue l'école primaire, c'est-à-dire *savaient lire, écrire, et par surcroît calculer,* les générations ainsi préparées vaudraient beaucoup et seraient notamment en mesure de remplir avec tout le discernement désirable les accablants devoirs qu'elles tiennent du suffrage universel.

J'estime que cette erreur-là est, entre toutes les erreurs contemporaines, celle qui est la plus grosse de périls sociaux et de mécomptes politiques.

Qu'est-ce que l'école primaire française, où les trois quarts de la population viennent recevoir l'unique degré de préparation et de culture auquel, en raison de la condition des familles intéressées, ils puissent prétendre?

C'est communément une officine de pédagogie où des instituteurs, mécontents de leur sort, distribuent tièdement et en quelque sorte mécaniquement, pendant quatre ou cinq ans, à des enfants originaires de la ferme ou de l'atelier, des éléments d'instruction dont le résultat le plus clair est de les mettre en mesure de lire les journaux et les livres. Quels journaux et quels livres? Ceux que leur bas prix, la nature de la propagande politique qu'ils font, ou des passions qu'ils excitent, accréditent ordinairement dans les milieux où ces enfants vivent.

L'école primaire n'a pas d'enseignement gradué selon leur âge pour leur apprendre la croyance, les respects, la discipline; pour former leur jugement; pour les préparer aux devoirs et aux efforts ultérieurs; pour les armer contre les illusions, les tentations et les défaillances de la vie.

Ailleurs[1] les choses se passent autrement. L'école primaire, fréquentée pendant huit et dix ans, est tout à la fois un centre *d'éducation et d'instruction,* celle-là précédant et primant toujours celle-ci. Voici par exemple un enfant de cinq ou six ans :

— *Levez-vous, lui dit l'instituteur; comment faut-il faire pour entrer?*

— *Il faut ouvrir la porte.*

— *Et après?*

— *Il faut la fermer.*

— *Et après?*

— *Il faut aller au maître du logis, le saluer et saluer la compagnie,* etc., etc.

On rira chez nous, je le sais, des détails de cette éduca-

[1] En Allemagne.

tion populaire, puérile et honnête. Je dis, moi, qu'elle sait, qu'elle prévoit et qu'elle est pleine de profondeur. Elle habitue la première enfance à penser et à juger. Elle classe la succession de ses idées. *Elle lui apprend le respect avant l'alphabet.*

Voici un enfant de dix à douze ans :
— *Levez-vous. Vous savez que vous serez soldat ?*
— *Oui, tout le monde doit l'être.*
— *Pourquoi ?*
— *Pour servir la patrie et le roi.*
— *Qu'est-ce que le service militaire ?*
— *C'est l'accomplissement d'une grande mission publique.*
— *Quels en sont les devoirs ?*
— *Il faut braver ses dangers, se soumettre à ses épreuves et obéir*[1]...

Justement, les réponses uniformes, précédemment citées, des soldats allemands prisonniers que j'ai eu l'occasion d'interroger pendant le siège de Paris !

A présent, je crois qu'on ne rira plus du système d'éducation primaire que je préconise. On en sentira toute la valeur quand j'aurai mis, en regard de ces réponses invariablement faites par le soldat allemand au sujet du service militaire, la réponse invariablement faite par le soldat français :

— *Pourquoi servez-vous ?*
— *Parce que j'ai tiré un mauvais numéro*[2].

---

[1] Au cours des voyages que j'ai faits en Allemagne depuis que je suis rentré dans la vie privée, j'ai eu plusieurs fois l'occasion d'assister, dans l'école, à ces exercices de préparation.

[2] Quand j'écrivais ces lignes (sous la présidence du maréchal de Mac-Mahon), il n'y avait plus de bons numéros créant l'exemption comme dans l'ancienne loi, mais il y avait de bons numéros créant le classement dans la deuxième portion du contingent.

Il ne s'agit plus, comme on voit, « des devoirs d'une grande mission publique ». Il s'agit des *sévices du sort*. J'ai montré les causes de cet affligeant contraste. Je n'insiste pas sur ses effets.

Les nations qui ont porté l'éducation populaire à ce haut degré de perfection, en ont rassemblé tous les éléments dans des livres très bien faits, où se rencontrent des questionnaires qui sont, pour toutes les matières de l'enseignement, comme les *catéchismes* de l'enfance et de l'âge adulte. Il y en a pour la religion, pour la famille, pour les devoirs des citoyens, pour les devoirs des soldats, avec des notions d'économie sociale et politique sur la propriété, sur la mutuelle assistance que se doivent le capital et le travail (en vue de combattre le socialisme), etc., etc.

Ce fécond système *d'éducation et d'instruction primaires* est à créer chez nous ; ces livres sont à faire, et, selon moi, à faire par les hommes les plus considérables et les plus compétents du pays. C'est une œuvre très délicate, très difficile. Elle exige de hautes facultés morales et intellectuelles.

L'ÉDUCATION ET L'INSTRUCTION SECONDAIRES

J'examine, en restant au même point de vue, notre système d'instruction secondaire, et je ne le trouve pas moins défectueux, car il fait peut-être encore moins de place à l'*éducation*.

On n'a jamais vu, dans nos lycées et dans nos collèges, de cours ouverts à l'enseignement des principes et des sentiments qui font les bons cœurs, les âmes hautes et les fermes caractères. Quels professeurs sont chargés de faire aux élèves la leçon des devoirs qui les attendent dans la vie publique et dans le monde, des périls qu'ils y trouveront, des habitudes de prudence, de dignité, de savoir-vivre qu'ils devront y apporter?

Dira-t-on que c'est à la famille que cette préparation appartient? Mais la famille n'est plus là. Elle a abdiqué ses pouvoirs pour de longues années, — les plus précieuses pour l'éducation de la jeunesse, — entre les mains des directeurs et des maîtres de ces internats universitaires où s'accumulent des centaines d'enfants, d'adultes et de jeunes hommes. Là, tout effort d'*éducation morale individuelle*, tendant au développement des bons instincts, au redressement des mauvais, est impossible. Les uns et les autres demeurent ce qu'ils sont, dans un pêle-mêle dangereux où, avant l'heure, s'agitent des passions et se forment des vices dont ces jeunes gens et la société où ils vont entrer éprouveront plus tard les déplorables effets.

C'est là, au fond, le secret des remarquables succès qui sont acquis aux établissements libres, où se distribue l'instruction qu'on a voulu décrier en l'appelant *cléricale,* par opposition à l'instruction qu'on a voulu exalter en l'appelant *laïque.* Je ne sais laquelle des deux, pour la culture littéraire ou scientifique, vaut le plus. Ce que tout le monde sait, c'est que celle-là marche avec un certain degré d'*éducation,* celle-ci sans aucun degré d'*éducation.*

Les pères de famille ont, à la longue, constaté que les élèves cléricaux respectaient, que les élèves laïques ne respectaient pas, et comme l'indiscipline à la maison est le fléau de la maison, ils envoient en grand nombre leurs enfants aux pères jésuites, aux pères dominicains, aux frères de la Doctrine chrétienne, etc., avec une confiance qui a fini par gagner beaucoup de familles vouées au culte de la libre pensée. Ces faits sont de notoriété.

Je suis d'ailleurs convaincu qu'en France, par la force des choses et malgré l'autorité de la tradition et des habitudes consacrées, le système d'enseignement par l'*internat*, clérical ou laïque, tel que nous l'entendons, sera remplacé par l'*externat*, tel que l'entendent les Allemands et la plupart des nations étrangères. L'intérêt, devenu évident, des familles et de la société nous fera une loi de cette transformation qui sera réalisée par les générations prochaines.

Je ne suis pas l'adversaire de l'enseignement par l'État. Je crois qu'il est utile que l'État ait des établissements d'instruction qui, bénéficiant des moyens très divers et très puissants dont il dispose, deviennent des *écoles modèles*, auprès desquelles les autres écoles puissent trouver des méthodes et des exemples. Mais à quelle condition les établissements de l'État obtiendront-ils cette autorité en quelque sorte régulatrice ? A la condition, qui est dans toutes les entreprises humaines l'origine du progrès et la loi du succès, *que leurs intérêts et leurs efforts aient à lutter contre des intérêts et des efforts rivaux, à la condition de la concurrence.*

Partisan convaincu de toutes les libertés réglementées, je crois que la liberté de l'enseignement est une des plus nécessaires, des plus fécondes, et que l'Université de France, telle que l'a entendue l'empereur Napoléon Ier, — dans son parti pris de concentration de l'instruction publique entre les mains de l'État, — est la cause la plus effective de l'infériorité des méthodes et des résultats de l'enseignement français. C'est à lui que sont dus les internats qui réalisaient, par l'emprisonnement en commun, les desseins exclusifs et intéressés de la politique impériale sur l'éducation de la jeunesse. Il dut employer la coercition pour l'introduire dans les habitudes publiques, contre la tradition et le vœu des familles.

On méconnaîtrait mes intentions, je veux le répéter, si de ce que je viens de dire *sur* l'Université on inférait que je me prononce *contre* l'Université. Je me borne à signaler l'erreur du principe et des vues qui ont présidé à sa fondation, et les effets du contresens qu'elle représente encore après trois quarts de siècle, bien que les lois libérales de 1850 et de 1875, en lui arrachant une part du monopole dans lequel elle s'endormait, l'aient quelque peu réveillée. Ce contresens se rencontre d'ailleurs, du plus au moins, dans toutes les institutions de notre pays qui a cru avoir, qui n'a jamais eu, même sous les gouvernements les plus libéraux, — comme je le démontrerai plus loin (2e partie, *État politique*), — le bienfait des institutions libres.

C'est le même contresens qui fait que notre enseignement militaire à l'école de Saint-Cyr, à l'école d'état-major et partout, est si faible. Cantonné dans sa tradition spéciale à peu près immuable, n'empruntant rien aux innovations judicieuses et hardies qui ont élevé si haut les études théoriques, et plus haut encore les études pratiques dans les écoles militaires à l'étranger, *il vit depuis plus de cinquante ans de sa propre substance.*

C'est le même contresens qui fait que le fusil à tir rapide, — une véritable révolution dans les procédés de la guerre, — n'a pris place, dans l'armement de notre infanterie, que *dix-sept ans* après son introduction dans l'infanterie prussienne.

Ces questions militaires, dont je ne parle ici qu'incidemment, étaient discutées par une sorte d'université militaire qu'on appelle *les comités*. Les membres de ces assemblées consultatives étaient des officiers généraux dont on ne saurait sans injustice contester les lumières, la compétence spéciale, le patriotisme, l'autorité. Pourquoi leurs efforts étaient-ils frappés de stérilité? Parce qu'aucune comparaison entre l'état de nos institutions militaires et l'état des institutions militaires des autres nations, aucun genre d'excitation venant du dehors, aucun genre d'émulation, ne les fécondaient.

Les comités vivaient sur une légende qui était née et qui avait grandi parmi eux et par eux. Elle consacrait la supériorité de notre armée et de son organisme. Pour l'armement de l'infanterie, par exemple, nous les avons entendus dire pendant dix-sept ans que notre fusil (modèle de 1842 transformé), contre lequel s'élevaient de temps en temps les rares officiers français qui avaient voyagé en Prusse, *était la véritable arme de guerre, solide, bien à la main, facile à réparer partout; que le fusil prussien était un instrument de précision, délicat, avec un mécanisme d'horlogerie qui ne résisterait pas aux épreuves de la guerre,* etc.

Il ne fallut rien moins que le fatal événement de Sadowa, qui terminait une campagne de quelques semaines où la solide infanterie autrichienne, armée comme la nôtre, avait ployé partout devant l'infanterie prussienne, pour dissiper cette confiance aveugle.

« J'ai dit, au commencement de ces pages, que j'exami-
« nerais la condition de notre état social et de notre état
« politique, sommairement, et seulement dans les rapports
« généraux qu'ils ont avec mon objectif qui est la discus-
« sion des institutions militaires françaises. »

De notre état social, j'ai dit ce que j'avais à dire selon ces intentions restreintes, et la première partie de ma tâche est remplie. Puissé-je, si j'ai des lecteurs, avoir inspiré à quelques-uns, à ceux-là surtout qui sont jeunes et peuvent prétendre à une part d'influence sur la fortune à venir du pays, de fermes convictions à l'égard des réformes sociales dont j'ai cherché à prouver le mérite et l'urgence.

Qu'ils soient assurés que les institutions militaires de la Prusse ne sont pas dues aux travaux des assemblées politiques délibérantes, des commissions législatives et des comités de généraux. Cinquante ans de recherches et d'essais les ont lentement et successivement édifiées sur la base des réformes introduites en Prusse dans l'éducation publique, et par suite dans l'esprit public, après les désastres prussiens de 1806-1807, par quelques hommes d'État d'une expérience et d'une philosophie supérieures.

Stein et Scharnhorst, dont les noms sont à peine connus en France, ont été les véritables fondateurs de la grandeur présente de leur pays. Et la statue de bronze que la reconnaissance nationale vient d'élever solennellement (après plus de soixante ans d'oubli) à Stein, le recommandera moins, selon moi, à la postérité que la pierre qui recouvre ses restes au cimetière de Frücht avec cette inscription :

STEIN
CROYANCE, PATRIOTISME, RENONCEMENT

expression vraie de son caractère, de son effort et de sa vie.

On voit que, dans ma pensée, le grand travail de réforme dont la Providence, par les durs avertissements de ce temps, semble nous faire un ultimatum que je traduis ainsi : « Réformez-vous ou résignez-vous, » repose pour une part principale sur des principes et des méthodes qui feraient de l'instruction publique l'instrument d'une éducation nationale nouvelle. C'est à l'école primaire spécialement, je le redis, que les masses françaises devraient trouver les éléments de culture morale et intellectuelle sans laquelle elles sont incapables de remplir les devoirs que leur crée la constitution politique et militaire du pays.

ÉTAT POLITIQUE

CHAPITRE V

PRINCIPES ET PROCÉDÉS DE GOUVERNEMENT.
— LA DÉFIANCE ET LA PEUR

> Les peuples qui sacrifient leur liberté à leur sécurité, n'ont ni liberté ni sécurité, et méritent de perdre l'une et l'autre.
>
> FRANKLIN.

Sexagénaire, je regarde en arrière, cherchant sur le chemin que j'ai parcouru et recueillant ceux de mes souvenirs qui se rattachent à l'état politique du pays. Ils sont bien moins nombreux que mes souvenirs militaires, par la raison que j'ai servi pendant quarante ans avec passion sous le drapeau, qu'au contraire j'ai toujours eu pour la politique beaucoup d'éloignement et peu de respect. Mais ils ne sont pas moins précis, et j'en fais ici la synthèse.

Dans mon enfance et ma première jeunesse, — au temps de la Restauration, — la masse de la population des provinces françaises que dominaient les souvenirs récents de la grande révolution, de vingt ans de guerre et de trois invasions, avait soif de paix.

Elle avait la paix; mais sa sécurité, troublée par les agitations des partis, — bien que dans cet heureux temps il n'y en eût guère que deux en présence, — n'était que relative. Le gouvernement et tous les journaux conservateurs d'alors entretenaient le pays dans le souci permanent de la révolution et des sociétés secrètes, prêtes au renversement de *l'ordre social, du trône et de l'autel.* Il appelait incessamment, — redoublant d'efforts à l'approche des élections, — les conservateurs à la rescousse pour la défense de ces grands intérêts et pour leur propre défense contre les trames des *carbonari,* qui opéraient de concert avec les bonapartistes.

On n'imagine pas aujourd'hui quelle place avaient ces carbonari dans les préoccupations du pouvoir et de ses agents, dans les préoccupations du public, dans les conversations du foyer.

On était suspect de carbonarisme quand on n'avait pas l'image du roi dans son salon, ou quand on avait sur sa table un tome de Paul-Louis Courier, et qu'on inclinait au libéralisme.

On était convaincu de carbonarisme quand on échangeait des rapports avec les hommes de l'opposition, encore plus quand on était de l'opposition. Enfin, pour caractériser le grand péril social et politique, on citait les noms d'hommes considérables, M. Barthe, M. Mérilhou, etc., libéraux qu'on disait affiliés aux sociétés secrètes.

Je rappelle en passant que, conformément à l'invariable évolution des choses françaises, ces mêmes hommes, devenus peu après ministres sous la monarchie de Juillet, se virent âprement poursuivis par la nouvelle opposition à titre de *conservateurs réactionnaires.*

Au temps du gouvernement du roi Louis-Philippe, gouvernement tourmenté dix ans par la sédition et par les attentats, le même principe et les mêmes procédés de gouvernement ne pouvaient manquer d'avoir cours. Ils eurent des développements nouveaux, ingénieux, et pendant que l'État gagnait par ses faveurs la majorité du corps électoral censitaire, il en effrayait la minorité, avec l'ensemble de la population, par ses déclarations de péril public.

Les discours des ministres, des députés conservateurs, des candidats bien pensants, des fonctionnaires, mettaient incessamment en lumière les menaces dont *l'hydre de l'anarchie et les éternels ennemis de l'ordre,* successeurs des carbonari disparus, entouraient l'État et la société.

Le deuxième empire légitima son criminel avènement devant les scrupules des moralistes, protégea ses commencements, et gouverna dix-huit ans par le *spectre rouge*, auxiliaire principal et complément du système de largesses auquel il dut tant d'adhérents.

L'aspect du spectre rouge, bruyamment évoqué par un livre célèbre, terrifiait les esprits de la bourgeoisie française, et faisait briller l'auréole de l'empire sauveur. En même temps qu'il apportait la sécurité intérieure, il affirmait la paix extérieure, il décorait, il médaillait, il offrait la richesse, et n'omettait pas de faire au spectre rouge, dans la coulisse gouvernementale, de bienveillantes avances.

La république a son spectre particulier, le *spectre du cléricalisme et de la réaction prêts à rejeter la société moderne dans les flammes de l'inquisition et dans les cachots de la Bastille.* La France peut être assurée que si les républicains arrivent au pouvoir après M. Thiers et le maréchal de Mac-Mahon, elle aura à compter avec ce spectre-là [1].

---

[1] J'écrivais cette prévision en 1875. Les décrets d'expulsion, de laïcisation et le reste y ont, depuis, pleinement répondu.

En attendant, le gouvernement du maréchal, comme celui de M. Thiers, évoque son spectre, qui est par surcroît entouré des fantômes réellement affreux de la Commune et de Paris incendié. Il est sûr que la Commune a commis assez de crimes pour être, dans le système que je décris, l'argument de dix gouvernements conservateurs qui voudraient agir sur l'imagination publique et rallier à eux les esprits incertains. Mais est-il nécessaire, pour gouverner une grande nation, de rappeler incessamment à une si imposante collection de braves gens les forfaits d'un si petit groupe de bandits ?

De cet exposé sommaire des impressions politiques de toute ma vie, il résulte qu'en France la défiance et la peur sont l'habituel souci des gouvernants, que la propagande de la défiance et de la peur est leur habituel moyen d'attirer à eux les gouvernés. Si on y joint les moyens auxiliaires que j'ai déjà définis (les décorations, les emplois, les congratulations, etc.), on constate que, dans notre pays, les procédés spéciaux de la direction politique intérieure se réduisent à deux : *Effrayer, séduire.*

Leur explication et peut-être leur excuse seraient dans leur efficacité. Mais ils ne sont pas efficaces, comme le prouve surabondamment l'histoire de nos révolutions et de nos malheurs. Ont-ils écarté, éloigné ou seulement protégé la chute d'aucun des gouvernements si divers qui ont successivement et toujours violemment disparu ? Et ils ne sont pas plus dignes qu'efficaces, car ils dépriment à la longue l'âme des gouvernants et l'âme des gouvernés, ils sont comme une école mutuelle d'abaissement.

Gouvernants et gouvernés deviennent incapables de comprendre que *l'équilibre et la durée n'appartiennent qu'aux pouvoirs qui ont mérité, par la confiance qu'ils mettent dans le pays et en eux-mêmes autant que par la fermeté de leurs principes et par la droiture de leurs actes, l'estime et le respect.*

Cette déplorable éducation a faussé l'esprit public et détendu son ressort. La nation a perdu sa confiance en elle-même, sa confiance dans sa destinée, sa confiance dans la liberté qui lui a coûté si cher. Elle se croit toujours à la veille de la catastrophe politique et sociale. C'est pour s'y soustraire et *pour exister,* non pour affirmer et rehausser sa fortune, qu'elle s'agite et qu'elle veille.

Si des événements graves viennent troubler l'équilibre instable où elle vit, elle est prête à se donner à *l'homme sauveur,* quel qu'il soit, qui lui apporte le mirage d'un changement d'État dont elle attend le bienfait, qui lui échappe toujours, de la stabilité dans la sécurité.

Dans les années d'incertitude et d'agitation politiques qui suivirent les terribles journées de juin 1848, je fus le témoin, à titre d'officier supérieur employé à l'état-major de l'armée de Paris, d'un duel peu connu ou mal connu, très inégal d'ailleurs, entre deux *hommes sauveurs.*

Le commandant en chef de cette armée était un général d'Afrique en haute réputation militaire et même politique, bien que toute sa vie il n'eût commandé, — très énergiquement, il est vrai, — que quelque deux ou trois mille hommes contre les Arabes algériens. On le jugeait, il se jugeait surtout, l'un des grands capitaines de son temps. Dans une lettre restée célèbre, il avait lui-même exprimé cette opinion de lui-même, en déclarant *qu'il avait l'habitude de vaincre.*

Plus récemment, sûr de son armée, il avait apaisé les vives inquiétudes que le prince Louis-Napoléon, devenu président de la république, inspirait à l'Assemblée républicaine, par une déclaration solennelle, restée aussi célèbre que sa lettre : *Représentants de la France, délibérez en paix.*

Publiquement, imprudemment, devant nous tous, cet officier général ne parlait du prince qu'avec le mépris le plus osé, et devant une réunion officielle il exprimait cette pensée dont à coup sûr, dans son incommensurable vanité, il entendait être le bénéficiaire : *La France tombée dans le ruisseau appartiendra à celui qui se baissera pour la relever.*

Et il se baissait en effet, n'attendant que le moment favorable pour agir, quand le prince Louis-Napoléon, se baissant plus vite et agissant plus à propos, lui épargna les soucis de la dictature.

La dictature ! Voilà, dans les temps de désarroi politique et social, la solution dont la pensée et très souvent le souhait pénètrent les esprits en France, même les bons esprits. Déplorable tradition, déplorable habitude, pourrais-je dire, par laquelle, si nous n'y prenons garde, nous finirons par justifier aux yeux du monde cette douloureuse définition que, dans sa vieillesse découragée, Chateaubriand donnait de nos aptitudes politiques : *La liberté à la bouche, le servage au cœur*[1].

Oui, nous sommes à la fois révolutionnaires et césariens. Les générations qui ont reçu l'éducation césarienne ont l'oreille toujours tendue vers les sabres qui résonnent, fondant l'espoir du salut commun sur le sabre qui résonne le plus. Trois dictatures[2] aboutissant fatalement, — car c'est une loi, — à la guerre sans trêve, à l'invasion sans merci, à des ruines irréparables, ne les ont pas guéris de cette

---

[1] *Mémoires d'outre-tombe.*
[2] 1804, 1815, 1852.

maladie en apparence sans remède, et il n'est pas au monde une nation à qui s'applique plus exactement qu'à la nôtre cet aphorisme du roi Louis-Philippe :

Les peuples ne gagnent rien aux expériences qu'ils font. Ils sont comme les oiseaux qui se laissent toujours prendre dans les mêmes filets.

Sous les gouvernements qui gouvernent comme je l'ai dit, se forment par la persuasion quelquefois, par l'intérêt toujours, des fonctionnaires dirigeants dont le dévouement conservateur et le zèle à outrance se déploient dans l'application de la doctrine.

Un préfet qui déclare la majorité de ses administrés hostile au gouvernement, mais contenue par sa constante et ferme vigilance qu'affirment des exécutions intermittentes de maires, de municipalités, de fonctionnaires, acquiert une importance considérable. Sa sagacité et sa vigueur sont citées. Elles lui valent, outre d'inévitables succès de décorations qui stimulent les tièdes, la plus flatteuse notoriété gouvernementale. On sait qu'aux yeux de ce lieutenant ardent et fidèle, quiconque n'est pas avec le pouvoir est contre le pouvoir, contre l'ordre, contre le pays, et sera classé parmi les ennemis du bien public, puis traité comme tel.

Un préfet, au contraire, qui cherche à rallier les partis à l'effort gouvernemental, qui n'est pas exclusif, qui étudie les hommes avant de les juger, qui scrute les intentions avant de condamner les actes, qui dit quelque bien de gens dont le gouvernement pense beaucoup de mal, qui exprime dans ses rapports sa confiance dans la grande majorité de ses administrés, qui ne se signale conséquemment par aucune action d'éclat dans la répression..., est un fonctionnaire médiocre, d'un dévouement contestable, d'un caractère faible, vacillant dans tous les cas, et qu'au prochain jour il conviendra de faire disparaître, au moins de déplacer.

A ce système, les préfets ont cessé d'être les grands fonctionnaires dont le rôle était autrefois prépondérant. Ils sont devenus des *agents*, soumis à des exigences contradictoires, à des vicissitudes qui ont atteint le caractère des personnes et compromis l'autorité de la fonction. Aussi le personnel préfectoral, dont la composition était naguère supérieure, se recrute à présent un peu partout, comme on peut, selon les influences qui prédominent et les amitiés qu'on a.

Voilà comment, par d'étroites et inquiètes tendances que ses délégués manquent rarement d'exagérer, le gouvernement perd pied dans le pays. Voilà comment il se réduit aux proportions d'un parti au pouvoir. Il a l'inconstance, les passions d'un parti, et pour lui, gouverner, c'est élever ses amis et accabler ses adversaires ! Il se peut qu'il attire à lui les intérêts effrayés, il ne satisfait pas la raison et ne se concilie pas les cœurs. Par la distribution de la feuille des bénéfices, il fait les créatures qui applaudissent, il ne fait pas les amis qui avertissent, et il ne forme pas l'*esprit public* sans lequel les gouvernements restent sans appui.

En France, depuis la grande révolution, la liberté a été le *moyen* bien plus que le *but*. Les gouvernements s'en servent pour naître, les individus pour arriver. Les premiers, entrés en possession, se contentent d'affirmer leur libéralisme, jamais ils ne font l'application ferme et sincère des institutions libres que je définirai plus loin, elles leur font peur. Les seconds, leur ambition satisfaite, sont frappés d'optimisme et restent cois pour n'être pas troublés dans leur jouissance.

Cette disposition des gouvernants, des fonctionnaires

principaux, des intéressés de toute sorte et des effrayés, à trouver et à prouver que ce qui existe est parfait, s'est appelée l'esprit conservateur, et le parti qui en poursuit le triomphe dans la politique s'est appelé le parti conservateur[1]. Je lui ai toujours appartenu, non sans déplorer ses erreurs et ses défaillances. J'étudierai plus loin son rôle politique et l'influence qu'il a eue sur les destinées du pays.

La politique qui a, qui propage la défiance et la peur, produisant les effets que j'ai exposés, j'examine ceux que pourrait produire la politique qui aurait et qui propagerait la confiance et la sécurité. J'établis tout d'abord qu'ils ne pourraient être pires, puisque dans les révolutions, dans la guerre civile, dans les guerres étrangères, le peuple français, conduit par la première de ces politiques, semble avoir épuisé tous les genres d'épreuves que la Providence destine aux plus malheureux.

J'imagine, pour le service de ma thèse, un gouvernement régulier qui, substituant dans l'action politique le principe large et fécondant de la confiance au principe étroit et stérilisant de la défiance, commencerait par justifier le système devant le pays, en lui montrant que les hommes de *toute opinion* à qui, *en raison de l'honorabilité de leur vie*, l'État doit se confier, forment en France, par comparaison avec les hommes dont, en raison inverse, il doit se défier, une immense majorité. Les chiffres de cette rassurante statistique de la moralité nationale ne pourraient être

---

[1] Treize ans se sont écoulés depuis que j'ai formulé ces définitions (1875). Dans cette période, le pays n'a pas subi de révolutions violentes, mais la politique a fait à gauche une évolution si caractérisée, que le parti conservateur, dont le rôle fut toujours gouvernemental, est à présent tout entier, avec ses divisions et subdivisions, dans l'opposition la plus militante.

un instant contestés, et l'État en aurait le bénéfice sur le terrain politique à la condition que, s'élevant au-dessus de ses misérables traditions, il ne tînt pas pour ennemis de l'ordre et de la paix publique les Français qui seraient d'un avis contraire au sien.

Je sais que tous les gouvernements, *à leurs débuts,* ont fait avec plus ou moins d'éclat une déclaration libérale de ce genre, appelant à eux les hommes de bon vouloir de tous les partis. Ce qui serait ici nouveau, imprévu, original à ce point que l'impression en serait profonde dans le pays, ce serait que le gouvernement, après les avoir appelés pour la forme, selon la tradition, les accueillît effectivement et s'en servît, qu'enfin il introduisît et obligeât ses agents à introduire sincèrement, fermement, *hardiment* si l'on veut, son libéralisme dans les actes et dans les faits. Cela, je l'affirme, ne s'est pas encore vu.

Ce gouvernement, qui n'aurait pas la prétention de refaire à son image la France divisée entre tant de partis et de nuances de partis, qui oserait prétendre à la gouverner comme elle est faite, jetterait les véritables bases *du gouvernement du pays par le pays,* si rompant avec toutes les traditions de la politique intérieure française, il complétait son œuvre par *un effort de décentralisation graduée,* qui ferait l'éducation de la nation dans le sens des libertés provinciales *administratives,* telles qu'elles sont entendues en Angleterre, en Belgique, en Allemagne, en Autriche, en Italie. Il aurait transformé la France et rajeuni ses destinées.

Du centre, de Paris où la vie surabonde jusqu'à y faire périodiquement d'effrayantes explosions, il l'aurait transportée aux extrémités qui meurent d'anémie, en ranimant le corps social tout entier. Le gouvernement ne serait plus voué à l'impossible mission qui l'accable de tout concevoir, de tout préparer, de tout exécuter, de tout voir et de tout savoir. L'aphorisme si original et si profond du maréchal Bugeaud : *En France, ceux qui doivent mener la voiture la tirent,* ne serait plus vrai. Enfin, par l'étude et par la pratique des affaires dont le règlement appartiendrait aux provinces, on verrait se former partout des écoles d'hommes publics, d'où sortiraient des hommes d'État dont l'espèce semble bien près de disparaître.

La centralisation qui pèse sur la France depuis près d'un siècle est tout à la fois politique et administrative. Je n'en demande pas la suppression, j'en demande la division. Je reconnais que la centralisation politique appartient au gouvernement et doit rester tout entière entre ses mains, à peine de lui enlever les initiatives, les responsabilités, la liberté de résolution et d'action qui sont sa force. Sur ce terrain, nul partage d'autorité ou de prérogatives n'est possible qu'avec la représentation du pays dans les formes prévues par la loi constitutionnelle.

C'est la *centralisation administrative* que je condamne et sa suppression que je souhaite. Il se peut qu'une réforme de cette importance rencontre des commencements difficiles. Il faudrait y accoutumer les esprits, lutter contre les habitudes prises. Il y aurait des mécomptes, des échecs partiels, des usurpations. Un gouvernement sûr de lui-même ne se laisserait pas arrêter par ces incidents auxquels nul effort régénérateur n'échappe. Le sien trouverait sa récompense dans les résultats que produirait l'association à l'étude des intérêts provinciaux, à la gestion des affaires provinciales, d'une foule de citoyens qui s'en remettent traditionnellement à l'État du soin des solutions à intervenir, et dont toute l'ambition est d'avoir un rôle à Paris.

Les principes et procédés de gouvernement que je propose de substituer à ceux dont j'ai fait le procès, ne vont à rien moins, je le confesse, qu'à soutenir cette thèse singulière :

Que, dans l'état présent de notre pays, tout pouvoir dirigeant qui prétend à la durée doit hardiment associer à son œuvre ses adversaires autant que ses amis.

C'est peut-être un rêve, mais j'ai à cet égard de si fermes et sincères convictions, que si c'était un rêve, j'aurais la douloureuse pensée que l'avenir de la France contemporaine en est un autre ! Dans tous les cas, pénétré de l'importance du problème dont la décentralisation n'est qu'un cas particulier, discuté ici en passant, je vais, au risque de me répéter, généraliser ces vues. Je chercherai à définir, dans les pages qui suivent, l'ensemble des conditions que devrait remplir le gouvernement du pays par le pays.

CHAPITRE VI

LES INSTITUTIONS LIBRES ET LE GOUVERNEMENT DU PAYS
PAR LE PAYS

> Dans la succession des âges, une vérité est méconnue, elle n'est pas retrouvée, et les générations souffrent éternellement.
>
> MILTON.

J'ai démontré ailleurs que, dans la recherche de la vérité sociale, la France avait commis une erreur qu'elle paye cher. Elle a cru que l'instruction était l'éducation.

Dans la recherche de la vérité politique, elle a commis une autre erreur grave. Elle a cru que les institutions libérales étaient les institutions libres.

L'irresponsabilité du chef de l'État; la responsabilité ministérielle; la fonction combinée et pondérée de deux assemblées délibérantes concourant à la confection des lois, au vote de l'impôt, au contrôle des dépenses publiques; les conditions de l'électorat et de l'éligibilité; la liberté de la presse; l'action restreinte ou étendue du jury..., tel est à grands traits le tableau des principales questions qui ont occupé, agité, divisé les hommes de mon temps. Leur effort a produit les institutions libérales dont nous avons le bénéfice, et ces satisfactions obtenues, ils ont jugé que la France, pourvue de cet organisme constitutionnel, n'avait plus rien à envier aux nations les plus riches en libertés. Ils ont cru l'avenir assuré.

Pourquoi cette confiance a-t-elle été si constamment et si malheureusement trompée ?

C'est qu'en donnant par ces institutions libérales la vie à *la politique,* ils ne l'avaient pas donnée au pays par ce que j'appelle les institutions libres. Ils n'avaient pas créé entre lui et le gouvernement, pour l'application des libertés politiques au service des intérêts généraux et des affaires, le mutuel concours et la solidarité. Le pays restait sans initiative, sans activité propre, *sans responsabilité* que l'État-tuteur gardait tout entière.

La France ne sait pas, personne ne le lui a dit, sa législation lui cache que le principe du progrès chez les peuples qui y prétendent, *c'est l'effort de chacun et de tous,* le gouvernement n'intervenant qu'à titre d'auxiliaire. Elle attend tout de lui sans jamais s'associer à lui. Quand vient la mauvaise fortune, elle se croit en droit de lui imputer toutes les responsabilités de la crise, en droit de décliner toutes celles qui devraient incomber au pays lui-même.

Pour expliquer ma pensée, faire voir en quoi consiste cette solidarité entre gouvernants et gouvernés, et pourquoi elle n'existe pas en France, je rappellerai très brièvement quelques faits historiques.

Richelieu, en ruinant la puissance du protestantisme français et en réduisant la noblesse à l'obéissance, avait fondé au profit de la royauté une centralisation gouvernementale commencée par Henri IV. Mais elle n'avait qu'une analogie lointaine avec la centralisation qui règle aujourd'hui les rapports des provinces (transformées en départements) avec le pouvoir dirigeant. Elle leur laissait une véritable autonomie, une existence propre à laquelle ne manquaient ni l'initiative, ni le ressort, ni l'énergie.

Les états généraux, les assemblées des notables, les parlements dont les pouvoirs judiciaires touchaient à la politique par l'enregistrement des édits, les généralités ou intendances pour les services administratifs et financiers, les pays d'état qui votaient leurs impôts et en réglaient la perception, etc., etc., étaient les organes principaux de cette activité provinciale qui fut l'une des forces les plus effectives de la France de ce temps-là.

Louis XIV détruisit toutes ces forces ou énerva jusqu'à l'épuisement celles dont il laissait subsister l'apparence, en les soumettant à la direction centralisée, violente, égoïste, qui fut le cachet de son gouvernement. Par lui, l'autorité royale s'éleva très haut, mais dans l'isolement, en ne se maintenant que par le prestige et par la gloire sur les débris de toutes les franchises du royaume. Quand le prestige et la gloire disparurent dans les mauvais jours, l'orgueilleux édifice n'eut plus de base, et c'est ainsi que Louis XIV prépara pour une part la ruine de l'ancienne société française.

L'empereur Napoléon Ier, agissant sur la France démocratique dans les mêmes vues et par les mêmes procédés portés à un degré d'exagération que j'ai cherché à définir dans la première partie de ce livre, fit disparaître systématiquement toutes celles des forces de la vie provinciale organisée par la Constituante, qui avaient pu échapper au despotisme centralisateur de la Convention[1]. Il les remplace

---

[1] La Convention avait précédé l'empire dans l'œuvre de la centralisation. Tous les despotismes centralisent. Mais elle avait l'excuse de

par le pouvoir unique qui condensait entre ses mains, au siège du gouvernement, l'initiative, la direction, l'exécution et le contrôle[1], ne laissant aux gouvernés que l'obéissance et l'admiration !

Cette analogie entre les tempéraments des deux grands souverains de l'ancien régime et du nouveau, entre les effets de leur gouvernement sur l'esprit public et les mœurs publiques de leur temps, entre le prodigieux éclat de leur commencement et les amères tristesses de leur fin, entre les legs de décadence et de ruine qu'ils firent l'un et l'autre à la nation, est saisissante. Et pourquoi les erreurs de leur despotisme et de leur égoïsme ont-elles pesé sur tant de générations après eux? C'est que, dans les deux cas, je veux le répéter, la gloire, une gloire nationale et universelle qui devait légitimement vivre des siècles, avait consacré ces erreurs et les avait transfigurées à ce point, qu'elles sont restées dans la légende comme des principes et des dogmes de gouvernement.

Quand, après les événements de 1814 et de 1815, la monarchie traditionnelle fut restaurée, le roi Louis XVIII, empruntant à l'Angleterre son libéralisme politique, — et celui-là seulement, — donna satisfaction aux besoins de liberté dont le pays était tourmenté par la charte constitutionnelle qui fondait en France le régime parlementaire. Mais quand il s'agit de compléter cet effort par l'introduction, dans les pratiques françaises, du principe de l'éman-

---

l'immense évolution sociale qu'elle avait à réaliser, l'excuse de la guerre civile, de la guerre étrangère et de l'invasion.

[1] Le premier consul, général Bonaparte (loi du 28 pluviôse an VIII), nommait les membres des conseils généraux et d'arrondissement sur une liste votée par les assemblées primaires. L'empereur Napoléon les nommait directement, sans aucune participation du corps électoral.

cipation administrative qui aurait laissé à l'initiative des citoyens, réunis en conseils locaux, la plus grande part *des études et des solutions d'affaires* dont, en France, l'État a le monopole, le gouvernement du roi s'arrêta effrayé de ce que lui disaient ses conseillers des suites certaines d'une si téméraire entreprise :

« On allait livrer la dynastie et le pays aux révolution-
« naires, aux sociétés secrètes, aux bonapartistes. L'empe-
« reur avait soumis la France, par la plus énergique cen-
« tralisation, à une tutelle dont tous les intérêts avaient
« l'habitude et le besoin. Il convenait de la continuer, au
« moins dans ceux de ses procédés qui n'étaient pas en
« désaccord formel avec les idées libérales du temps. »
Enfin, suivant une formule qui eut dans les régions officielles et dans les salons politiques d'alors un très vif succès, *le lit de l'empereur était tout fait, il ne s'agissait que de s'y coucher,* et tous les gouvernements de la France, du roi Louis XVIII aux présidents de la troisième république, s'y sont couchés.

Nier cela, nier que le contresens social, politique, administratif, que le premier empire a commis en faisant revivre une sorte de contrefaçon du siècle de Louis XIV au sein et avec les éléments de la démocratie de la révolution, se soit continué jusqu'à nous, c'est nier l'évidence.

Assurément, le temps et les révolutions ont successivement modifié, depuis 1815, le régime napoléonien. Le gouvernement du roi Louis XVIII, par exemple, s'annonçant à la France par la déclaration de Saint-Ouen et par la charte constitutionnelle, dut avoir une chambre des pairs qui ne fut pas le sénat, une chambre des députés qui ne fut pas le corps législatif, et il ne s'avisa pas de prétendre à nommer par décret, comme l'empereur, les membres des conseils généraux et des conseils d'arrondissement! Mais les inspirations gouvernementales, les esprits et les mœurs gardèrent l'ineffaçable empreinte du régime disparu.

Le gouvernement du roi Louis-Philippe vit et mit obstinément son salut dans une centralisation royale, ministérielle et bureaucratique qui retenait avec un soin jaloux l'initiative, la discussion, la solution de toutes les questions de politique administrative et d'administration. L'exécution appartenait à des fonctionnaires dont le dressage dans le sens de ces vues gouvernementales, commencé par le télégraphe aérien, devait être porté plus tard par le télégraphe électrique au plus haut degré de perfection.

Tout essai de participation effective des conseils locaux au mouvement général des affaires et à l'activité nationale, par la discussion non influencée et par le vote non dirigé, était tenu pour périlleux. Toute proposition dans ce sens était tenue pour subversive. C'était, en fait, la tradition et les préoccupations de l'empire continuées sous un gouvernement sincèrement libéral, sans qu'il le voulût et qu'il le sût.

Des écrivains spéciaux, plus compétents que moi, ont décrit les effets d'atonie, de malaise, de susceptibilité nerveuse, exploités par les partis, que produisait sur le pays cette politique sans confiance et sans ressort. Des gouvernements qui suivent une telle marche, sur des voies pavées de bonnes intentions, mais étroites et bordées de précipices, y tombent.

———

Répondant par une observation générale à la défiance dont la *décentralisation gouvernementale* est l'objet en France, j'ai dit que, dans tous les cas, ces résultats ne pourraient être pires pour la fortune de la nation que la succession non interrompue de calamités (guerres et invasions étrangères, guerres civiles, révolutions) auxquelles ont donné lieu, depuis 1789, tous les efforts des gouvernements centralisateurs.

Mais il faut serrer la question de plus près. Pourquoi les directeurs de nos affaires, quels qu'ils soient, et le parti conservateur, qui ont généralement le goût des institutions libérales, ont-ils toujours eu la peur des institutions libres que possèdent administrativement toutes les nations civilisées de l'Europe, celles-là même dont les gouvernements ne passent pas pour libéraux? Si à nos effrayés du *self-government* on montre l'exemple des prospérités de l'Angleterre, ils répondent invariablement avec une assurance qui coupe court à toute discussion :

« Que la comparaison des institutions des deux peuples
« n'est pas plus possible que la comparaison de leurs
« tempéraments; que les Anglais ont pour le pouvoir et
« pour les représentants du pouvoir un respect qui est
« le trait le plus saillant du caractère national; qu'au con-
« traire, dans notre pays, le pouvoir est sans prestige,
« qu'on lui refuse le respect, qu'on ne lui ménage pas la
« haine, qu'on lui prodigue la raillerie; qu'enfin il fut *de tout*
« *temps* bien plus difficile de gouverner ici que de gou-
« verner là. »

Je ne puis prétendre à l'autorité qu'il faudrait pour détruire l'erreur de ces aphorismes que les politiciens français se transmettent fidèlement d'âge en âge. Au moins crois-je pouvoir prouver à ceux qui n'ont pas de parti pris sur ce point *que ce n'est pas le tempérament des Anglais qui a fait leur gouvernement, que c'est au contraire leur gouvernement qui a fait leur tempérament,* et qui a fondé *par l'éducation* cet esprit public vigoureux, puissant, capable de contenir les passions de la foule, dont la vieille Angleterre est justement fière.

C'est pourtant un pays où, sans parler du péril spécial irlandais, le péril social est grand. Là, l'excès de la richesse, du luxe, de la vie fastueuse, monopole d'un petit nombre de privilégiés, se manifeste violemment, presque insolemment, à côté du paupérisme le plus profond, le plus étendu, le mieux armé pour la lutte par la liberté, qui soit en Europe.

Est-ce que, dans un passé relativement rapproché de nous, ce peuple ainsi fait avait pour le pouvoir royal et pour les personnes royales ce respect affectueux dont il nous plaît de lui faire une aptitude de race et une vertu de terroir ?

Voici un prince qui est le représentant légitime de la royauté légitime, Charles Ier, fils de Jacques Ier. Il comprend mal la nation et veut lutter contre ses entraînements religieux. Il comprend mal le gouvernement, où on le voit dominé par des favoris décriés. Il décline l'autorité des parlements et en casse successivement quatre qui lui refusent des subsides ou lui adressent des remontrances.

L'orage éclate. Le dernier parlement convoqué par le roi appelle ses sujets à la révolte, levant des troupes qui battent, sous Cromwell, les troupes royales. Le roi est arrêté. Il subit longuement, non sans dignité, les insultes de la soldatesque et de la foule. Il est jugé et condamné par les agents de l'ambitieux aventurier sans scrupule, plein de talent et d'audace, qui pour s'assurer le pouvoir, a préalablement fait saisir en séance ou disperser par ses soldats les membres du parlement qu'il sait contraires à ses desseins.

Le roi est décapité. La république est proclamée. Elle dure trois ans, et enfin Cromwell, sous le titre de protecteur, règne en souverain absolu, jusqu'à sa mort, sur l'Angleterre qui permet que son fils, sans titres et incapable, lui succède pour un instant...

En quoi ces faits de la révolution anglaise diffèrent-ils des faits de la révolution française, quant à l'absence de tout esprit public intervenant pour rectifier et protéger le pouvoir royal ; quant à la violence de la multitude dominant l'opinion et l'entraînant aux plus coupables excès ; quant au coup d'État dispersant par la force la représentation nationale ; quant au mépris de la majesté royale livrée aux outrages du corps de garde et de la rue ; quant à la haine de la royauté périssant en principe et en personne sur l'échafaud ? . . . .

Mais l'analogie continue. L'orage révolutionnaire en Angleterre est suivi d'une restauration de la royauté légitime acclamée par l'opinion. Les deux fils de Charles Ier se succèdent sur le trône, Charles II et Jacques II. Le premier, débauché, déconsidéré, cassant, comme son père, les parlements pour régner sans contrôle avec des ministres et des favoris corrompus. Le second, héritier d'un pouvoir méprisé, sans talent, sans consistance, entraîné lui aussi dans le débat religieux, rencontrant la révolte, vaincu, contraint de chercher un refuge sur le continent... C'est la révolution finale de 1688.

Est-ce que les Anglais du xviie siècle qui consommèrent sur la royauté légitime, en moins de cinquante ans, deux révolutions, la première sanglante, régicide, accompagnée d'actes déshonorants et d'attentats détestables, étaient pénétrés de ce respect pour le pouvoir que nous considérons comme le privilège de leur filiation et comme le fondement le plus solide de la sécurité de leurs gouvernements ?

Est-ce que les classes de la société anglaise qui participèrent à ces grands événements furent moins passionnées, moins violentes, moins oppressives, que les classes de la société française qui eurent un rôle dans la révolution et dans les suites de la révolution de 89 ?

Est-ce qu'en temps de révolution les foules de ce côté-là du détroit valurent mieux que les foules de ce côté-ci, dont les excès eurent pour excitant spécial, je ne dis pas pour excuse, l'invasion du territoire ?

Assurément non, et voici la conclusion frappante de cette discussion :

Le prince d'Orange, Guillaume de Nassau, stathouder des Provinces-Unies, qui avait préparé en Angleterre, où il avait des adhérents, la révolution de 1688, était sage, éclairé, plein d'une expérience qu'avait formée la pratique du gouvernement dans un pays libre. Il apportait à sa patrie d'adoption, qui le réclamait, le self-government que les rois détrônés lui avaient toujours disputé, partageant le pouvoir politique avec le parlement (chambre des lords, chambre des communes) dont il acceptait le contrôle. *Les comtés et leurs subdivisions eurent définitivement, pour la gestion de leurs affaires, une part prépondérante d'initiative et d'action.* Le gouvernement du pays par le pays devint une réalité.

C'est avec cet énergique instrument que Guillaume III put vaincre les difficultés de toute sorte que lui opposa longtemps le mécontentement des partis dépossédés. Il mourut, laissant l'Angleterre pacifiée au dedans, puissante au dehors, en possession d'un équilibre social et politique que rien, depuis bientôt deux cents ans, pas même l'effort de l'omnipotence et du génie de Napoléon, n'a pu ébranler.

Ma démonstration est faite.

Ce n'est pas de tout temps, comme nous le disons en France avec un laisser-aller qui ne prend pas la peine d'interroger l'histoire, que les Anglais ont eu la sagesse et la vigueur d'esprit public auxquelles, quoique très menacés, ils ont dû d'échapper depuis deux siècles à de nouvelles révolutions.

Ce sont des facultés acquises : 1° par la pratique sincère, constante, et que les générations ont de plus en plus élargie, des institutions libres et du self-government ; 2° par l'évolution naturelle des progrès que réalise une nation qui a tout à la fois la *liberté* et la *responsabilité*.

Liberté effective, responsabilité proportionnelle, voilà les éléments de *l'éducation* politique par laquelle les peuples modernes, dont l'excès de la civilisation et de la richesse a affaibli le ressort moral, peuvent devenir *guérissables.* Voilà pour les gouvernants et les gouvernés, dans l'état actuel des esprits en Europe, la condition de l'équilibre social et politique, la formule du progrès avouable et honnête. Elle substitue dans leurs rapports mutuels la droiture à la finesse, la confiance à la défiance, et chez les gouvernés le respect produit de l'estime ne tarde pas à naître.

Je montrerai, dans la suite de cette étude, que *la liberté et la responsabilité* sont, même au point de vue restreint des affaires, le gage de leur bonne conduite et du succès. Je prouverai notamment, quand l'heure sera venue, que l'une des causes les plus certaines et les moins aperçues de l'affaiblissement des institutions militaires françaises c'est la destruction, à tous les degrés de la hiérarchie des armes, de la part de *liberté responsable,* — c'est-à-dire *d'initiative,* — qui est nécessaire là plus qu'ailleurs peut-être, à peine d'énervement et de stérilité, à tous les dépositaires du commandement.

En France, depuis le commencement du siècle, les gouvernements libéraux, finissant tous par la sédition, ont alterné avec les gouvernements césariens finissant tous par l'invasion, comme c'est l'invariable loi de leurs destinées respectives, et ils nous ont légué des mœurs politiques imprégnées de l'esprit des uns et des autres. Je les ai décrites d'une manière générale dans le chapitre intitulé : *La contrefaçon des respects*. Je spécialise ici l'un de leurs effets les plus singuliers. Il se produit dans les régions où le pouvoir opère, et où je l'ai personnellement observé sous des régimes politiques différents.

C'est une sorte d'empoisonnement de l'atmosphère gouvernementale, dont aucun homme, paraît-il, ne peut respirer les effluves sans être profondément atteint dans ses facultés essentielles de gouvernant. A peine a-t-il pris possession, que la louange, sous des formes appropriées à son tempérament particulier, l'enveloppe de ses plus ingénieuses caresses. Si on le fixe obstinément, c'est qu'il a « une forte tête dont les lignes vigoureuses veulent être étudiées ». Ministre, en temps de république, il s'entend appeler doucement : « Excellence[1]. » S'il en a laissé passer l'essai, il reste Excellence, et on lui montre en effet qu'il *excelle*, par d'adroits retours sur le passé où ses prédécesseurs figurent au comparatif, et lui au superlatif. Comment, à la longue, ne pas se rendre à cette unanimité de jugements compétents !

Arrive un grand succès gouvernemental. L'opposition, dans une crise décisive, a été battue par le vote triomphant d'une majorité considérable. Alors, si le chef de l'État[2] est l'épée de l'ordre et de la paix publique, son ministre en est

---

[1] C'est sur le vif que j'ai pris ce tableau dans les ministères, quand j'étais membre de l'Assemblée nationale. Il se peut que les républicains arrivés depuis à la direction des affaires aient interdit à leurs courtisans toute tentative d' « Excellence », mais, au fond, le tableau reste absolument exact.

[2] J'exprimais ces vues en 1875, sous la présidence du maréchal de Mac-Mahon.

le bouclier. Par l'inébranlable fermeté de ses principes, par l'incomparable vigueur de son talent, il a confondu les méchants déjà assurés du triomphe, il a rassuré les bons prêts au découragement, « il a sauvé la société en péril. »

Si l'on considère que ce concert intérieur de louanges est permanent, qu'au dehors il a dans la presse des échos retentissants, qu'enfin l'homme qu'il exalte a généralement les meilleures intentions, qu'il est de bonne foi et qu'il croit sincèrement à son rôle sauveur, on comprendra sans peine que son jugement se trouble et que son patriotisme s'égare. Les obstacles l'irritent et le poussent à l'entêtement, à la raideur; il n'est plus de sang-froid. Tout conseil lui paraît importun et inopportun. Tout avertissement lui semble une déclaration de guerre. Tout adversaire de ses opinions est un ennemi du bien public et du pays !

Comment un gouvernement qui condense entre ses mains, avec un soin jaloux, la direction générale et détaillée de tous les intérêts sociaux, politiques et religieux, de la justice, des finances, de la marine et de l'armée, de l'administration intérieure, de l'instruction publique, de l'agriculture, du commerce, des travaux publics..., pourrait-il gouverner ? Quand un ministre trouve-t-il le temps de s'abstraire, pour fixer par l'étude et par la discussion, pour classer par la réflexion ses idées ?

Qui pourrait envisager, sans la plus pénible surprise et la plus sincère compassion, la journée de celui des ministres qui est le plus opprimé par les affaires, par les personnes, et dont la responsabilité est la plus continuellement en cause, du ministre de l'intérieur ?

La poste l'accable plusieurs fois par jour de dépêches et

de rapports qui demandent des solutions attendues; le télégraphe l'accable tout le jour de questions qui demandent des solutions pressées. Mais les quatre-vingt-six préfets ne sont pas tous à leur poste. Il y en a dix dans le salon d'attente qui réclament des solutions spéciales dont un entretien confidentiel est la préparation nécessaire. Au milieu d'eux, les sénateurs, les députés, les titulaires des audiences se disposent à éclairer, à persuader, à obtenir.

Cependant, les chefs de service attendent pour le travail et la signature du jour. Et puis il y a conseil des ministres, séance au sénat, séance à la chambre des députés, partout des exposés à faire, des explications à donner, des erreurs à redresser, des accusations à écarter.

Il y a des députations à recevoir et des commissions à présider, il y a la représentation, les devoirs officiels, les devoirs du monde, la famille...

C'est un épouvantable conflit, et c'est l'impossible.

Le département a été expressément choisi par le despotisme de la révolution et de l'empire pour être l'instrument de la centralisation violente qui produit ces effets. Il a trop peu d'étendue territoriale et les intérêts qu'il représente sont trop restreints pour qu'il puisse prétendre, comme l'ancienne province française, à une existence qui lui soit propre, avec des organes de gouvernement local spéciaux à ses différents services publics. Le gouvernement central le conduit, un bourrelet sur la tête qui est la préfecture, entre deux lisières qui sont le télégraphe et la poste!

Quels ont été, à la longue, — avec l'accroissement de la population et de la richesse, avec les développements du commerce et de l'industrie servis par la vapeur et l'électricité, avec la vitesse et la complication qui en résultent pour la vie des peuples, — les fruits de la centralisation gouvernementale basée sur l'organisation départementale?

L'impossibilité pour le gouvernement, la stérilité pour le département.

Encore quelques années, — je l'ai déjà dit et je veux le redire, — on ne trouvera plus en France d'hommes d'État, par la raison que les départements n'auront plus d'hommes publics, préparés par la gestion des affaires locales à la gestion des affaires nationales. La commune et le département (je ne dis rien de l'arrondissement qui n'a pas les droits de la personne civile), avec leur semblant d'assemblées délibérantes, sont, en réalité, administrés souverainement par le préfet, fonctionnaire qui, privé de tous les avantages de l'initiative, rencontre, dans les exigences multipliées à l'infini de sa mission spéciale, les mêmes impossibilités que son mentor, le ministre de l'intérieur, dans sa mission générale.

Je sais que ces idées révolteront les politiciens du temps présent. Quoi! vous rêvez, diront-ils, l'émancipation graduelle de la commune et du département jusqu'à une sorte d'autonomie particulière! Vous rêvez la réunion de plusieurs départements en une province qui aura une sorte d'autonomie générale! Mais ce sont là des vues révolutionnaires, aggravées, — contradiction manifeste, — par un retour aux traditions administratives de l'ancien régime.

Oui, je rêve *l'émancipation en affaires, l'autonomie en affaires,* de la commune (*agrandie quand elle est trop petite*), du département et de la province; les affaires de ces trois subdivisions territoriales gérées par des conseils électifs dont le préfet, — *qui ne serait plus qu'un commissaire du gouvernement,* — contrôlerait (dans l'intérêt de la loi) et ne dirigerait pas les actes.

Commune, département et province auraient en affaires *la liberté avec la responsabilité.* Ils expérimenteraient tous les jours, quelquefois à leurs dépens, la puissance de ces deux grandes forces de la civilisation contemporaine. Ils arriveraient à se les assimiler et à former un personnel de gérance capable de les comprendre et de s'en servir.

Pour tout dire, je rêve un gouvernement central, — non pas centralisateur, — qui ne se réserve, au moins d'une manière absolue, que la direction de la politique générale, des affaires étrangères, de la marine et de la guerre, des finances, cédant à des pouvoirs provinciaux et départementaux une part considérable des attributions dont il a aujourd'hui le monopole et la surcharge ; et qui ne garde, sur ces attributions transportées, qu'un droit d'impulsion générale, de coordination et de surveillance.

La tête serait ainsi allégée et dégagée de tout l'excès des études, des discussions et des solutions qui l'accablent. Elles afflueraient aux extrémités, auxquelles elles apporteraient le mouvement et la vie. Le gouvernement aurait une liberté, une ampleur de fonctionnement qu'on ne lui a jamais vues. Il aurait le temps et le calme. Il examinerait avec maturité, discuterait avec compétence devant la représentation nationale, résoudrait avec autorité devant le pays les grands problèmes de gouvernement.

Au lieu d'être, pour les réformes sociales, politiques, militaires, à la remorque des propositions dont les partis l'accablent, s'en faisant une arme contre lui, le gouvernement en aurait l'initiative et il ne serait plus, sous ce rapport, dans la perpétuelle, stérile et souvent misérable défensive où nous le voyons depuis le commencement de ce siècle. Il serait une grande école de progrès, au lieu d'être une école de rétivité selon ses juges les plus modérés, une école de réaction selon ses juges les plus ardents.

Une comparaison :

Avant la douloureuse leçon de 1870, la centralisation des *affaires de l'armée* par le ministère de la guerre, à Paris, était considérée, en vertu d'une tradition qui datait de Louis XIV et qu'avait conservée l'empire, comme *la condition principale, comme la loi du succès* de nos entreprises militaires.

C'était une doctrine qui était énoncée dans nos écoles sous la forme d'article de foi. Elle exprimait que, pour que notre état militaire pût répondre utilement et opportunément à toutes les exigences possibles de la guerre, il était indispensable que *le ministère créât directement, par ses moyens propres, et qu'il eût sous la main tous les éléments du matériel de l'armée; qu'il disposât à tout instant, et disposât seul, de l'ensemble du personnel dont il lui appartenait d'ordonner et de coordonner tous les mouvements de concentration.*

Il est sûr qu'au temps où l'industrie nationale et le commerce ne pouvaient faire que de médiocres efforts, comme au temps des cochers, des diligences, et des armées cheminant à la vitesse moyenne de quatre lieues par jour, cette doctrine qui, disait-elle, *unifiait la préparation de la guerre*, était soutenable, que, dans tous les cas, elle était réalisable. Mais en 1870 !

La guerre éclate.

En vertu de la doctrine, *tous les ordres de fond et de détail* relatifs à la mobilisation du personnel et du matériel de combat, du personnel et du matériel de remplacement immédiat, du personnel et du matériel de réserve, sont donnés sur tous les points de la France à la fois par les bureaux de la guerre.

A cent ordres ainsi donnés à distance, répondent inévitablement cent questions posées pour l'exécution. Les explications partent, qui motivent de nouvelles demandes d'éclaircissements. Prescriptions et explications s'entre-croisent dans une confusion qui augmente à chaque instant et tourne à l'inextricable. Les employés de la guerre, surtout ceux des bureaux de recrutement et des mouvements, à leur poste en permanence et pleins du plus rare dévouement, ne reposent plus.

Comment aux personnes qui sont étrangères à ces choses donnerai-je l'idée de la grandeur d'une telle crise et de ses effroyables complications ; des difficultés qui s'accumulent sous les efforts du petit *centre écrivant* qui met en mouvement, sur tant de directions différentes, ces milliers d'individus et de *groupes agissants ;* des accidents, des erreurs, des à-coups, des mécomptes, enfin *des lenteurs et des retards* qui pèsent infailliblement sur une opération dont, depuis *Louvois, les procédés n'ont pas changé ?*

Les *moyens* seuls, la vapeur et l'électricité, sont nouveaux ; mais, ainsi mis en œuvre, ils augmentent en quelque sorte le trouble, le péril. Les opérations sont commencées ; de premiers combats, dont l'influence est décisive sur le moral des armées et de la nation, ont été livrés, que personne ne sait au juste où en sont la préparation et les concentrations ! Le personnel et le matériel, arrivant de tous les côtés à la fois, se heurtent sur les voies ferrées, cherchant et ne trouvant pas les corps d'armée, les divisions, les brigades auxquels ils appartiennent ; c'est une indescriptible confusion [1].

Accablés par l'évidence que nous avaient apportée trop tard de soudaines et accablantes défaites, nous avons dû renoncer, après 1870, aux traditions de préparation et de mobilisation *centralisées,* que la légende avait consacrées parmi nous. Nous avons profondément modifié l'organisation de notre armée et nos procédés de mobilisation.

[1] Tableau de la mobilisation en 1870.

J'aurai à étudier ces réformes et à dire si elles répondent à toutes les exigences de la guerre moderne, à toutes les éventualités de la situation que l'orage de 1870 a faite à notre pays. Je me borne, quant à présent, à constater :

Que les rouages de l'organisme de paix sont à présent les mêmes que les rouages de l'organisme de guerre, au lieu d'en être absolument différents; que l'armée, au lieu d'avoir un centre unique de mobilisation opérant dans le désordre et dans la fièvre pour le territoire tout entier, a dix-huit centres de mobilisation, chacun opérant tranquillement et rapidement sur une région limitée : celle du corps d'armée; que le matériel et les réserves de matériel, au lieu d'être à la billebaude dans toutes les places de France, sont groupés dans la région du corps d'armée qui doit les mettre en œuvre; qu'enfin le corps d'armée est pourvu de tous les organes qui sont nécessaires pour lui assurer une existence propre, avec un fonctionnement énergique et régulier, avec ses moyens de renouvellement prévus, etc., etc.

Ce n'est pas là seulement une réforme dans la constitution de l'armée, *c'est une révolution* que les événements ont rendu obligatoire et qui eût peut-être, à elle seule, sauvé la fortune du pays si elle avait précédé les événements au lieu d'en être la suite.

Eh bien, c'est dans le même esprit et devant des situations dont l'analogie est frappante, que je cherche à attirer l'attention publique sur les réformes que réclament, dans la politique intérieure, les principes aussi bien que les procédés de gouvernement et d'administration. Pour cette décentralisation générale, comme pour la décentralisation spéciale de l'armée, il s'agit de vaincre d'anciens préjugés, de donner à la tête plus de liberté pour conduire, aux membres plus de vitalité pour agir. Il s'agit de diviser le travail et les responsabilités du travail pour y intéresser plus de travailleurs, pour en rendre l'exécution plus sûre, plus prompte, enfin pour former des travailleurs.

Les conservateurs militaires, *vieux croyants,* déclaraient que, par la constitution de corps d'armée ayant une existence propre sous des généraux investis de grands pouvoirs, l'armée ne serait plus dans la main du gouvernement, et qu'en temps de crise politique on la verrait incliner vers les *pronunciamentos.*

Les conservateurs politiques montrent que la décentralisation gouvernementale est pleine de périls, que son effet le plus assuré sera d'affaiblir l'action du pouvoir déjà si énervée, et de livrer le pays à la démagogie.

Dans l'un et l'autre cas se manifestent clairement les résultats de cette déplorable tradition *de la défiance et de la peur,* commune au gouvernement et à l'opinion, dont j'ai fait précédemment le tableau. Et voilà où en est la France qui se croit le pays de l'intelligence, de l'initiative et du progrès ! La pensée des grandes réformes effraye les hommes d'État, les assemblées, les politiciens graves. Ils laissent aux guerres et aux révolutions le soin de les réaliser. A ce prix les réformes coûtent cher.

Ceux-là même qui reconnaissent l'intérêt et les avantages de la décentralisation gouvernementale, lui font cette objection que, dans les groupes émancipés, les hommes d'expérience, de capacité, d'autorité, à charger de la gestion des affaires, seraient difficiles à trouver ou n'en recevraient pas le mandat, et que, dans les deux cas, les affaires péricliteraient.

Oui, elles péricliteraient, et d'importants intérêts pourraient être atteints par des dommages imprévus. C'est expressément la leçon de ces dommages qui éclairerait les intérêts devenus responsables. Assagis à leurs dépens, ils ne tarderaient guère à se donner des gérants plus compétents et plus autorisés.

Cette évolution se fait déjà en France dans nombre de communes constituées comme elles le sont aujourd'hui. Des maires, des conseillers municipaux que leur situation, leurs aptitudes, quelquefois leur honorabilité, ne désignaient pas pour cette mission de confiance, la reçoivent cependant des préférences du plus grand nombre. Avec le temps, ces communes souffrent. Leurs budgets sont mal administrés et s'obèrent, leurs intérêts les plus apparents sont en désarroi, les plaintes se font jour. Quelques-uns de ces administrateurs, effrayés des suites possibles de la situation, se démettent, et la cause de ces démissions n'échappe pas au public inquiet et mécontent. Les préférés, d'ailleurs, avaient assuré leur élection par des promesses d'amélioration et de progrès dont pas une n'a pu être tenue. Ils sont jugés, jugés par l'exercice du pouvoir, comme il arrive toujours, — car autre chose est d'aspirer au pouvoir ou d'y être, — et ils ne se relèveront pas de ce jugement que sanctionnera l'élection prochaine.

Je résume à présent l'ensemble des moyens par lesquels, au cours de cette étude, j'ai cherché à démontrer qu'il était possible de rendre à l'équilibre la nation française, et de reconstituer l'esprit public. Il y en a trois :

L'éducation par l'école, où l'enseignement de la discipline et des respects aurait pour base la religion ;

L'éducation par les pouvoirs publics, qui répudieraient les étroites traditions de leur politique exclusive en donnant l'exemple d'un ferme, tolérant et confiant libéralisme ;

L'éducation par la responsabilité et par les intérêts, qui ne peut être que l'effet d'une *décentralisation administrative très étendue.*

Ainsi, dans ma pensée, les lois, les meilleures lois, ne peuvent pas suffire à la grande réformation qui rendrait plus facile le gouvernement, devenu presque impossible, de la nation.

C'est par un triple effort d'*éducation* au sein des institutions libres, les questions d'*instruction* restant au second plan, que ce but si élevé peut être atteint.

CHAPITRE VII

LE PARTI CONSERVATEUR

J'ai dit que les gouvernements dont l'équilibre dépend du vote des assemblées, et qui ne sont pas appuyés par l'esprit public, n'ont qu'une existence précaire et passagère. L'une des forces les plus importantes de l'esprit public au temps où il avait encore, en France, quelque ressort, sous les trois monarchies qui se sont succédé de 1815 à 1870, c'était le parti conservateur, dont j'ai défini (page 105) les aspirations et les traditions. Je me propose de démontrer que ce parti, qui était essentiellement gouvernemental, a toujours contribué pour une part considérable à la ruine des gouvernements qu'il entendait servir.

SOUS LA RESTAURATION

La monarchie traditionnelle, revenant au pouvoir en 1815, n'apportait pas seulement à la France la restauration du principe d'hérédité, elle avait à réaliser la restauration du pays lui-même, dont toutes les forces vives étaient épuisées. Son gouvernement, sincère dans la recherche du bien, honnête, respectable, était à l'œuvre. Il avait de considérables auxiliaires, préparés à leur rôle par l'éducation, par la science du monde et des affaires, par des contacts en France et au dehors, qui avaient fait de quelques-uns d'entre eux des hommes d'État supérieurs.

En matière de finances et de guerre, par exemple, ils ne s'étaient pas bornés à chercher, comme on fait aujourd'hui, l'équilibre du budget ou les moyens de réorganiser l'armée. Ils visaient à fonder des *institutions financières,* des *institutions militaires,* et avec les données du temps où ils vivaient, ils avaient discuté et posé les principes de ces grandes réformes.

Dans les procès-verbaux des séances du conseil supérieur de la guerre, qui malheureusement dura peu, on trouve les vues les plus élevées, les plus substantielles qui aient jamais été exprimées sur les choses de la guerre et des armées. J'ose affirmer, pour les avoir entendues, que celles de nos discussions contemporaines qui ont le même objet, sont loin d'atteindre à ce degré de profondeur et de solidité.

Ce gouvernement eut de plus la bonne fortune, qu'il ne sut pas apprécier, de rencontrer une opposition parlementaire où figuraient beaucoup d'hommes publics d'une haute et légitime notoriété. Cette opposition pouvait être son salut ; il y vit sa ruine, en vertu de cette loi d'aveuglement aux effets de laquelle il semble que pas un de nos gouvernements puisse échapper. Enchaîné à droite où il voyait les dévouements, inclinant par moment à gauche d'où venaient les avertissements, incertain, irrésolu, il finit par se jeter dans les bras des conservateurs intransigeants de ce temps-là, qui lui conseillaient la politique à outrance. Ils lui persuadèrent qu'un gouvernement énergique, appuyé sur l'armée dont une garde royale très sûre formait la tête, ne devait pas hésiter à remonter le torrent des idées nouvelles et des faits nouveaux, dans l'intérêt supérieur de la conservation sociale et politique.

C'est ainsi que la Restauration alla jusqu'à l'excès de son principe qui était excellent en soi, car il représentait deux forces : « la religion et la hiérarchie sociale, » dont la ruine, aujourd'hui consommée dans l'esprit des foules françaises, est le plus grand péril du temps présent. Le pacte constitutionnel fut atteint par un timide essai de coup d'État qui remplit d'indignation et de colère le pays dont les acclamations enthousiastes allaient, à vingt et un ans de là, saluer un autre coup d'État, celui-là audacieux, criminel, et du plus funeste exemple pour les générations militaires à venir, le coup d'État par l'armée !

En juillet 1830 une révolution se fit qui devait engendrer une longue postérité de révolutions.

LE PARTI CONSERVATEUR SOUS LE GOUVERNEMENT DE JUILLET. — M. GUIZOT ET LE MARÉCHAL BUGEAUD

Je fais revivre ici un passé caractéristique de l'influence du parti conservateur sur les destinées du pays, un passé où figurent de hauts personnages à qui je me rattache par les souvenirs d'un profond et affectionné respect, mais dont je ne dois pas taire les erreurs. C'est dans ce passé qu'est la grande leçon politique de ma vie, la leçon qui m'a suggéré les vues de gouvernement que j'expose dans ce livre.

Au temps de la guerre de la conquête, j'étais à l'armée d'Afrique l'un des aides de camp et le secrétaire intime du maréchal Bugeaud. Je l'accompagnais dans ses voyages en France, et par lui j'ai eu la fortune inappréciable pour un jeune officier avide d'apprendre, d'être souvent introduit chez les représentants les plus considérables de la politique de ce temps, M. Guizot, le comte Molé, le comte Duchâtel,

M. de Salvandy, et d'assister à ses entretiens avec eux, en tiers qui se tait et qui écoute.

Les rapports du maréchal avec M. Guizot avaient un caractère particulier de cordialité. Ils avaient du goût l'un pour l'autre, et des analogies de situation aussi bien que l'entière conformité de leurs opinions politiques les rapprochaient. Je les vois encore, je les entends échangeant leurs idées sur le présent que tous les deux croyaient solidement assis, et sur l'avenir à l'égard duquel ils n'avaient pas le même degré de confiance. Celle de M. Guizot semblait absolue. Celle du maréchal était tempérée par le sentiment qu'il avait des audaces du parti républicain que naguère, à la tête d'une brigade, il avait rencontré dans les rues de Paris.

Même dans l'intimité du tête-à-tête, M. Guizot avait cette éloquence brillante, ferme et convaincue, qui lui donnait à la tribune une si haute autorité. Sa belle et austère physionomie, qu'illuminaient à de certains moments les éclairs de sa foi politique, ajoutait beaucoup au prestige de sa parole.

« Sans doute, disait-il, les républicains sont, comme
« vous le croyez, un parti d'action. Mais sur le terrain de
« la violation de la loi et de l'insurrection à main armée,
« nous le vaincrons toujours, et c'est vous, mon cher ma-
« réchal, qui serez chargé de ce soin. Le parti républicain
« ne deviendrait dangereux qu'autant qu'il prendrait pied
« par le vote sur le terrain de la légalité. C'est à ce résul-
« tat que, par tous les moyens de raison et de droit, le
« gouvernement et le parti conservateur doivent mettre
« obstacle. J'ai à cet égard d'inébranlables convictions.
« Nous avons abaissé, en 1830, le cens fixé par les lois de
« la Restauration pour l'éligibilité comme pour l'électorat,
« et cependant l'opposition se prépare à faire autour du

« gouvernement du roi un siège en règle pour que ces
« chiffres, qui sont la limite extrême des concessions que
« nous pouvons faire avec sécurité, soient encore réduits.
« Elle entend élargir le cercle des capacités électorales et
« veut nous conduire graduellement à l'abîme où s'englou-
« tiraient la monarchie et le pays. Nous opposerons à ces
« coupables visées une résistance invincible... » Et il conti-
nuait l'exposition de sa théorie du gouvernement conservateur avec une puissance d'accent et une abondance de
preuves qui me pénétraient, me persuadaient et m'arra-
chaient des applaudissements sur lesquels, depuis, je suis
bien revenu !

Le maréchal était ravi. Il entendait là une musique dont
toutes les notes caressaient son oreille conservatrice. Et
puis, toute sa vie il avait été, en politique et même dans
ses rapports avec le monde, l'homme de l'action, comme
au milieu des troupes l'homme de l'offensive. L'indomptable
résolution et la vaillance de M. Guizot, où il retrouvait
quelque chose de son tempérament propre, le touchaient et
l'excitaient.

« J'aime, lui disait-il, à entendre ce vigoureux langage.
« J'espère qu'avec un conseiller tel que vous, et quoique
« puissent lui suggérer les *faiblards*[1], le gouvernement du
« roi ne cédera jamais à ces exigences de nos adversaires.
« Et soyez sûr que le jour où, malgré vos efforts sur les
« chambres et sur l'esprit public, vous seriez acculé au
« pied du mur de la bataille, mon concours vous serait
« acquis tout entier. »

---

[1] Ce mot, que le maréchal employait à chaque instant, exprimait le comble de son dédain pour les caractères et les esprits faibles. De même, pour définir l'insuffisance des hommes qu'il jugeait plus qu'imbéciles, il les appelait des *imbécilards*.

Ces deux hommes, illustres à tant de titres, doués tous les deux d'une intelligence supérieure, celui-ci rempli d'un bon sens qu'avec raison on appelait son génie, celui-là rencontrant dans une portée et dans une culture d'esprit peut-être sans égale en France des ressources inépuisables pour la lutte parlementaire, étaient à coup sûr les deux plus grandes personnalités du parti conservateur. *Étaient-ils de grands hommes d'État ?*

Je reste ici sur ce point d'interrogation, auquel je me réserve de répondre un peu plus loin.

A quelques mois de là, dans la nuit du 23 au 24 février 1848, le maréchal Bugeaud, mandé à la hâte, arrivait aux Tuileries pour y prendre le commandement des troupes, au milieu d'un désarroi politique et militaire que je n'ai pas à décrire ici. Ses ordres de la première heure, pendant laquelle *il fut tout à lui-même*, eurent au plus haut point le caractère de résolution, de vigueur et de lucidité qu'on devait attendre de lui. Dix généraux que nous avions trouvés là, livrés au plus profond abattement, reprirent des couleurs et de l'entrain.

Mais entre le départ de ces ordres, leur arrivée à destination et le commencement de leur exécution, d'autres heures s'écoulèrent pendant lesquelles, — ce qui devait infailliblement arriver au cours d'une telle crise, — le maréchal *ne fut plus un seul instant à lui-même*. Jusque-là, penché sur la table où tous les officiers présents écrivaient, il avait lui-même dicté ses ordres, et il en avait verbalement donné le commentaire à chacun des aides de camp qui les emportaient.

Bientôt il disparut dans une pièce latérale où quelques-uns des anciens ministres, presque tous les nouveaux, et beaucoup de notables politiciens[1] vinrent conférer avec lui,

[1] MM. Thiers, Odilon Barrot, Duvergier de Hauranne, etc.

et je le dis pour l'avoir constaté, remplir son esprit des incertitudes et du trouble où était le leur. Je n'assistais pas à ces conférences, mais je puis les juger par le résultat qu'elles eurent.

Ce résultat, je n'ai pas besoin de le dire, a été dénaturé (comme sont dénaturés tous les faits de notre histoire contemporaine) par la légende, qui ne pouvait pas permettre qu'il arrivât au public dans sa réalité. Quand mon souvenir s'y arrête, il me vient à la pensée que la Providence, par ce qu'elle m'a fait voir le 24 février 1848 et après, avait voulu me préparer à ce qu'elle devait me faire voir le 4 septembre 1870 et après. J'écrirai peut-être un jour l'histoire[1] de ces deux journées révolutionnaires, et je crois que par le caractère de précision, de bonne foi, de vérité qu'elle aurait, elle déconcerterait un peu la légende. En ce qui concerne la première, je montrerai notamment de manière à défier toute contradiction :

1° Que sans doute le roi et les ministres nommés dans la nuit n'inclinaient pas à la grande bataille que le maréchal venait de préparer, mais que bien avant que le gouvernement eût pris une résolution à cet égard (s'il en prit, car il n'en prenait guère), le maréchal, cédant à la pression des hommes politiques qui l'entouraient, et obligé de répondre à une question fort embarrassante (je la préciserai plus loin) que lui posaient les commandants des colonnes en marche, leur avait donné l'ordre (écrit par moi-même sous sa dictée) *de se retirer, — sans combattre, hors le cas d'agression, — laissant à la garde nationale convoquée à la hâte le soin de s'interposer, d'annoncer le changement de ministère et la nouvelle évolution politique;*

---

[1] Je l'ai écrite depuis, et ce livre, intitulé : *le Siège de Paris*, sera publié après ma mort, en même temps que celui-ci.

2° Que le général Bedeau, de digne mémoire, qui est mort sous les accusations et les outrages des conservateurs, fut ce jour-là et les jours suivants, pour s'être noblement et volontairement dévoué (il traversait Paris en congé de l'armée d'Afrique), une grande victime, victime des ordres qu'il exécutait, victime des passions et des intérêts de ce temps, victime de son esprit de sacrifice.

C'est par occasion seulement, et pour opposer en passant quelques vérités à beaucoup d'erreurs, et un peu d'équité à beaucoup d'injustices, que je me suis un instant arrêté à ces faits qui, avec d'autres que j'omets, n'ont pas cessé de peser sur mes souvenirs. Je reviens à ce que j'ai appelé « la grande leçon politique de ma vie », la leçon dont par mes rapports avec M. Guizot et le maréchal Bugeaud avant la révolution de février, et par cette révolution elle-même, j'ai reçu l'ineffaçable impression. Depuis, j'ai vu d'autres événements encore plus désastreux, j'ai fait d'autres expériences bien plus cruelles qui m'ont pénétré de la certitude raisonnée :

Que le gouvernement parlementaire, *avec la centralisation de l'empire,* est un péril politique permanent, un contresens administratif évident, et que parquer dans la salle des séances du parlement et dans les bureaux des ministères l'étude et la solution de toutes les affaires, de tous les intérêts qui sont la vie des peuples modernes émancipés, c'est faire peser sur l'État et sur les principaux agents de l'État une tâche moralement et matériellement impossible ;

Que réduire la puissance gouvernementale et les visées de ceux qui la détiennent, comme ont fait tous les ministres constitutionnels depuis 1815, comme a fait expressément M. Guizot, à assurer la formation et avoir la disposition d'une majorité parlementaire, est une erreur fondamentale ; car, au jour du péril public, la majorité dans le parlement n'est rien sans la majorité dans la nation ;

Que la doctrine du *gouvernement rigide et inextensible*, dont M. Guizot et le maréchal Bugeaud se montraient les adeptes, est en contradiction formelle avec les données de la philosophie et de l'histoire. A l'évolution du temps et des événements répond invariablement, au sein des nations, l'évolution des idées, des besoins, des intérêts. Gouverner, c'est étudier ces transformations, les saisir et leur donner, à l'heure utile, les satisfactions *légitimes* qu'elles réclament ;

Que ces deux hommes éminents, amenés par la préoccupation exclusive des intérêts conservateurs à l'immobilité dans l'entêtement, ont précipité les destinées du pays que leur patriotisme croyait fixer, et que, s'ils ont été de grands Français, ils n'ont pas été, à l'heure utile, de grands hommes d'État ;

Qu'enfin, pour gouverner dans les temps difficiles, il faut moins compter sur l'énergie des généraux et le dévouement des troupes, — bien qu'à certaines heures leur intervention puisse être commandée par le devoir des gouvernants et par leur droit, — que sur le concours de l'esprit public, formé par les principes libéraux et les procédés hardis que j'ai cherché à définir.

Ne semble-t-il pas que la Providence ait expressément choisi ces deux serviteurs du pays, si justement illustres, pour montrer aux politiciens du présent et de l'avenir le néant de leurs conceptions les mieux réfléchies et de leurs convictions les plus fermes, quand elles sont mises au service d'un gouvernement engagé dans une voie fausse ?

M. Guizot, dont l'intégrité fut austère et qui donna, pendant une longue possession du pouvoir, l'exemple, — resté sans imitateurs, — du dédain de la richesse, permit que les électeurs censitaires fussent soumis, en vue du succès des candidatures conservatrices, aux efforts de séduction et de captation qui devaient, au temps du second empire et de la troisième république, faire pénétrer le marchandage politique dans les habitudes et la corruption dans l'esprit des électeurs du suffrage universel, c'est-à-dire de la masse entière de la nation.

Et cet homme d'État qui, *après dix-huit ans d'un régime d'immobilité censitaire,* avait jugé que l'adjonction au corps électoral *de quelques milliers de votants capables* mettrait en péril la monarchie avec la société française, fut, pour s'y être obstinément refusé, la cause la plus effective de la ruine qu'il voulait conjurer et de l'adjonction au corps électoral, par le suffrage direct et sans condition, *de plusieurs millions de votants qui ne peuvent pas raisonner leur mandat!*

Le maréchal Bugeaud, comme M. Guizot, était un conservateur pénétré des plus fortes convictions et il avait une haute portée d'esprit. La simplicité de sa vie, ses habitudes de bienveillance dans le commandement, sa bonhomie dans la vie privée, ne le prédisposaient pas le moins du monde au rôle de *massacreur dans les rues de Paris,* qu'au commencement du règne les républicains en insurrection lui avaient calomnieusement attribué. Mais il était persuadé qu'au jour des grands mouvements populaires, c'était par l'épée que devait être résolu le problème qui s'offrait aux gouvernants.

En principe, le maréchal jugeait bien. Mais il n'avait vu jusqu'en 1848, à Paris, que des insurrections à main armée, conduites par des groupes en faible minorité, limitées à certains quartiers de la capitale et procédant par l'agression à coups de fusil qui montrent clairement aux troupes où sont le devoir et le salut.

Il n'avait pas vu ces journées, bien plus redoutables, où la population sur pied tout entière, sans armes, livrée à l'agitation politique qu'exploitent les révolutionnaires, et à l'incertitude, mais jugeant que le gouvernement a tort, enveloppe tumultueusement les troupes *sans les attaquer,* même en les acclamant aux cris de : *Vive l'armée!* et sert inconsciemment les desseins des révolutionnaires.

Ce fut là le spectacle émouvant qui s'offrit à lui dans la matinée du 24 février 1848. Les commandants des différentes colonnes mises par lui en mouvement avec les ordres d'action les plus précis (les fusils, au départ, avaient été chargés à deux balles, en vertu d'un souvenir du maréchal qui remontait au siège de Saragosse) lui mandaient :

Qu'entourés, arrêtés dans leur marche, quelquefois pénétrés par des foules bruyantes, excitées, criant : Vive la réforme! mais non armées et non agissantes, où toutes les catégories de la population (même des femmes et des enfants) étaient confondues, ils demandaient de nouveaux ordres pour s'ouvrir, à travers ces masses, un chemin par la force.

C'est ainsi que fut posée par ces officiers généraux « la question fort embarrassante » dont j'ai parlé précédemment.

Comme l'armée française est pleine de héros, à ce qu'on dit, les partis politiques sont pleins de théoriciens pourfendeurs qui ne rêvent et ne prêchent que l'action. Les conservateurs du temps ont jugé que cette hésitation des commandants des troupes était déplorable autant que coupable. Je dis, moi, qu'elle était naturelle, humaine, inévitable.

Pour la première fois, depuis des années que je suivais le maréchal à la guerre, je le vis, lui aussi, incertain, soucieux, presque troublé. Et cet homme de guerre intrépide, accompli, qui avait fermement cru jusque-là qu'une épée comme la sienne, au service de la loi et du droit, ne pouvait être un instant frappée d'inertie dans ses mains, sentit qu'elle l'était ce jour-là, par un concours de forces morales et matérielles qui dominaient son indomptable énergie comme son vieux et sincère dévouement à la cause qui périssait.

LE PARTI CONSERVATEUR SOUS LE SECOND EMPIRE

Exprimant des regrets exempts de toute pensée de récrimination, j'ai fait voir les erreurs du parti conservateur d'autrefois et leur influence sur le sort du pays. Je dirai brièvement, en ayant déjà parlé et devant y revenir plus d'une fois, celles du parti conservateur au temps de l'empire. Elles furent, malheureusement pour la France, encore plus morales que politiques, très dangereuses par conséquent. Commençant par l'applaudissement et la ratification plébiscitaires du coup d'État, au profit d'un prince qui n'avait en France d'autre notoriété personnelle que celle des inavouables complots de *Strasbourg* et de *Boulogne*, ces erreurs devaient aboutir, selon la loi providentielle, aux plus durs châtiments.

L'empire établi, le parti conservateur jugeait que, pour assurer la durée de son œuvre, il importait de lui laisser, avec les apparences du contrôle politique par les assemblées, le caractère dictatorial qui était à ses yeux le mérite particulier de ce gouvernement et la caution de sa vigueur dans la répression des tentatives d'opposition et d'agitation.

La France ainsi menée eut, comme celle du premier empire, l'enviable immunité des troubles politiques intérieurs qui paralysaient naguère sa vitalité. Comme la France du premier empire, elle s'en allait confiante dans son guide, sans se préoccuper des voies où il l'engageait, quand tout à coup, — douloureux complément d'analogie entre ces deux périodes de notre histoire nationale, — elle se trouva sanglante et brisée au fond du même abîme, l'abîme de la défaite, de l'invasion, de la ruine, et, par surcroît, de l'humiliation.

Dans l'irréparable désastre de 1870, les responsabilités du parti conservateur étaient accablantes.

A l'empereur, devant l'inquiétante et incessante accumulation de ses entreprises de guerre, grandes et petites, il n'avait pas rappelé une seule fois la solennelle déclaration qui avait inauguré le règne :

« L'empire, c'est la paix. »

Bien plus, quand après la déplorable aventure du Mexique, ruineuse par les sacrifices militaires et budgétaires qu'elle avait exigés, déshonorante par les tragiques événements qui l'avaient terminée, le pays montrait quelque inquiétude et semblait incliner à la clairvoyance des périls futurs, le parti conservateur lui mettait sur les yeux le bandeau du plébiscite de 1870, qui rendait à l'empire affaibli assez de ressort pour qu'il osât conduire la France à Sedan !

Au moment où j'écris (mars 1876), le groupe du parti conservateur que représentent les bonapartistes revenus sur la scène et déjà bruyants, tient en réserve et montre à notre horizon un autre plébiscite qui serait le quatrième en date contemporaine. Si le régime plébiscitaire, chargé de nous donner des souverains, se fixait en France avec le suffrage universel, chargé de nous donner des parlements, ce serait plus que la décadence, ce serait le prélude de la fin.

LE PARTI CONSERVATEUR APRÈS LA GUERRE DE 1870
L'ASSEMBLÉE NATIONALE (1871-1876)

Le parti conservateur disposait d'une majorité considérable à l'Assemblée nationale, la seule, je pense, qui ait reçu son mandat de l'électorat français en dehors de toute pression, de toute ingérence, en dehors même des passions politiques qui étaient frappées de stupeur et muettes devant l'effondrement commun.

L'élection de cette Assemblée, dans ces conditions spéciales, eut des résultats singuliers.

L'élément césarien, naguère maître du suffrage universel, y était à peine représenté.

L'élément légitimiste, qui, depuis 1830, n'avait plus qu'une place très restreinte dans les assemblées françaises, avait dans celle-ci la quantité et la qualité.

La monarchie constitutionnelle y comptait de nombreux et considérables adhérents.

La politique républicaine, dans ses différentes nuances, y était représentée par une minorité puissante, mais à laquelle tous les autres partis, *momentanément et conditionnellement réunis sous le drapeau conservateur,* faisaient une situation de très apparente infériorité.

L'étude des faits qui du parti républicain toujours battu dans les commencements firent un parti toujours battant vers la fin, serait un thème très intéressant de philosophie politique, mais il est hors de mon sujet. Je me bornerai à dire que la grande armée conservatrice, marchant en apparence sous un drapeau, en avait en réalité plusieurs, avec des objectifs et des plans de campagne très divers. Au contraire, la petite armée républicaine, à l'exception de quelques individualités bruyantes et isolées, avait la cohésion et l'unité de vues que conseille aux minorités le besoin de devenir majorités.

Mais c'est d'un point de vue plus haut que je veux étudier l'Assemblée nationale, du point de vue de ce grand intérêt que j'ai appelé « l'éducation de la nation par les pouvoirs publics », qu'en sa qualité d'Assemblée souveraine elle réunissait tous sans partage et sans contrôle. Elle était souveraine politiquement, parce qu'elle avait reçu du pays envahi un mandat sans conditions. Elle fut souveraine moralement, à un titre en quelque sorte supérieur, quand, après une lutte sanglante et opiniâtre, elle eut repris Paris à l'insurrection et libéré le territoire national. Son autorité sur le pays était sans limites, et le pays lui-même était prêt à entendre toutes les vérités et à consentir tous les sacrifices.

De tels moments ne se retrouvent plus pour les gouvernements. Ils sont rares et de courte durée dans la vie des peuples rendus meilleurs par la leçon de l'infortune. Si l'Assemblée en eût saisi l'occasion, et fait de la tribune *un grand centre d'enseignement public pour la vérité et pour la justice;* si elle eût montré au pays qu'il avait péri par l'orgueil, par l'oubli des principes et la ruine des respects, par les effets de son insouciance et de son dédain pour la liberté, par la mollesse et par l'égoïsme qu'engendrent les longues prospérités, par l'excès du luxe, par l'excès des appétits, par les divisions qui préparent les révolutions..., elle eût relevé l'âme de la France en même temps que sa fortune.

Ces vues, que les événements ont rendues chimériques et que je garde malgré les événements, je les ai toujours eues. Je disais à l'Assemblée dans la séance du 30 mai 1871 :

« Je considère que la Providence, en permettant que
« vous pussiez vous réunir et fonctionner au milieu de cir-

« constances qui semblaient rendre cette réunion et ce fonc-
« tionnement impossibles, a expressément voulu ouvrir au
« pays une voie de salut, et, selon moi, *une dernière voie
« de salut!* Mais ce mandat providentiel, vous le remplirez
« moins en édictant des lois et des règlements, bien que
« j'en comprenne la haute importance, qu'en faisant que
« l'Assemblée nationale devienne un grand centre d'ensei-
« gnement pour la vérité, pour la justice, pour le devoir
« et pour l'honneur. »

(*Journal officiel* du 31 mai 1871.)

C'est le contraire de ce que visait cette adjuration patriotique et psychologique, qui arriva.

L'Assemblée nationale allait donner au pays divisé le spectacle et l'exemple des divisions les plus intenses que l'histoire parlementaire ait jamais enregistrées. Un moment vint où, pour le vote des lois qui décidaient du présent et de l'avenir de la France, l'impossibilité de rencontrer une majorité définie fut manifeste ; et pour faire cette majorité boiteuse, on vit se former, de parti à parti, même de personne à personne dans les partis, des alliances qui remplirent le pays d'étonnement et qui portèrent les divisions au comble dans le public et jusque dans les familles.

Comme l'Assemblée allait disparaître, accomplissant ses derniers actes qui, parce qu'ils sont les derniers, influencent plus spécialement le jugement des contemporains et de l'histoire, elle donnait à la nation tourmentée par les passions égoïstes et par les appétits, la leçon de l'égoïsme et de l'appétit les moins mesurés.

Ayant à édicter la loi qui allait faire les sénateurs à vie, elle ne jugea pas qu'elle pût en trouver un seul parmi les illustrations et les notoriétés françaises dont l'opinion lui aurait signalé les titres. Après de longs et attristants débats, plus d'une fois marqués par d'inavouables compromis entre les partis extrêmes et qui ne firent honneur ni à la nation ni à ses représentants, il fut acquis que l'Assemblée, avant de cesser de vivre, s'était fait, autant qu'elle l'avait pu, sa propre héritière, en mettant la main sur tous les sièges inamovibles du futur sénat !

Envisagée au point de vue, que j'ai toujours présent à l'esprit, *de l'éducation du pays par les pouvoirs publics*, cette fin de l'Assemblée nationale était déplorable; envisagée au point de vue *des effets de la loi morale*, dans lesquels on sait que j'ai une foi profonde, cette fin *était un châtiment* et je vais en faire la preuve :

Les membres de la majorité conservatrice, du commencement à la fin de l'existence de l'Assemblée, avaient médité la restauration de la monarchie. Je crois fermement que c'était leur droit, comme c'était le droit de leurs adversaires de poursuivre l'établissement définitif du régime républicain. Mais ceux-ci, d'accord sur le fond, n'avaient pas à dissimuler leurs visées et leurs efforts. Ils allaient droit au but. Ceux-là, je l'ai dit, avaient en matière de restauration monarchique, soit au fond, soit sur des questions de voies et moyens qui étaient d'une importance notable, des vues différentes, et pour tâcher de constituer l'accord (qui ne put pas se former), ils avaient été conduits à déguiser leur entreprise.

Cette entreprise fut une sorte de conspiration politique dont les effets devaient éclater au moment utile. Pour les préparer, le parti conservateur jugea qu'il convenait d'accabler d'abord devant l'opinion publique la république et les républicains, effort préalable dont le but et les moyens n'éveillaient, dans l'esprit de la plupart des membres du parti, aucune sorte de dissentiments, et dans l'esprit de quelques-uns aucune sorte de scrupules.

Telle fut l'origine de l'*enquête sur les actes du gouvernement de la Défense nationale*, œuvre et manœuvre de parti qui devinrent, entre les mains des monarchistes aidés de quelques démagogues, une fabrique de déclarations, d'interprétations, de dénonciations, de diffamations pour le service de la monarchie en général, pour la réhabilitation de l'empire en particulier. Ce n'est pas nous, dirent-ils aux hommes de la Défense nationale chaque jour outragés à la tribune et ailleurs, qui avons voulu l'enquête. C'est vous qui l'avez réclamée comme un moyen de justification que notre impartialité nous défendait de vous refuser. . . .

Cette coupable et funeste conjuration, qui raviva dans l'Assemblée et dans le pays les passions, les divisions et les colères que tant de douloureux événements avaient récemment provoquées, était caractéristique du degré d'aveuglement que peuvent produire, dans les temps de déclin, l'intérêt et l'esprit de parti.

Les conservateurs qui avaient, en vertu de leur principe, une mission de modération et d'apaisement, crurent rester dans leur rôle, dans leur devoir, et bien servir la monarchie, en provoquant tous les Français qui avaient, pour se suspecter, se haïr et se noircir, des raisons politiques ou personnelles, à venir se donner ces hautes satisfactions devant une délégation de l'Assemblée souveraine, appelée à relever le pays de ses ruines ! *La commission d'enquête* se chargeait d'en recueillir les résultats, de les ordonner, de les condenser, de les livrer à l'impression, de les faire pénétrer dans le public par toute sorte de voies prévues et imprévues.

Aujourd'hui que cet immense effort, auquel le parti conservateur a consacré plus de quatre années de son existence législative, est tombé dans l'oubli et que le parti conservateur lui-même, malgré cet effort, est tombé dans la disgrâce des électeurs, il serait intéressant de savoir le chiffre authentique des dépenses qui ont été inscrites, de ce chef, au budget de l'Assemblée. Les volumes de l'enquête forment une bibliothèque tout entière, et je doute qu'aux contribuables l'effet utile ait paru en rapport avec le coût.

Devant cette commission d'enquête, composée de conservateurs, à huis clos, sans confrontation et sans contradiction possibles, sans aucun des éléments de comparaison et de conviction qu'exigerait la plus élémentaire et primitive justice, se succédèrent des représentants de tous les partis et de toutes les divisions et subdivisions des partis. On y vit des innocents que les coupables accablaient, et des coupables qui se proclamaient innocents ; des responsables qui déclinaient la responsabilité,. et des irresponsables qui l'endossaient ; des braves plus résolus devant la commission d'enquête qu'ils ne l'avaient été devant les événements et devant l'ennemi.

Plusieurs, assurés de n'être pas contredits, puisqu'ils n'avaient pas en face d'eux ceux de leurs adversaires dont ils décriaient les efforts, se firent, selon le degré de leurs ambitions, un piédestal devant le pays. Quelques-uns qui, pendant la crise, avaient été réfléchir sur la gravité des événements à Londres, à Bruxelles ou dans les zones du territoire restées en dehors de l'invasion, montrèrent avec éloquence la grandeur des fautes commises par les coupables qui avaient assumé la continuation d'une lutte sans espoir. Ils se vengeaient en un jour de la peur de cinq mois qu'ils avaient eue !

On fit au gouvernement de la Défense nationale, devant la commission ravie, après le procès des personnes, le procès de sa politique, de sa diplomatie, de son administration, de sa stratégie, de sa tactique, et deux membres de la commission, autrefois capitaines dans l'armée, démissionnaires dès leur jeunesse, se trouvèrent à point nommé pour faire, avec autant de compétence que d'âpreté, l'histoire critique de la guerre de la Défense.

J'ai dit que l'un des plus déplorables effets de cette déplorable entreprise, exclusivement politicienne sous le déguisement patriotique, fut de porter à l'état aigu, dans l'Assemblée et dans la nation, la division des esprits et la lutte des partis.

Il s'en produisit un autre que le groupe politique intéressé allait ardemment et habilement exploiter. Une part de l'irritation publique fut détournée du gouvernement impérial, auteur et fauteur de la guerre, sur le gouvernement de la Défense qui en avait, après Sedan, soutenu les derniers efforts. C'était bien plus à celui-ci qu'à celui-là qu'il fallait imputer la perte de l'Alsace-Lorraine ! *Et le parti de l'empire eut un commencement de résurrection.* .

Tous les enquêteurs n'avaient pas prévu cet extraordinaire résultat de leurs manœuvres et l'avaient encore moins souhaité. Ils visaient le retour de la monarchie traditionnelle ou de la monarchie constitutionnelle, qui ne revint pas, et la ruine de la république, qui demeura et devint le gouvernement légal du pays. Tous avaient cru à l'affermissement de l'influence du parti conservateur, qui n'eut plus dans la nouvelle Assemblée qu'une majorité disputée, qui perdit pied dans la suivante et cessa d'être prépondérant dans la gestion des affaires publiques.

Tel est, dans le domaine de la politique, l'effet ordinaire et presque inévitable des coalitions dépourvues de sincérité, et souvent de dignité, qui se forment dans l'intérêt du moment entre les partis opposés. C'est ce que j'ai appelé, au commencement de cette discussion, « l'évolution de la loi morale », et c'est aussi ce que j'ai appelé « le châtiment ». Quel plus dur châtiment, pour l'Assemblée et pour la nation, que de voir renaître, prétendant à la direction des destinées françaises, le parti qui a déchaîné sur elle les fléaux :

De l'invasion de 1814 ;

De l'invasion de 1815, avec *Waterloo* et la perte, au nord, des frontières de l'ancienne monarchie (*Philippeville* et *Mariembourg*) ;

De l'invasion de 1870, avec *Sedan* et la perte, à l'est, de l'*Alsace-Lorraine* (*Strasbourg* et *Metz*) ;

De l'unité de l'Italie ;

De l'unité de l'Allemagne.

. . . .

Plus de calamités et de ruines, en moins de soixante ans, que toutes celles qui purent mettre l'avenir de la France en péril pendant les cinq cents ans de règne des Valois et des Bourbons !

Après avoir envisagé quelques-unes des erreurs et des fautes, dans le passé et dans le présent, du parti conservateur auquel, malgré mon éclectisme politique, je n'ai jamais cessé d'appartenir, j'arrive à cette conclusion, déjà exprimée dans ce livre, que, s'il n'a fait aucune des révolutions qui ont sévi sur notre pays, il les a préparées toutes.

CHAPITRE VIII

LE PARTI RÉPUBLICAIN

Si, de l'exposé que j'ai fait de mes griefs contre le parti conservateur, on inférait que je n'en ai pas contre le parti républicain, qu'on regarde généralement comme son contraire, on se tromperait de beaucoup. Dans les mêmes sentiments d'entière impartialité, je me propose de lui faire ici sa part, déclarant que, dans le cas des républicains comme dans le cas des conservateurs, je ne considère que *les opinions moyennes*, à l'exclusion des opinions violentes et intransigeantes, qui sont l'exception dans tous les partis, en même temps que leur embarras et leur empêchement.

Je dirai d'abord que les républicains n'ont garde d'échapper aux effets de la loi toute française « de la défiance et de la peur ». Mais alors que la défiance et la peur sont entretenues dans les esprits conservateurs par les souvenirs contemporains des sévices révolutionnaires et du spectre rouge, — j'ai déjà eu l'occasion de faire ressortir ce contraste, — elles sont entretenues dans les esprits républicains par les souvenirs surannés des temps féodaux et du spectre noir. En sorte que la France donne au monde et se donne à elle-même le spectacle singulier de deux nations dans la nation qui cheminent, par des voies convergentes, vers le pouvoir, chacune avec son spectre particulier, pour se rencontrer et se combattre sur le terrain de l'intolérance politique et de l'intolérance religieuse.

Les conservateurs, je leur dois cette justice, n'ont que l'intolérance politique. Ils n'ont pas la prétention de forcer leurs adversaires à entendre la messe.

Les républicains ont l'intolérance religieuse avec l'intolérance politique; et dans l'impossibilité où ils sont d'empêcher leurs adversaires d'aller à la messe, ils emploient tous les moyens, tantôt apparents et violents, tantôt déguisés, pour empêcher qu'on ne la dise.

Si, pour un conservateur, tout républicain est un *radical* toujours prêt à s'entendre avec « les éternels ennemis de l'ordre »; pour un républicain, tout conservateur est un *féodal-clérical* dangereux; désordre des esprits, même des cœurs, qui justifie cette piquante réflexion faite par M. Laboulaye à la tribune nationale :

« En France, à présent, on est toujours, pour quelqu'un,
« jacobin ou capucin. »

Voilà un bel emploi des lumières que la grande révolution a versées à flots, assure-t-on, sur la France privilégiée! On y veut la liberté pour soi et pour les siens, on la refuse aux autres, et, quand on n'est pas assez fort pour la leur ôter, on l'entrave en la raillant ou la décriant. Au fond de cette étrange situation, je retrouve, quoi qu'on puisse dire, sous un déguisement *la vieille lutte du droit contre la force*. Quelle humiliation pour les vanités libérales dont la civilisation et les révolutions ont rempli nos esprits!

Ainsi les républicains ont encore moins de vrai libéralisme que les conservateurs. Théoriquement ennemis de tous les despotismes, ils ne sont pas, quand ils détiennent

7*

le pouvoir, les ennemis du despotisme de la centralisation gouvernementale qui comprime et qui paralyse. On ne voit pas qu'entre les réformes si diverses qu'ils préconisent, ils aient eu la pensée de celles qui transporteraient du gouvernement au pays, au profit de la vitalité, de l'activité et de la capacité nationales, une part spéciale de l'initiative, de la discussion et de la solution des affaires publiques réservées à *Paris-État*.

On en a pu juger, par l'étroitesse de vues avec laquelle ils ont discuté les lois qui se présentaient avec des tendances véritablement libérales, la loi sur les conseils généraux, la loi sur l'enseignement supérieur, particulièrement favorables à l'effort décentralisateur. Les républicains furent notamment les adversaires acharnés de la loi sur l'enseignement qui créait des *universités libres*, et de toutes les dispositions qui pouvaient élargir la sphère d'activité de cette institution nouvelle.

A cette opposition républicaine, les conservateurs, à peine en possession du droit de fonder ces universités libres, se hâtèrent de répondre en les appelant *universités catholiques*.

Pourquoi catholiques? Est-ce que la dénomination « d'universités libres » ne disait pas plus et ne disait pas tout? Est-ce que le choix du personnel dirigeant et enseignant ne suffisait pas à exprimer clairement les vues religieuses catholiques, parfaitement légitimes, des fondateurs? Pourquoi écrire sur la porte des nouveaux établissements que les étudiants appartenant aux communions dissidentes n'y pourraient pas entrer? Comment un parti en lutte avec *l'esprit d'intolérance*, croit-il servir ses intérêts en lui opposant *l'esprit d'exclusion?*

A l'heure même où ces débats agitaient le parlement de France, ils recevaient du parlement d'Angleterre, discutant une question qui n'était pas sans rapport avec celle-là, une frappante leçon de libéralisme.

Sir Thomas Chambers, un anglican, ardent adversaire des catholiques, proposait au vote des Communes un bill tendant à une enquête, à une sorte d'inspection dans les couvents et les institutions catholiques de la Grande-Bretagne, qui prenaient des développements inquiétants et où, selon lui, se passaient de graves abus.

Quels membres des Communes protestèrent le plus énergiquement contre le projet de loi? les anglicans représentés par M. Shaw. Son libéralisme, dominant ses préjugés contre le catholicisme, vint, avec l'approbation du ministre, montrer à l'Assemblée, qui lui donna gain de cause, *que le bill portait une grave atteinte aux droits des minorités, à la liberté, à la justice, et qu'il introduisait le gouvernement là où il n'avait pas le droit d'entrer.*

Quel contraste ! Quel enseignement pour les politiciens de notre pays !

Les républicains opposent à l'esprit de résistance à outrance des conservateurs un esprit de renversement à outrance qui a les pires effets, en remettant incessamment en question l'existence de tout ce qui est. Et dans ce perpétuel remaniement des lois qui porte le désarroi dans les intérêts, ils sont plus préoccupés de plaire à la foule que de la servir.

On ne les voit pas étudier la question sociale, qui est la plus grande, la plus pressante, la plus redoutable de ce temps. Ils ne font rien pour la résoudre, au moins pour en préparer la solution, eux que tous leurs précédents, toutes leurs promesses aux masses populaires obligeraient à la trouver. Enfin, ils ne cherchent pas à donner à la politique républicaine *l'autorité,* cette force qui naît de la sécurité et de l'équilibre que la politique devrait assurer aux intérêts moraux et matériels, *républicains ou non,* dont la nation attend sa vitalité et sa grandeur.

En possession du gouvernement, — le seul qui fût possible après Sedan, — les républicains opéraient en politique sur table rase. La soudaineté, la tragique signification des événements écartaient toutes les compétitions. Ce fut, ou jamais, pour le parti, le cas d'affirmer son libéralisme, le libéralisme qui rassure et qui concilie. En assumant la responsabilité du gouvernement, effrayante au milieu d'un tel concours de calamités publiques, il faisait preuve de patriotisme, de courage, et le principe comme le but de la Défense nationale pouvait légitimer son effort. Mais il ne devait prétendre à l'appui généralisé de l'opinion qu'à la condition de se renfermer dans sa mission spéciale, étroitement limitée, *de prendre la France comme elle était faite* et de se jeter avec elle dans la lutte désespérée.

Les républicains n'eurent pas alors, ils n'auront pas dans l'avenir cette sagesse qui est aussi de l'habileté. Ils n'eurent pas ce désintéressement politique qui leur aurait fait honneur aux yeux de la France, du monde entier, et qui aurait peut-être désarmé les partis dont la haine les attendait à la défaite. Ils furent impuissants à s'élever au-dessus des passions, des préjugés, des partis pris qui sont dans leurs traditions.

Au désordre de la guerre improvisée ils ajoutèrent le désordre de la politique improvisée. C'était une politique de hasard, d'expédient, quelquefois d'emportement, qui ne visait qu'à écarter leurs adversaires en ne les laissant prendre pied nulle part, qu'à lancer leurs partisans en les mettant partout. Elle est devenue le thème inépuisable des accusations et des colères des ennemis, qui sont très nombreux, de la république et des républicains.

Plus d'une fois, pendant la tempête, je leur ai montré leur erreur sans être cru, même sans être écouté, car on n'écoute que les victorieux. D'ailleurs, les maladies qui affectent, en France, les partis politiques, sont constitutionnelles et inguérissables. On a dit avec raison *qu'ils n'oubliaient et n'apprenaient rien*. Par la politique d'exclusion que les républicains ont pratiquée au milieu des angoisses de l'invasion et de la guerre de la Défense nationale, alors qu'ils n'étaient les maîtres de rien, on peut juger de celle qu'ils feront prévaloir quand, dans la paix, ils seront les maîtres de tout.

RÉFLEXIONS RÉTROSPECTIVES

J'ai fait une revue sommaire, mais consciencieuse et absolument impartiale, de la politique conservatrice et républicaine de mon temps. Elle m'amène à une concluusion qui paraîtra singulière, hardie, peut-être paradoxale, et que je formule cependant sans hésitation.

C'est que de tous les gouvernants qui ont successivement conduit la fortune politique de notre pays, de la fin du xvi° siècle au temps présent, celui qui s'est montré le plus libéral, — selon la définition qu'ici même j'ai donnée du libéralisme, — c'est Henri IV.

Je ne fonde pas mon sentiment sur ce qu'on a dit et écrit de ce prince. Il m'est inspiré par l'étude attentive de ce qu'il a dit, écrit et signé lui-même, solide origine d'information, on en conviendra.

Il trouvait la France sans gouvernement, tout entière en armes, les partis aux prises sur le terrain politique, sur le terrain religieux, appelant à leur aide et introduisant l'étranger dans le pays. Partout la guerre civile ; partout la division dans l'État, dans l'armée, dans les familles ; partout la colère, la haine et la lutte.

Par quel miracle put-il rapprocher ce qui était ainsi séparé, rétablir l'ordre à l'intérieur, refaire l'esprit public, restaurer les finances, l'agriculture, le commerce, organiser une armée, enfin reconstruire l'unité française ? Par la politique libérale la plus hardie, la plus habile et la plus sensée. Une politique qui posait en principe devant les ennemis du souverain et malgré ses ennemis : *que pour fonder un gouvernement, il faut se servir de ses adversaires autant que de ses adhérents.*

Cette politique se refusait à la vengeance, à la défiance, aux récriminations, à la recherche et à la condamnation du passé. Elle se résume dans ces admirables paroles du roi à ses plus dévoués et éprouvés partisans ardents au châtiment des crimes de la Ligue : « C'estait l'injure (erreur injuste) du tems. Ils croiaient de bien faire et ont esté trompés comme plusieurs aultres. »

Quelle haute et dure leçon pour les partis conservateurs comme pour les partis républicains d'aujourd'hui, exclusivement occupés à rallumer tous les feux qui couvent sous les cendres de nos révolutions ! Quel contraste entre leurs principes, leurs procédés, leurs actes, et ceux de ce prince qui n'était ni vertueux, ni religieux, mais qui était un grand homme de gouvernement et qui, définissant son étonnant effort, put se rendre à lui-même cette justice : « Par pacience, modéracion et cheminer droit, j'ay vaincu les enfans du siècle. »

De nos jours, quel parti et quel homme de parti pourraient s'attribuer les mérites de la patience, de la modération et du cheminer droit ?

LE SUFFRAGE UNIVERSEL

Pour que cet aperçu de politique intérieure française fût moins incomplet, il me resterait à examiner certaines questions qui ne sont pas inférieures en importance et en intérêt aux questions générales de gouvernement que j'ai considérées jusqu'à présent, par exemple le suffrage universel et la presse. Mais elles ne rentrent pas directement dans mon sujet et je n'en dirai que ce qui sera nécessaire, pour montrer que je n'ai pas voulu échapper à cette difficile et délicate discussion. Elle a, dans le passé, agité et passionné l'opinion, à ce point que l'opinion en sembla lassée. Il s'est formé, même parmi les conservateurs, une sorte de parti pris de ne plus la débattre et de considérer le suffrage universel et la presse comme des organes de la vie nationale sujets à de graves et dangereux écarts, mais tels quels, indispensables à l'équilibre des sociétés modernes.

J'ai rappelé que l'opiniâtreté négative des conservateurs de 1848 avait précipité la France, en un jour, du régime électoral censitaire au régime électoral du suffrage universel direct et sans conditions.

Dans le premier état (le vote censitaire), le gouvernement, luttant incessamment par voie de séduction déguisée contre la pudeur bourgeoise, attirait à lui, un à un, les suffrages numériquement très limités.

Dans le second état (le vote universel), imaginé par la deuxième république, qui fut l'arme avec laquelle le deuxième empire la renversa, et par laquelle il vécut dix-huit ans, le gouvernement napoléonien agissait sur les masses populaires avec une puissance et des moyens supérieurs, par des procédés spéciaux en rapport avec les habitudes et les besoins des électeurs dont il voulait s'assurer et s'assurait le concours.

Sous la république, à présent établie, le suffrage universel est le champ de bataille permanent du gouvernement avec les partis, des partis entre eux, et des mandataires en possession luttant contre les candidats qui se préparent à les déposséder. Les moyens de stratégie et de tactique, avouables et inavouables, que les uns et les autres emploient en vue de s'assurer la victoire, sont à l'infini.

C'est ainsi que l'esprit public, d'abord à l'école de la corruption partielle, puis à l'école de la corruption généralisée, est tombé dans le désarroi et la démoralisation politiques où il est.

Tous les partis, aussi bien que les gouvernants et les aspirants politiciens, sont en état de déférence devant le suffrage universel; beaucoup vont jusqu'au respect, quelques-uns jusqu'à la piété, mais ce ne sont là que des attitudes de convention. Aucun ne croit ce qu'on dit qu'il est, *la lumière, la sagesse, l'instrument du salut commun, l'arche sainte de la liberté*. Mais, en France, on se prosterne aujourd'hui pendant la crise électorale devant le peuple souverain, avec autant de conviction qu'autrefois devant les rois et les empereurs pendant qu'ils régnaient, qu'aujourd'hui devant les présidents pendant qu'ils président. Seulement, quand leur rôle a pris fin, on ne reconnaît plus tous ces dieux hors de service et souvent on les mène aux gémonies.

Du suffrage universel considéré comme « la grande manifestation de la volonté nationale », je dirai ce que j'ai déjà dit de la liberté. C'était un *but*. L'intérêt et la passion politiques en ont fait un *moyen*.

C'était à ce but que pouvait tendre l'*adjonction des capacités électorales* que le gouvernement refusait, en 1848, à l'opinion. S'il la lui eût concédée, octroi qui supprimait une révolution, et si les gouvernements qui lui ont succédé, s'inspirant de cette leçon et attentifs à suivre les progrès de l'esprit public, avaient périodiquement et successivement étendu le cercle des droits de l'électorat, le pays pouvait arriver avec le temps, — un long temps, je le reconnais, — au suffrage universel, sans secousses trop violentes, par une suite d'expériences préparatoires qui auraient formé les aptitudes et le jugement de la masse des électeurs.

C'est, je le répète, par une révolution dont la France tout à coup soumise à la volonté de Paris républicain, comme peu après à la volonté de Paris césarien, n'était à aucun degré avertie, que s'est fondé cet immense pouvoir des foules brusquement investies de la souveraineté sans la responsabilité ; car, en l'état de leur éducation politique, elles ne peuvent pas raisonner leurs votes. Cet immense pouvoir est un immense péril.

L'une des plus singulières erreurs du parti républicain, une erreur qui l'a déjà perdu en 1800, en 1851, qui le perdra toujours, c'est la foi où il est que le suffrage universel est son plus sûr auxiliaire.

Comment les philosophes et les lettrés de la république n'ont-ils pas reconnu que la logique, confirmée par l'histoire, veut *qu'à un jour donné* les foules qui ont peu de lumières, beaucoup de passions et encore plus de besoins, inclinent invinciblement vers César ? N'est-il pas le flatteur de ces passions ? ne se dit-il pas le pourvoyeur de ces besoins ? Cromwell et Napoléon Ier en leur temps, Napoléon III de nos jours, ont eu, et tous les Césars de l'avenir auront la même entrée de jeu. La république est une théorie *qui promet,* le césarisme est une force effective *qui apporte ou semble apporter,* et quand les foules sont lasses des promesses qui ne sont pas tenues et qui ne peuvent pas l'être, elles courent au pouvoir nouveau parce qu'il s'annonce fort, condition qui leur paraît un gage de réalisation des assurances dont il les comble.

Les césariens ne s'y sont pas trompés. Pour eux l'idéal politique, parce qu'il est *l'instrument de règne* par excellence, c'est le suffrage universel direct et sans conditions. A la république de 1848, qui, effrayée de ses premiers écarts, l'avait sérieusement restreint, ils ont montré qu'il ne pouvait jamais être trop universel, et comment il fallait s'en servir. On peut voir que de cet enseignement la république d'aujourd'hui a tiré quelque profit, mais elle ne peut s'approprier que très incomplètement les puissants moyens de séduction ou d'intimidation de l'empire.

A l'heure qu'il est, le suffrage universel, tel qu'il a été fait par les révolutions, est entré dans les mœurs publiques. Il a les droits qui naissent de la longue possession, et je doute qu'après l'Assemblée nationale de 1871, qui, au temps de sa souveraineté, s'est jugée impuissante à le transformer, aucun gouvernement ose et puisse poursuivre la solution de ce problème devenu insoluble. Le suffrage universel est donc acquis, et je crois qu'il restera. Est-il possible d'ajouter à ses lumières qui sont insuffisantes, de le soustraire à l'effet des passions qui lui sont propres ou qui lui sont suggérées, de l'arracher à la corruption qui le pénètre et l'asservit?

Je ne sais, mais il me paraîtrait possible d'en faire l'essai en instituant, avec le suffrage universel, l'élection à plusieurs degrés. Son résultat serait peut-être d'attribuer une part d'influence plus effective au groupe des électeurs qui, étroitement intéressés à la bonne gestion des affaires publiques, sont plus capables que la foule ignorante et inconscience de juger de la direction qu'il convient de leur donner, et des titres des candidats à devenir sous ce rapport leurs mandataires.

LA PRESSE

La question de l'enseignement public, primaire, secondaire, supérieur, est l'une de celles qui, dans ce dernier demi-siècle, ont le plus sérieusement préoccupé les gouvernements et l'opinion. Les républicains paraissent disposés à l'élever au-dessus de toutes les autres, si on en juge par le bruit qu'ils font autour d'elle, et par les sacrifices qu'ils veulent demander au pays pour le développement de l'enseignement, spécialement celui de l'école primaire. Ils comptent que les enfants du peuple y recevront l'éducation républicaine, et en sortiront avec la part d'instruction qui est nécessaire, sous le régime du suffrage universel, à l'accomplissement de leurs devoirs politiques ultérieurs.

L'avenir dira ce que réservent à la France ces vues que je crois fausses et ces espérances que je crois vaines. A leur sujet, je me borne à exprimer l'opinion difficile à réfuter :

Que la nation et le suffrage universel reçoivent chaque jour un enseignement qui, à lui seul, dépasse en influence sur leur équilibre moral, intellectuel et politique, tous les germes d'enseignement qui existent ou qu'on peut rêver. C'est celui que leur verse à flots le journalisme.

La presse est la plus puissante des forces que la civilisation moderne ait créées. Elle peut le bien comme elle peut le mal. Elle a d'égales facultés pour fonder et pour détruire. En France, elle a rarement fondé, elle a souvent détruit, en sorte que son pouvoir, redouté de tous, est particulièrement inquiétant pour les gouvernements dont tous les efforts, depuis le commencement du siècle, *tendent à la contenir ou à l'asservir*.

A la contenir, tous les procédés possibles de l'action préventive ou répressive ont été proposés et pratiqués. Aucun n'a donné ce qu'il promettait.

A l'asservir, les seuls moyens que les gouvernements puissent employer avec quelque efficacité, — la faveur, la subvention, l'achat, — ont toujours été très insuffisants. Là où les recettes et les dépenses publiques sont sévèrement contrôlées, il est difficile de former ce qu'on nomme, en Allemagne, *le fonds des reptiles*, dont une part des milliards payés par la France a pu faire la première mise.

Cette brève définition de la puissance de la presse représentée par le journalisme suffit à montrer qu'elle est très dangereuse, et qu'à peu près inattaquable en même temps, elle est assurée d'une impunité relative qui protège ses inclinations violentes, et les exalte souvent. J'ai pourtant, — conclusion peut-être inattendue après ces prémisses, — la ferme conviction :

Qu'en l'état des sociétés modernes, si les gouvernements, dont la presse est l'incessant empêchement, parvenaient à la supprimer ou seulement à la paralyser, ces sociétés tomberaient à court délai sous les pires tyrannies d'en haut ou d'en bas.

Comment traiter avec une force presque illimitée dans ses moyens et dans ses effets, tout à la fois amie et ennemie, qu'il est très difficile de contenir et encore plus difficile d'asservir ?

Il faut la moraliser. Il faut ajouter au sentiment qu'elle a de sa puissance, un sentiment qu'elle devrait avoir de sa dignité et de sa responsabilité. Il faut donner à cette responsabilité un caractère effectif. En un mot, il faut appliquer les procédés de gouvernement dont toutes les pages que j'écris préconisent l'adoption : *Liberté, responsabilité*.

Je sais que devant cette théorie du gouvernement de la presse les conservateurs, mes coreligionnaires politiques, vont crier à la trahison, comme sans doute ils ont fait devant ma théorie du gouvernement de la commune, du département et de la province rendus à l'autonomie administrative et libérés de la compression du centre. Mais je reste obstinément dans ma voie et je confère sans hésitation *la liberté* à la presse, en l'affranchissant des entraves de toute sorte, fiscales, politiques, administratives, qui gênent ou inquiètent son action.

En échange de cette complète indépendance, dont l'effet serait de relever aux yeux du pays et à ses propres yeux le rôle disputé que les gouvernements lui ont fait jusqu'à présent, je lui impose une *responsabilité proportionnelle* avec des obligations que je vais définir.

La société se croirait en péril, si elle n'exigeait du magistrat, du professeur, du médecin, du maître en pharmacie, du capitaine de navire, etc., en un mot de toute personne dont la profession comporte une responsabilité publique, étendue ou restreinte, toute sorte de garanties générales ou spéciales. Moralement, ces garanties reposent sur des constatations qui évoquent les précédents des candidats et montrent le degré de confiance qu'ils méritent. Professionnellement, elles ont pour base des examens publics ou des concours.

Par une contradiction qui donne la mesure du décousu de nos institutions, la société n'exige aucune garantie, *absolument aucune*, des hommes qui se font dans la presse les conseillers de l'opinion, les professeurs du suffrage universel, les contrôleurs des pouvoirs publics; qui jugent les personnes et les choses; qui font et défont à leur gré les réputations; qui répandent les bonnes et les mauvaises doctrines; qui ont une influence directe, souvent décisive, sur l'état des esprits et sur la paix publique!

Des inconnus, des anonymes, des pseudonymes, des déclassés, des tarés [1], peuvent se donner à eux-mêmes cette grande mission qu'on a quelquefois appelée et qui devrait être *un apostolat,* qui est aujourd'hui, par toute l'Europe, suspecte ou décriée, parce qu'elle s'est montrée trop souvent immorale, trop souvent vénale, parce qu'elle a calomnié, parce qu'elle a faussé le jugement public, parce qu'elle a été quelquefois un instrument de perversion.

Pour que la presse entravée et décriée, devenue libre, devienne en même temps respectable, il faut que ses nouvelles destinées reposent sur deux principes : celui des garanties, celui des responsabilités, l'un et l'autre consacrés par la loi.

Le premier réglerait la composition et déterminerait la fonction d'un jury où entreraient en majorité les délégués (élus) de la presse elle-même, qui aurait le mandat d'étudier les précédents, de juger la moralité et les titres, de statuer sur l'admission des aspirants au journalisme.

Le second ferait revivre, en la rendant absolue, l'obligation, pour tous les écrivains de la presse, d'apposer au bas

---

[1] Un grand journal de Paris a longtemps reçu les articles d'un ancien officier de l'infanterie de marine, dont la spécialité était de traiter les questions militaires, de juger les généraux et d'en insulter quelques-uns.

J'ai eu entre les mains la preuve que ce journaliste ex-officier avait d'abord été frappé *par le retrait d'emploi* pour des actes d'indélicatesse, puis réintégré dans les cadres, enfin *réformé pour cause d'indignité* jugée par un conseil d'enquête.

Depuis, il a subi une condamnation pour **vol.**

des articles de journal dont ils seraient les auteurs, quel qu'en fût l'objet, une signature qui engagerait directement leur responsabilité, solidarisée avec la responsabilité permanente du directeur-gérant.

Les divers degrés de pénalité applicables à la répression des crimes et délits de la presse seraient surélevés, la loi frappant les écrivains coupables et leurs journaux, selon le vœu de la raison et de la justice, avec une sévérité proportionnée à l'entière liberté de publication dont ils auraient eu le bénéfice. Cette répression, poursuivie par les tiers intéressés ou d'office par le ministère public, serait soumise, pour les formes et pour le fond de la procédure, aux règles du droit commun.

Cette loi, dont je me borne à exprimer le principe et les dispositions générales, laissant aux juristes le soin d'en préciser les détails, serait la plus simple, je pense, de toutes celles qui ont été édictées sur la matière. Elle résumerait brièvement toute la législation sur la presse, réalisant au profit de ce grand enseignement social et politique, comme au profit de la nation qui le recevrait, des progrès dignes de tous les deux. Elle serait vraiment libérale, fermement équitable, conforme aux principes dont l'autorité doit prévaloir dans un pays qui prétend à se gouverner lui-même.

LA PRUSSE ET L'ITALIE

Les vues que j'ai exprimées dans ce rapide examen de notre état politique ne sont pas neuves, et je ne puis prétendre à l'invention. La grande révolution française, suivie dans notre pays de tant d'autres révolutions, les contacts de la paix et de la guerre, les rapports internationaux développés par la vapeur et par l'électricité, les échanges de publicité multipliés par la presse quotidienne, par la presse périodique et par les livres, ont fait pénétrer partout les idées libérales.

Il en était autrement au commencement de ce siècle. Hors de l'Angleterre, fermement assise dans le « self-government », et de la France qui, excédée de révolutions, s'était donnée à un maître et désertait la liberté pour la conquête, l'Europe appartenait à l'ancien régime.

Chaque nation avait le sien propre, et, au point de vue du gouvernement, la nation prussienne était l'une de celles qui s'était la moins éloignée des vieilles traditions. Elles étaient spécialement conservées par des familles de noblesse ancienne d'où sortait, vers le milieu du siècle dernier, un homme de caractère, Stein, dont j'ai déjà parlé, qui assurément n'avait pas reçu de ses pères la révélation du libéralisme.

Adversaire intraitable de la France, qui venait d'écraser systématiquement la Prusse, et des idées françaises, il eut pourtant assez de portée de vues et de sagacité pour comprendre que l'ancien régime ne relèverait pas la fortune de son pays. Ministre réformateur, luttant contre l'esprit de son temps, de son roi et de la cour, il offrit ce spectacle inattendu d'un personnage d'origine féodale qui s'appropriait et entendait faire prévaloir dans le gouvernement les principes du *libéralisme administratif* le plus large et le plus hardi.

Quels principes? Ceux-là même dont je viens de chercher à montrer les mérites et qui ont pour point de départ la *décentralisation*.

Stein osa commencer en Prusse l'émancipation administrative des circonscriptions provinciales, en y créant l'activité productive ; en les associant, par la gestion des affaires locales, aux intérêts généraux de la monarchie ; en posant les bases de cette forte solidarité qui les lie entre elles et au gouvernement auquel nous avons vu qu'elles ont apporté dans toutes les circonstances difficiles le plus énergique concours.

Pendant que, sous l'active impulsion de Guillaume de Humboldt, se constituaient les écoles populaires et les grands centres d'enseignement qui allaient si efficacement développer l'instruction publique et l'éducation nationale dans le sens patriotique, Stein propageait et appliquait, autant qu'il était en lui, ses doctrines de gouvernement. Elles étaient singulièrement avancées pour son temps et on peut juger de l'ardente et railleuse vivacité avec laquelle il combattait la centralisation prussienne, par quelques citations extraites de sa correspondance politique, que j'emprunte à une excellente étude de M. de Haulleville sur la vie et les travaux du baron de Stein :

« ... Aussi longtemps que la constitution prussienne ne
« sera pas changée, que les forces de la nation ne seront
« pas mises en mouvement par les communes et par de
« meilleures institutions centrales, que le gouvernement ne
« s'occupera que de buts personnels et intéressés, que les
« affaires publiques seront confiées à la bureaucratie...,
« l'égoïsme prévaudra. Peu de choses raisonnables et fortes
« seront réalisées, et le nombre des utiles hommes d'État
« et d'affaires sera toujours fort restreint. »

(*Lettre à M. de Schön.*)

Est-il une seule de ces réflexions à l'adresse de la Prusse d'autrefois, vaincue et humiliée, qui ne soit directement applicable à la France d'aujourd'hui ?

« ... Ils touchent (les bureaucrates centralisateurs) leurs
« appointements à la caisse de l'État et ils écrivent, écrivent,
« écrivent en silence, dans des bureaux garantis par des
« portes bien fermées, sans être connus, ni remarqués, ni
« renommés, élevant leurs enfants pour en faire des ma-
« chines à écrire comme eux.

« J'ai vu tomber une de ces machineries prussiennes, la
« machinerie militaire, le 14 octobre 1806. Peut-être la
« machinerie de l'écritoire aura-t-elle son 14 octobre? »

(*Lettre* à *M. de Gagern.*)

La *machinerie* dont Stein parlait avec cette étonnante liberté, c'était *l'illustre légende du grand Frédéric,* et la date dont il évoquait le souvenir avec ce sans-gêne, c'était la date de l'effondrement prussien, *celle d'Iéna!*

« ... L'esprit de solidarité s'en va de la commune, de la
« province et de l'État. L'indifférence et l'égoïsme renaissent
« avec une force nouvelle sous l'influence d'un gouverne-
« ment qui se mêle de tout. On effraye tout le monde avec
« le fantôme des mouvements démagogiques. Ils existent,
« en effet, mais on les nourrit par l'accroissement des
« impôts et par de fausses mesures qui se détruisent elles-
« mêmes. Notre système économique, appliqué par une
« centralisation avide de pouvoir, se dévore lui-même comme
« Saturne dévore ses enfants.

« Avec de l'encre et des lettres nous avons déshumanisé
« les fonctionnaires, ôté l'esprit aux ministres et réduit
« tout à un mécanisme sans vie. »

(*Lettre* à *M. de Gagern.*)

. . . .

« ... Les prétoriens, la police secrète et la censure ne
« protègent pas l'État contre les révolutions. »

(Stein, *Principes politiques.*)

On s'explique sans peine qu'un homme d'État ainsi fait ait rencontré la contradiction, la lutte, la disgrâce, auxquelles il opposait, d'ailleurs, une inébranlable et quelquefois rude fermeté. Je répète qu'il était mort depuis bientôt un demi-siècle, quand la Prusse, *après les succès inouïs de sa politique et de ses armes*, s'est avisée de reconnaître la part que ce grand ministre avait eue à leur préparation, en lui érigeant une statue à Berlin, devant la cour, les grands corps de l'État et les représentants de l'armée, dans une solennité nationale.

Protestant, Stein avait de solides croyances qui furent l'inspiration et la règle de sa vie. Il mourut dans l'humilité et dans l'espérance chrétiennes, laissant aux hommes d'État de son pays de précieux enseignements et de grands exemples.

En France, où les conventions de la légende priment toujours les vérités de l'histoire, c'est à la science du maréchal de Moltke que la foule attribue les étonnantes victoires de la Prusse. Il a été, je pense, un froid, précis et très habile metteur en œuvre. Mais l'œuvre elle-même avait pour facteurs, dans l'ordre social, politique et militaire, les longs et persévérants efforts d'hommes d'une haute portée qui étaient d'ardents patriotes, parmi lesquels Stein est au premier rang. Je l'ai déjà dit. J'y reviens avec des preuves.

A l'exposé qui précède des principes qui ont le plus efficacement contribué à fonder en Prusse l'esprit public et la grandeur à venir de la nation, je sais les objections qu'opposeront, en France, les adversaires du libéralisme décentralisateur. Ils diront :

« Que la Prusse, tout entière à l'ancien régime, n'avait

« subi aucune révolution, qu'elle était obéissante, qu'elle
« avait les respects quand furent réalisées les réformes de
« Stein, bien plus administratives que politiques ; que c'est
« à plus de vingt ans de là que vinrent les réformes poli-
« tiques caractérisées par un commencement de représenta-
« tion nationale, en 1847, et par l'adoption du régime par-
« lementaire après la révolution française de 1848 ; qu'ainsi,
« en Prusse, c'est graduellement que l'ancien régime a fait
« place au nouveau, les libertés provinciales et communales
« précédant logiquement les libertés politiques ;

« Qu'en France, au contraire, l'émancipation politique
« acquise au pays dès la fin du siècle dernier, perdue mo-
« mentanément sous le régime impérial et enfin ressaisie,
« est devenue absolue par le suffrage universel ; que si la
« centralisation de la Convention, suivie de la centralisation
« encore plus oppressive du premier empire, est restée
« entière, c'est que la nation, faite comme elle est, c'est-
« à-dire sans l'obéissance, sans les respects et incessam-
« ment révolutionnée, n'a pas pu, ne peut pas être pro-
« vincialement et communalement émancipée sans les plus
« évidents périls. »

Ce raisonnement, qui condamne notre pays à la perpé-
tuité du contresens qui pèse sur ses destinées, c'est-à-dire,
selon mon sentiment, à des périls bien plus grands et bien
plus certains que ceux que les centralisateurs évoquent, est
combattu, même infirmé par un autre exemple que celui
de la Prusse.

Voici une nation, — la nation italienne, — au moins
aussi avancée que la nôtre dans les jouissances de la civilisation et dans les abaissements qui en sont la suite. Elle
n'a guère cessé, pendant le moyen âge et depuis, de voir
ses éléments morcelés passer d'une révolution à une autre.
L'Italie est comme la patrie de ce « révolutionnarisme »

spécial, foyer de propagande des idées politiques les plus exaltées, qui a pour instruments les sociétés secrètes. Politiquement et administrativement elle fut toujours divisée, fractionnée à l'infini en moyens et petits États, séparés par la différence de leurs origines, par la différence de leurs constitutions politiques, par la rivalité de leurs intérêts.

Un homme, qu'on peut diversement juger au point de vue de quelques-uns des moyens qu'il employa, mais qui fut peut-être, par la portée, par la sagacité, par la fermeté unie à la souplesse de son esprit, le plus grand homme d'État de ce temps, — car il ne disposait pas de la force, — conçut l'audacieux projet de rapprocher ces membres épars de la race italienne, de les souder les uns aux autres, d'en former un corps et de lui donner une vie propre.

C'est *Cavour, fondateur politique* de l'unité de l'Italie.

J'en appelle ici aux souvenirs des hommes de bonne foi qui ont étudié sans passion les développements successifs de cette extraordinaire entreprise. Qui croyait en France à sa réussite? Elle était pleine de difficultés, en apparence invincibles, qui ne découragèrent pas son auteur, pleine d'avertissements pour la France impériale, qui finit pourtant par coopérer secrètement avec lui jusqu'au jour où, aux applaudissements des Français qui sont les républicains d'aujourd'hui, l'empereur Napoléon III se fit *le fondateur militaire* de l'unité de l'Italie.

Mais, même après que se furent déroulées dans ce sens toutes les conséquences de la guerre de 1859, l'opinion, en France, se refusait à croire que le problème de l'unification italienne pût être résolu.

Les politiciens conservateurs raillaient la pensée de faire entrer dans le concert politique et administratif le nord et le sud de l'Italie, séparés par les traditions, par les opinions, par les mœurs.

Les financiers démontraient qu'un budget d'État, qui se formait sur un déficit de plusieurs centaines de millions, ne pourrait jamais, avec des ressources restreintes et disputées, atteindre à l'équilibre, et que c'en était fait de l'avenir économique italien.

Les militaires qui, de parti pris très ancien, ne reconnaissaient à l'Italie entière d'autres soldats que les Savoisiens et les Piémontais, plaisantaient le dessein de les juxtaposer dans une grande armée avec les gens de Naples, des Calabres et de la Sicile. Ils déclaraient chimérique l'espoir de faire, avec ces éléments disparates, un tout qui pût devenir cohérent, entre des cadres dont ils affirmaient que le recrutement par l'indigénat n'était pas possible.

Les croyants avaient la confiance que la Providence interviendrait pour arrêter les effets de la ruine du pouvoir temporel du saint-père. Ils étaient assurés que la population des Romagnes, de tout temps ménagée par l'impôt pontifical, exempte du plus lourd de tous les impôts : « le service militaire, » ne supporterait pas le nouveau régime qui allait la surcharger et l'appeler à l'armée.

Tous, nous avons entendu ces raisonnements, ces affirmations, ces négations et ces prédictions. Cependant, qu'arrive-t-il ?

Il arrive qu'aujourd'hui (1876) l'unité de l'Italie est un fait socialement, politiquement, financièrement et militairement consommé. Le nouveau royaume a voulu et pris dans le concert des grandes puissances une place qu'elles ne paraissent pas disposées à lui contester. Son alliance est recherchée par celles qui ne veulent à la France que peu de bien, et encore plus par celles qui lui veulent beaucoup de mal. La raison en est très apparente.

C'est que l'armée italienne, — je le dis aux Français qui n'en sauraient ou n'en croiraient rien, — *est un instrument de guerre moderne* avec lequel l'Europe doit, dès à présent, compter sérieusement, et que sa marine, avant longtemps, en sera un autre. Je ne produis cette double affirmation qu'après en avoir attentivement étudié l'objet.

Parmi nous, quelques-uns se déguisent à eux-mêmes les menaces que contient l'avenir dont je viens d'esquisser le tableau, avec la pensée, — vaine, je crois, — que l'édifice italien, trop hâtivement bâti, s'écroulera sous le choc de l'imprévu. D'autres restent étonnés et soucieux devant des résultats qu'ils trouvent inexplicables et qui ont cependant, en ce qui touche la rapidité de la constitution intérieure du royaume d'Italie, une explication.

Elle est, à mon avis, pour une part très importante dans les principes et les procédés de gouvernement dont Cavour fit la base de la politique intérieure du nouvel État. Aux prises avec des difficultés qui n'allaient pas sans les périls, tourmenté par les luttes et paralysé par les empêchements qui sont l'inexorable condition du gouvernement des assemblées, souvent à la veille de succomber devant les intransigeants de toute nuance, pressé par les politiciens, — inspirés comme les nôtres, — qui lui montraient que pour résoudre un problème si ardu, *une énergique centralisation,* l'état de siège (à Naples spécialement), enfin la politique d'exception, étaient des auxiliaires nécessaires !... Cavour garda intrépidement sa foi dans le ressort et dans les effets de la liberté :

« Croyez-moi, leur disait-il, la plus mauvaise des chambres est préférable à la plus brillante des antichambres[1]. »

Il pensait juste et parlait en homme d'État profond et résolu. Il communiquait sa foi à ses contradicteurs, aux assemblées, à la nation. Il la préparait à ses destinées par l'enseignement que j'ai appelé *l'éducation publique par les pouvoirs publics*, et avec l'aide de cette force qui vient *de l'association de l'activité provinciale et locale, sur le terrain des affaires, à l'effort de la direction gouvernementale.*

Après Cavour, conseillés par son souvenir et par son esprit, ses successeurs, — que la couronne ne semble pas hésiter à choisir parmi les représentants de la politique d'opposition, — ont affermi et développé son œuvre. La décentralisation administrative se continue, et, dans l'ordre politique, les conditions de l'électorat italien viennent d'être notablement élargies cette année (1876), malgré les appréhensions et les doléances des conservateurs.

Au contraire de ce que firent naguère les hommes d'État de notre pays, les hommes d'État italiens préparent graduellement le leur à l'avènement futur du suffrage universel qu'ils jugent inévitable, préférant les embarras, même les périls des luttes du moment, aux bouleversements toujours possibles des révolutions.

D'autre part, alors que l'équilibre des finances publiques tend à s'établir en Italie, résultat encourageant et considérable pour un pays dont l'organisation économique date d'hier, l'esprit de prévoyance se développe par l'épargne dans les masses populaires, si j'en juge par une intéressante

---

[1] Paroles citées par M. Ch. de Mazade (*Revue des Deux-Mondes*), dans sa belle monographie du comte de Cavour.

étude spéciale que vient de publier notre *Journal officiel* (25 juin 1876).

La statistique des caisses d'épargne italiennes comparant, à la fin de 1874, le chiffre des sommes qu'elles avaient reçues au chiffre de la population, fixait à *dix-neuf francs* par habitant la moyenne des sommes déposées. Cette moyenne, en France, n'était à la même date que de *quinze francs*. Personne ne contestera, je pense, que l'épargne en dépôt, rapportant intérêt, ne soit le point de départ de l'esprit conservateur populaire, et que les progrès de l'épargne en dépôt ne soient dans les masses la manifestation des progrès de l'esprit conservateur.

L'Italie est dès à présent en possession des forces qui font vivre et durer les nations [1].

Par les deux exemples absolument différents (Prusse-Italie) que j'ai invoqués, j'ai voulu ajouter quelques preuves de fait aux vues que j'ai exposées sur les effets du *libéralisme décentralisateur dans l'ordre des affaires*. Je répète que lui seul peut mettre en mouvement tous les ressorts de l'activité publique. Il est, dans les temps modernes, l'auxiliaire indispensable d'une *politique centralisatrice* énergique et bien suivie, capable d'assurer au dedans et au dehors la sécurité nationale.

---

[1] Quand j'écrivais, il y a dix-huit ans, cette étude sommaire sur l'Italie, je la croyais exclusivement préoccupée de la constitution de son unité. Je ne pouvais pas prévoir qu'elle allait viser, par ses alliances, au rôle de grande puissance hostile à la France, qu'elle allait se donner sur terre et sur mer de grandes armées, et du coup ruiner son équilibre économique, au péril peut-être de son équilibre social et politique.

(Note de 1894.)

ÉTAT MILITAIRE

CHAPITRE IX

LES INSTITUTIONS MILITAIRES ET LES ARMÉES

Sous ce titre : *l'Armée française en* 1879, — par un officier en retraite, — j'ai récemment publié mes vues sur deux grandes questions d'intérêt national qui sont distinctes, bien qu'habituellement confondues en France, *les institutions militaires* et *l'organisation de l'armée*.

Pour former la troisième partie (*État militaire*) du livre que j'écris aujourd'hui, j'aurais à reproduire ici cette étude de 1879 qui, malgré son caractère anonyme, semble avoir été lue avec quelque intérêt, sinon par le public, au moins par les spécialistes que préoccupent les solutions qui semblent condamnées à être indéfiniment discutées du problème militaire. Mais elle est trop étendue pour qu'elle trouve place en son entier dans ce livre, où elle ne doit figurer qu'à titre de conclusion. J'en extrais les parties où sont traitées, soit au point de vue des *institutions militaires,* soit au point de vue de *l'organisation de l'armée,* les questions qui sont les plus importantes et qui se lient le plus directement aux principes d'ordre social et d'ordre politique que j'ai précédemment exposés. J'y joindrai l'examen de quelques-unes des modifications qui auront été introduites, au cours de mon travail, dans la constitution de nos forces militaires.

On raconte que les gens de San-Francisco, devenue presque soudainement l'une des plus grandes et riches cités du nouveau monde, voulant rendre définitives les habitations en briques et à massifs pans de bois, vastes et solides, mais provisoires, élevées sur le sol par les premiers immigrants, n'ont pas reculé devant l'effort de les soulever dans leur masse entière, pour les asseoir sur des fondations à pierre et à chaux.

Je crois que lorsqu'en France la fièvre de *l'organisation de l'armée* se sera calmée, nous ne pourrons pas reculer devant l'effort de soulever l'énorme machine militaire qu'elle a produite, pour l'asseoir sur des fondations plus solides et plus durables que celles qu'elle a.

Ces fondations à pierre et à chaux, ce sont les *institutions militaires*.

Les réflexions qui précèdent ne contiennent pas, à l'adresse de nos organisateurs, le reproche détourné de *n'avoir pas commencé par le commencement*. Ils ont fait ce qu'ils ont pu et comme ils ont pu, allant au plus pressé au milieu des calamités de la guerre civile (la Commune de Paris) et des menaces de la guerre étrangère. Le gouvernement, tout entier aux difficultés et aux périls de la situation, n'avait eu ni la liberté d'esprit ni le temps nécessaire pour réunir *dans un travail d'ensemble* les principes de constitution et les règles d'organisation, de concert avec les spécialistes de l'armée qui auraient défendu le projet devant l'Assemblée appelée à le consacrer par la loi.

Ce fut, au contraire, l'Assemblée jetée par les événements hors de son rôle, qui *eut l'initiative* de cette œuvre si spéciale en même temps que si difficile et si compliquée. De là les tâtonnements, les incertitudes, les lenteurs, le décousu qui ont caractérisé le laborieux enfantement de cette grande réforme. Ils pèseront longtemps, dans les assemblées à venir, sur la discussion des lois complémentaires attendues par l'armée, et combien de ces lois, après quelques années de pratique expérimentale, devront être remaniées !

En France, l'esprit public, au plus haut point impressionnable, est d'abord saisi par les résultats quand ils se présentent brillants. Il ne remonte pas jusqu'aux causes. Il n'analyse pas, il ne compare pas, il ne tire des événements heureux d'autre enseignement que la satisfaction qu'il en éprouve.

Dans les questions militaires, où son jugement prend invariablement pour guides l'orgueil national et les récits toujours emphatiques du champ de bataille, les apparences lui suffisent. Il a regardé, par exemple, Magenta et Solférino comme les équivalents d'Austerlitz et d'Iéna ! Dans la paix même, à chacune de ces grandes revues, de ces parades militaires qui sont le spectacle favori de la nation, tout ce qu'elle y voit, tout ce qu'elle en entend dire, tout ce qu'elle en lit dans les journaux, la remplit d'un enthousiasme confiant que résumaient naguère trois mots traditionnels : « Notre invincible armée. »

Il n'y a pas d'armées invincibles, et elles le sont d'autant moins qu'on le leur dit plus.

Dans cet esprit, depuis les grands succès des guerres de la révolution, suivis des éclatantes victoires des guerres du premier empire, la France, tout entière à son admiration pour l'armée, *qui est la force produite,* a perdu à peu près complètement de vue les institutions militaires, *qui sont la force génératrice.* Elle s'est dit, raisonnant spécieusement, que puisqu'elle avait des armées triomphantes, elle devait avoir des institutions militaires, et confondant celles-ci avec celles-là, elle est restée aveuglée par ce dangereux mirage jusqu'au jour des grands revers. L'ont-ils entièrement dissipé? L'effort qui vient d'accroître, en les transformant, les forces militaires du pays, n'est-il pas encore plus législatif et budgétaire que national?

A-t-il fondé les institutions qui fixent et propagent dans l'ensemble de la population l'esprit militaire, qui préparent pour les armées des éléments de création pendant la paix, de renouvellement pendant la guerre, de résurrection quand elles ont été accablées par les vicissitudes des batailles?

J'affirme que non.

Il ne faut pas perdre de vue qu'après les générations françaises d'aujourd'hui qui ont subi l'invasion, dont les cœurs ont saigné, dont l'orgueil a été brisé, d'autres générations viendront qui n'auront pas connu ces tourments. Elles n'auront pas payé de leurs mains la rançon du territoire national. Elles n'auront pas vu nos frères d'Alsace et de Lorraine s'en aller en captivité. Et il se sera formé une croyance populaire qui leur expliquera, par la trahison ou par l'incapacité, les désastres militairement inévitables de 1870-1871, comme elle nous expliquait naguère à nous autres, par la trahison ou par l'incapacité, les désastres militairement inévitables de 1814-1815[1]!

Ainsi trompées par la légende sur la leçon des événements, ces générations de l'avenir auront retrouvé tout

---

[1] Marmont, Grouchy.

l'équilibre, toute la confiance, peut-être tout l'orgueil que nous avons eus et que nous n'avons plus. Quelle sauvegarde auront-elles contre les résultats de l'aveuglement gouvernemental ou de l'erreur publique qui les précipiteraient, après nous et comme nous, dans les périlleux hasards d'une guerre improvisée ? *Les instruments militaires avec les puissants moyens d'entretien et de réfection qu'elles seules possèdent et peuvent mettre à la disposition du pays.*

Un exemple tiré de notre histoire contemporaine :

La France, sous l'empereur Napoléon Ier, voit, en 1805, ses forces maritimes détruites à Trafalgar. C'est en vain que dans les années suivantes l'empereur, maître à peu près incontesté de l'Europe continentale, s'affirme aux yeux du monde entier par les plus éclatantes manifestations de la puissance. *Il n'y a pas d'institutions maritimes,* bien que subsistent alors (comme encore aujourd'hui) les règlements de Colbert. Il ne peut pas refaire sa force navale. Disposant de grands ports, de grands arsenaux, de frontières maritimes d'une immense étendue, d'une population maritime spéciale infiniment nombreuse, il se sent impuissant et il renonce à mettre en œuvre ce vaste ensemble de moyens.

A l'apogée de sa domination souveraine et de sa gloire, l'empereur assiste, après la destruction de sa flotte de guerre, à la destruction successive de sa marine de commerce naviguant au long cours et de sa marine côtière. L'homme qui avait entendu imposer à l'Europe la loi violente *du blocus continental,* subit dix ans d'humiliation et le dommage du blocus de tous les ports français !

Les Anglais, ces tenaces adversaires de l'empire, auraient pu perdre une grande bataille navale, et recommencer peu après la lutte sur les mers. *Ils ont des institutions mari-*

times dont l'éducation nationale et l'esprit public sont les premiers auxiliaires. Leurs moyens de création, d'entretien, de renouvellement du personnel et du matériel sont multipliés et très puissants. De simples particuliers, entrepreneurs de constructions navales dans des centres industriels dont l'importance égale celle des plus grands établissements de l'État français, sont incessamment en mesure de coopérer avec l'État anglais pour la construction et l'équipement des escadres.

De nos jours, nous avons sous les yeux l'exemple, — qu'il est douloureux, mais qu'il est nécessaire de rappeler à notre pays, — de ce que peuvent, dans les situations les plus désespérées, *les institutions militaires,* quand leurs effets ne sont pas paralysés par l'indiscipline sociale. C'est l'exemple de la Prusse en 1807.

La Prusse avait perdu son armée avec la moitié de son territoire. Elle payait à la France une contribution de guerre de cent vingt millions, et l'exécution des clauses du traité était surveillée par une occupation française. Les gouvernants prussiens, ne pouvant rien pour le présent, s'appliquèrent à fonder pour l'avenir dans des vues de régénération dont j'ai précédemment montré l'énergie patriotique et la hauteur. Les gouvernés, bien que ne peinant que pour leurs successeurs, s'associèrent cordialement à l'entreprise, et tout le monde en Prusse, malgré la violente agitation des esprits, se mit à l'œuvre de la réparation du désastre. *Personne n'eut la pensée de faire enquête sur ses causes, d'en rechercher les responsabilités, et l'union prévalut.*

Il s'agissait, non pas uniquement, mais principalement, de créer *des institutions militaires nouvelles* et, par elles, de former les éléments de l'armée de l'avenir. Celle du passé, — l'armée du grand Frédéric, que Stein appelait irrévérencieusement « une machinerie », — n'existait plus. Et l'empereur Napoléon, voulant consacrer la ruine de la puissance militaire de la Prusse, avait fait suivre le traité de Tilsitt de la stipulation violente et humiliante qui limitait étroitement à quarante-deux mille hommes le chiffre de ses soldats en armes.

Liés par cette clause, les hommes d'État prussiens s'efforcent d'y échapper par des mesures d'administration intérieure qui se résument dans l'application rigoureuse du principe (déjà connu en Prusse, mais plus féodalement que nationalement pratiqué) *du service obligatoire à court terme combiné avec la création des réserves échelonnées.*

Ils substituent, sous les apparences d'un effectif restreint, à l'armée chargée de défendre la nation, la nation tout entière armée et prête à se défendre elle-même. Ils édictent, soixante ans avant son adoption par les autres peuples militaires, la grande loi de la constitution des armées pour la guerre moderne ; la loi qui, pour les campagnes de 1813, 1814, 1815, transforme l'armée de quarante-deux mille hommes en une armée de cent cinquante mille soldats qui, dans les champs de Waterloo, donne au premier empire français le coup de grâce ; la loi dont les effets, en 1866, font de l'Autriche la vassale de la Prusse, détruisent en 1870-1871 le second empire français, arrachent à la France l'Alsace-Lorraine et fondent l'unité de l'Allemagne sous la souveraineté de la Prusse. . . . .

Ainsi, la dure stipulation de 1808 qui, dans les desseins de l'empereur Napoléon, devait achever l'abaissement de la Prusse, allait être, dans les desseins de la Providence, l'origine du relèvement de la fortune prussienne, l'une des causes les plus effectives de la ruine des Napoléon et de l'amoindrissement dans le monde du rôle de la France !

Jamais, je pense, dans l'histoire des vicissitudes des

nations et des souverains, on ne vit plus manifestement que l'adversité dont la leçon est comprise prépare leur salut, que la prospérité qui les éblouit jusqu'à l'aveuglement les perd.

Pour les peuples jaloux de garder et de transmettre à l'avenir le dépôt de l'indépendance nationale et des biens accumulés par les générations, les armées sont *le moyen du moment,* les institutions militaires sont *le but permanent.* Malheur à ceux qui ne discernent pas entre l'un et l'autre et qui croient que *le moyen* doit suffire toujours parce qu'il a suffi quelquefois. C'était avant les malheurs de la dernière guerre notre erreur française. Elle avait deux causes principales :

1° L'orgueil de nos victoires d'autrefois, poussé jusque-là que nos victoires à venir nous paraissaient certaines. Nous nous jugeons *toujours prêts* pour le choc ;

2° L'affaiblissement de l'esprit de sacrifice par les jouissances de la richesse pour quelques-uns, et du bien-être pour beaucoup.

La création et l'entretien des armées n'imposent aux nations que des efforts limités, intermittents, proportionnels aux promesses de paix ou aux menaces de guerre que contiennent les événements. Pour fonder et faire durer les *institutions militaires,* qui sont indépendantes des événements, *il faut que les nations consentent de lourds sacrifices personnels et d'argent.* C'est sans doute à la rigueur de ceux qu'exigeait la loi du service obligatoire, que nous devons d'avoir reculé devant son adoption jusqu'au jour où nos armées ont été débordées, accablées par celles qui en avaient le ressort et la puissance de renouvellement servis par de solides institutions militaires.

Quand on se rappelle qu'à ces masses prussiennes cohérentes, disciplinées, en tout temps constituées pour la guerre pendant la paix et presque innombrables, nous n'avons pu opposer que des armées formées par le sort, par le remplacement, par la loi fatale de l'exonération, numériquement limitées, par conséquent, et constituées pour le combat (brigades, divisions, corps d'armée) *à la veille seulement du combat,* on ne se rend que trop compte de la rapidité et des proportions de nos défaites. On doit leur être indulgent, et il m'est sans doute permis, ayant averti l'empire, trois ans avant la catastrophe[1], de l'inégalité d'équilibre des forces françaises et prussiennes, de maudire son aveuglement.

De la grande institution militaire, — le service obligatoire, — qui est de fondation en Prusse et que tous nos adversaires d'aujourd'hui, connus et inconnus, se sont appropriés, nous avons à présent le bénéfice, et c'est à elle que nous devons la part de sécurité qui nous reste derrière nos frontières de plus en plus menacées et presque partout perméables. Mais il ne nous est pas permis de nous endormir sur ce gage de sécurité relative. Je montrerai dans la suite de cette étude, par d'attristantes comparaisons, que nous avons encore à faire beaucoup de sacrifices et d'efforts pour asseoir notre puissance militaire sur les *institutions complémentaires* qu'à l'imitation de la Prusse presque tous les gouvernements se sont données.

Avant d'entrer dans cet examen, je résume brièvement les indications et les réflexions contenues dans les pages qui précèdent.

En France, à dater de l'épopée napoléonienne, *les institutions militaires,* œuvre féconde de la paix, et le travail permanent que leur progression exige, furent remplacés

---

[1] Par la publication du livre : *l'Armée française en 1867.*

par le *culte de la légende*, œuvre brillante mais superficielle des guerres qui venaient de remplir le monde de leur éclat. La *légende* offrait à la nation et à ses armées un excitant spécialement approprié à la vivacité, à la vanité, à la mobilité des imaginations françaises. Elle ne nous permit pas d'étudier, même d'apercevoir, le travail silencieux, continu, opiniâtre, de la Prusse tout entière à la réforme de son état militaire.

Comment, ayant eu de tout temps en cette matière l'habitude et l'attitude du professorat, aurions-nous eu la pensée d'aller à l'école? Nos révolutions, d'ailleurs, avec leurs redoutables conséquences sociales et politiques, disposaient de tout le répit que nous laissaient de longues années de paix!

Ni les hommes d'État, ni les hommes de guerre, — le général Morand excepté[1], — ne cherchèrent à faire pénétrer, dans l'esprit public et dans la loi, le principe de *l'association directe et effective de la nation à l'effort de la guerre*, et le prolétariat seul en resta chargé. La question des armes continua d'ailleurs à être savamment discutée par les écrivains militaires compétents, mais elle n'apparut plus au pays qu'à travers le fracas et l'illusion des grandes revues, des articles admiratifs du journalisme, des ordres du jour emphatiques, « des nombreux et brillants états-majors, » des excès de décorations françaises et étrangères. Par surcroît, pendant longues années, l'attention des gouvernants, des assemblées, de la France entière, fut détournée, même à certains moments absorbée, par la guerre d'Afrique.

La conquête de l'Algérie était une entreprise politique et

[1] Par son livre : *l'Armée selon la charte* (1827), où il montrait la redoutable puissance militaire de la Prusse et ses ambitions sous leur vrai jour, *adjurant la France de chercher le salut de son avenir dans le service obligatoire à court terme*. Quel étonnant effort de prescience!...

militaire du plus haut intérêt national; mais la légende s'en emparait, ardente à surfaire les personnes et les choses, à ce point que l'armée en fut atteinte dans son esprit, dans la simplicité et dans le sérieux de ses habitudes professionnelles, et que fut irrémédiablement faussée, pour plusieurs générations d'officiers, pour le pays, pour son gouvernement, l'optique de la vraie, de la grande guerre.

La France militaire est actuellement en possession de trois institutions qui répondent aux besoins de la guerre moderne :

Le service obligatoire ;

L'état-major général de l'armée (au ministère de la guerre) ;

L'école supérieure de guerre ;

que nous avons empruntées toutes les trois, trop tard pour notre malheur, à nos adversaires.

Pour les autres institutions, nous avons gardé l'outillage qui suffisait ou paraissait suffire à notre ancien état militaire, si complètement différent du nouveau qu'il n'existe plus entre eux aucun point de comparaison.

Il faut considérer que les prochains conflits entre les armées formées par le service obligatoire auront des proportions et exigeront des procédés qui déconcerteront tous les principes et toutes les traditions de la stratégie et de la tactique d'autrefois. Stratégie et tactique seront dominées de très haut par un fait dont les conséquences sur l'issue finale de la guerre seront décisives et que les militaires savants de ce temps pourront déplorer, comme les chevaliers, du temps de François Ier, déploraient l'invention de l'arquebusade; mais il est indéniable. *Ce fait, qui est une révolution dans la guerre, c'est la mobilisation.*

Les armées qui se mobiliseront avec le plus de rapidité et avec le plus d'ordre, attaqueront avec de virtuelles garanties de succès que les armées qui leur seront opposées ne pourront que bien rarement compenser par l'habileté des généraux et la vigueur des troupes.

Quant aux champs de bataille, ils auront trois et quatre fois l'étendue de ceux de l'ancienne guerre, en sorte que les généraux ou chefs n'auront d'action personnelle que sur les troupes qui combattront sous leurs yeux et que, pendant la crise, ils ne seront fixés (malgré les inventions nouvelles de communications rapides) que sur ce qui se passera en avant de leur poste de combat.

Quelles perspectives ouvertes à l'intelligence, à l'initiative de tous les agents du commandement, à la résolution, à la valeur des groupes qu'ils mèneront à l'ennemi !

Les méthodes et les procédés de mobilisation sont donc, au fond, entre toutes les institutions militaires d'aujourd'hui, le grand facteur des guerres à venir, celui d'où le salut des armées dépendra le plus souvent.

Il y en a d'autres dont le caractère, bien que seulement préparatoire, mérite de fixer toute l'attention du gouvernement et de la nation. Je les définirai par leurs noms et par leur but dans les chapitres qui vont suivre.

CHAPITRE X

L'ÉDUCATION MILITAIRE DE LA NATION

Par ce que j'ai dit jusqu'à présent des institutions militaires, qui sont le moteur, et des armées, qui sont l'organisme mécanique, on voit que le moteur me paraît tout à fait insuffisant et que l'organisme, dont le gouvernement et l'opinion se préoccupent trop exclusivement, a encore des progrès à réaliser. Il faut compléter l'un et rectifier l'autre. C'est une entreprise qui ne peut réussir que par l'association des forces de l'État et du pays.

Comment préparer le pays à l'accomplissement de ces devoirs spéciaux? Il me semble indispensable qu'il reçoive un enseignement *ad hoc*, qui pénètre les générations françaises, en commençant par les plus jeunes, de *l'esprit militaire* qu'elles n'ont pas, complétant et équilibrant *l'esprit guerrier* qu'elles ont toujours eu.

L'esprit militaire, c'est une force tranquille, effective, disciplinable, qui est solide et qui dure. J'ai dit que nos adversaires, les Prussiens, avaient la fortune d'en apprendre les mérites dès leurs premiers pas dans la vie.

L'esprit guerrier est une force effervescente, souvent conventionnelle, qui répugne au frein en le subissant, dont le ressort se tend vivement et se détend facilement.

Il est à la fois dans notre tempérament et dans nos traditions.

L'esprit militaire et l'esprit guerrier peuvent l'un et l'autre conduire les nations et leurs armées à la victoire. Seul, l'esprit militaire peut soutenir les nations dans les grands revers, les armées dans les retraites périlleuses après les batailles perdues, et rendre à celles-ci et à celles-là le ressort moral avec l'aptitude aux efforts qui préparent la revanche.

LE CATÉCHISME MILITAIRE

Je voudrais que le département de la guerre, de concert avec le département de l'instruction publique, en vue de faire pénétrer et de propager l'esprit militaire dans le pays, publiât un *catéchisme militaire* à l'usage des écoles primaires et des familles de toute condition.

Que ce vocable de *catéchisme* n'effraye personne. Par lui, j'entends désigner un petit livre qui ne serait ni clérical, ni laïque, ni politique, mais dont l'enseignement obligatoire s'adresserait à tous les enfants du pays. Par demandes et par réponses il leur apprendrait :

« Ce que c'est que la patrie, ce qui lui est dû et quel
« immense intérêt s'attache à sa défense, qui est la défense
« des foyers de toutes les familles françaises ; — comment
« tous les Français valides ayant le devoir des armes, il
« faut que ce devoir soit entendu et comment il faut qu'il
« soit rempli ; — quels travaux, quelles épreuves, quels
« sacrifices l'accompagnent et l'ennoblissent.

« Le livre dirait que le caractère particulier, le haut
« mérite et l'honneur de ces travaux, de ces épreuves et
« de ces sacrifices, c'est leur gratuité ; — que la récom-
« pense de ceux qui meurent pour le pays, c'est Dieu qui

« la donne ; que la récompense de ceux qui survivent, c'est
« le sentiment du devoir public rempli et la conscience des
« services rendus ; — que les chances de la guerre sont
« incertaines et font alternativement des vainqueurs et des
« vaincus ; — que l'une et l'autre fortune ont leurs lois
« spéciales qui obligent les vainqueurs à la modération,
« au respect de l'infortune, au ménagement des populations
« foulées par la guerre ; les vaincus, à la fermeté, à la con-
« stance, à l'union, à la rigoureuse observation de la dis-
« cipline, sans lesquelles les revers du moment deviennent
« d'irréparables défaites. »

Cet aperçu, que je réduis à l'énoncé de quelques-uns des principes qui formeraient la substance du *catéchisme militaire,* suffit à montrer que son enseignement, au contraire de celui qui a cours en France, ne fait aucune place au *ruban* et au *galon,* considérés comme la compensation des risques de la guerre ou la récompense des actes de courageux dévouement.

Cet enseignement est plus profond et plus vrai. Il comprend non seulement le devoir militaire, mais une part du devoir social et même du devoir politique. Il apprend, en effet, aux jeunes générations le désintéressement, l'esprit de sacrifice, les respects. Ne sont-ce pas les antidotes qu'il faut opposer à l'empoisonnement moral d'une société énervée par la jouissance, troublée par l'esprit d'insubordination et par les compétitions de l'intérêt personnel qui dessèche les âmes et qui, nous l'avons vu, exploite tout, même les malheurs de la patrie ?

Le catéchisme militaire deviendrait dans toutes les écoles primaires de France, dans les classes élémentaires de tous les établissements d'instruction publique (lycées, collèges libres, écoles professionnelles, etc.), le formulaire d'une éducation virile et patriotique dont il n'existe pas trace dans les programmes de nos maisons scolaires. Pour les classes moyennes et supérieures, de petits traités complémentaires élèveraient graduellement cet enseignement à la hauteur voulue par l'âge et par le degré de culture intellectuelle des élèves. Catéchisme et traités, formant un code de préparation et d'initiation obligatoires pour toute la jeunesse française, pénétreraient dans les familles. Le pays arriverait ainsi à envisager, dans un esprit nouveau, les principes et les règles de la profession des armes, sous les aspects vrais, sérieux, sévères, qui lui sont propres.

Les fictions, les exagérations, les admirations, les éblouissements de la légende, qui firent dans le passé tant de dupes et tant de victimes en remplissant les cœurs de vanités si bruyantes et d'illusions si dangereuses, disparaîtraient remplacés par *des doctrines et des facultés militaires effectives*. Peut-être même serait-il permis d'espérer que pendant et après chacune de nos prises d'armes, on ne vît plus le journalisme exalter tant de grandes actions et tant de héros dont les mérites sont souvent surfaits par l'habileté des intéressés et par les passions qui s'agitent autour de la guerre.

LES FAMILLES MILITAIRES

Je me propose de faire ressortir ici l'une de nos erreurs les plus graves au point de vue de l'extension de l'esprit militaire dans le pays, et l'un de nos manquements les plus dommageables à la qualité, à la solidité des cadres du haut et du bas (officiers et sous-officiers) dans l'armée.

Dans un temps où la civilisation a fait pénétrer au sommet social le raffinement; au milieu, le confort; au bas, des préoccupations de plus en plus accusées de bien-être ; où le commerce, l'industrie, le savoir-faire ont ouvert aux plus habiles, aux plus heureux, souvent aux plus osés, le chemin du succès..., il est plus difficile qu'autrefois de trouver de bonnes gens qui se vouent par tradition et par goût à la carrière des armes. Presque tous n'y entrent que parce que la loi le veut.

Là cependant, comme ailleurs, la fortune aveugle chemine sur sa roue, exaltant ceux-ci, écrasant ceux-là ; mais son évolution dans l'armée offre un caractère particulier. Elle permet aux favorisés d'atteindre à des positions enviables, brillantes quelquefois, lucratives jamais. Et puis, le risque, — un risque que le commun des hommes n'envisage pas tranquillement, quoi qu'on dise, — est toujours à côté de l'effort. La plupart des familles d'aujourd'hui gardent d'ailleurs et se transmettent le souvenir douloureux, trop souvent accablant, des sacrifices qu'elles ont faits pour les guerres incessamment renouvelées, et presque toujours insensées, du siècle. Elles prémunissent leurs enfants contre des perspectives de poésie et de gloire derrière lesquelles elles aperçoivent des perspectives d'invalidité, de mutilation et de mort.

A ce sujet, je place incidemment ici quelques réflexions que je m'étonne de ne pas rencontrer dans l'œuvre des statisticiens qui nous montrent que le chiffre de l'indigénat français augmente à peine, et tend à devenir stationnaire, pendant que la population de presque tous les États de l'Europe s'accroît dans des proportions de plus en plus considérables.

Ils cherchent l'explication de cette infériorité, si menaçante pour l'avenir de la France, dans des considérations de morale sociale dont je ne conteste pas la valeur. Mais je dis que parmi les causes, quelles qu'elles soient, de cette détente dans le ressort de la natalité française, nos guerres incessantes et destructives de 1792 à 1870, figurent pour une part très importante dont on ne veut pas tenir compte parce qu'elle porte avec elle un avertissement douloureux.

Sait-on qu'en ajoutant aux statistiques officielles (supposées sincères) des morts du champ de bataille, des ambulances, des hôpitaux, les statistiques des morts par épuisement dans leurs familles après la guerre, des infirmes et des mutilés, on arrive à cette accablante conclusion :

« Que dans la courte période précitée, la guerre a sup-
« primé ou invalidé *plusieurs millions* de reproducteurs
« à peu près tous dans la force de l'âge et prélevés sur
« l'élite virile du pays, qui auraient été pour la plupart,
« chacun dans une famille, la souche de plusieurs généra-
« tions supprimées avec eux! »

Voilà ce qu'ont coûté à la race française, — quantité et qualité, — les tueries sans intermittence du premier empire après celles de la république, les tueries périodiques du second empire, et dans l'intervalle, pendant vingt ans, la guerre permanente de la conquête algérienne, poursuivie de 1840 à 1850 par une armée de cent mille hommes soumis aux plus durs travaux et à une effrayante mortalité !

Aucune nation au monde, de bien loin, n'a subi, dans le même espace de temps, de tels sévices. J'ai dit que les statisticiens n'y pensaient pas. J'ajoute que la France n'y pense plus, mais les mères françaises y penseront toujours.

Je reviens aux *familles militaires* pour constater qu'il n'y en a presque plus. Le pays pendant longtemps en a compté beaucoup qui restaient étrangères aux calculs, aux spéculations, aux appréhensions dont j'ai parlé. Héréditairement vouées au service militaire, elles étaient une ressource précieuse pour l'armée. Celles qui étaient en situation d'y faire entrer leurs enfants par les écoles leur ouvraient la carrière par la voie des concours, les autres par la voie de l'engagement volontaire et du rengagement, peuplant nos régiments de sujets qui entraient dans la formation des cadres (officiers originaires du rang, sous-officiers), et de tous les éléments constitutifs permanents des corps de troupe (musiciens, chefs-ouvriers, ouvriers).

Tous ces jeunes gens avaient dès leur enfance recueilli dans leurs familles, avec les directions nécessaires, le goût de la carrière qu'ils embrassaient. Ils avaient ce que j'appelle *la vocation transmise,* la seule ordinairement qui ait la fixité et la durée, la seule qui résiste aux déceptions, aux dégoûts, aux épreuves qu'il faut à certaines heures subir dans toutes les professions.

Sous le régime du service obligatoire pour tous, nos écoles verront affluer des candidats; mais combien auront *la vocation transmise,* alors que les familles militaires disparaissent tous les jours ? Elles disparaissent, détruites en tant qu'esprit et traditions, par la profonde indifférence de la législation et de l'État pour les intérêts qu'elles représentent, bien plus que par les aspirations pour les carrières civiles productives, qui ont pénétré l'ensemble de la population.

Que font pour les familles militaires d'officiers la législation et l'État? Voici un officier général, un officier supérieur, un capitaine, chefs de familles dont les mâles, élevés pour ainsi dire au milieu des troupes et en vue du drapeau, n'inclinent pas ordinairement vers le commerce, l'industrie ou les emplois publics civils. Ils sont sans fortune selon la règle commune à la plupart des officiers français. Leur carrière touche à sa fin, et quand l'heure de la retraite sera venue, leur existence sera difficile, peut-être disputée. Ils sollicitent pour leurs enfants une bourse, une demi-bourse, une marque de la sollicitude de l'État.

Il faut d'abord qu'ils se résignent, — non sans combat, je pense, avec un légitime sentiment de dignité personnelle et professionnelle, — à demander un vote approbatif aux conseils municipaux de leurs résidences. Ces conseils n'étant pas juges des services rendus par les impétrants, c'est en fait à *l'obtention d'un certificat d'indigence* que se réduit leur instance! Et qui pourrait croire que là comme ailleurs, peut-être plus qu'ailleurs, la politique n'eût sa part d'influence sur le jugement attendu?

Pour introduire dans l'armée les enfants des familles militaires et des familles civiles, la France n'a encore aujourd'hui que le pauvre contingent d'écoles dont elle disposait avant l'immense extension qu'elle a donnée, qu'elle donne tous les jours à son état militaire. Les familles de sous-officiers et de soldats n'ont, pour le placement de leurs enfants, que l'institution régimentaire *des enfants de troupe*, qui est un contresens militaire autant qu'un contresens moral. Quelle déplorable indigence[1]! Je montrerai dans la suite de cette étude que la Prusse a donné pour base à son état militaire des fondations scolaires largement ouvertes aux *familles militaires de toute condition*, dont l'importance est *décuple* de celle de nos établissements similaires[1].

Notre société, tout entière à ses théories et à ses expériences démocratiques, devrait être tout entière à la pensée de l'isolement qu'elles lui font dans le monde monarchique

---

[1] La suppression des enfants de troupe à la suite des régiments, et la création de quelques écoles à leur usage, ont amélioré cette situation.

européen. Pour la défense de ses principes, de ses frontières et de ses foyers, il ne suffit pas qu'elle ait constitué d'innombrables armées. Il importe de considérer qu'elles ont à un bien plus haut degré que les armées d'autrefois, qui étaient peu nombreuses et formées de soldats rompus au métier, besoin *de direction et d'encadrement.* Ces deux forces, direction et encadrement, leur seront plus spécialement apportées par les familles qui consacrent leurs enfants au drapeau pour la plus grande part de leur vie.

Faites des familles militaires en les honorant, en soutenant celles qui ont besoin d'assistance, en rendant facile à toutes l'accès de vos écoles, qui, vous ne tarderez pas à le reconnaître, sont absolument insuffisantes pour répondre aux besoins de l'énorme organisme militaire dont vous cherchez à condenser les éléments. D'autres créations sont indispensables pour assurer l'entretien des cadres supérieurs et le commandement. Mais c'est surtout pour le recrutement des cadres inférieurs que de coûteux et persévérants efforts doivent être faits. J'expliquerai leur nature et leur but dans un chapitre où je traiterai l'importante question des établissements d'éducation militaire.

L'ÉDUCATION CIVIQUE DE L'ARMÉE

Dans l'ancienne armée, l'enseignement auquel les jeunes soldats étaient assujettis pendant leur noviciat et après, se réduisait au *dressage professionnel.* C'était une succession de leçons théoriques et pratiques dont le but unique et le résultat étaient de faire des soldats *rompus au métier,* comme on disait autrefois. Ce qui, en effet, est aujourd'hui *l'obligation de tous,* était dans ce temps-là *le métier de quelques-uns.*

Que ce mode d'initiation ait suffi ou paru suffire, à une époque où nos régiments ne comptaient que des soldats désignés par le sort et des soldats produits du remplacement ou de l'exonération, on peut se l'expliquer par l'infériorité de la moyenne d'intelligence, de culture, d'élévation de sentiments, qu'offraient des armées ainsi constituées.

Est-il possible que cette éducation purement technique et, pour tout dire, purement mécanique, se continue dans des armées où pendant la paix, et encore plus pendant la guerre, toutes les classes de la société française sont représentées?

Le dressage, je le reconnais, est aussi important qu'autrefois, peut-être plus important, en raison de la réduction qu'a subie et que subira encore la durée du service. Mais le dressage ne doit-il pas être accompagné d'un enseignement civique en rapport avec le complément de facultés morales et intellectuelles qu'apporte à la nouvelle armée la loi qui associe dans le rang les riches et les pauvres, les lettrés et les illettrés, à la défense du pays?

Il faut créer le professorat qui, dès l'arrivée au corps des jeunes soldats, fasse pénétrer dans leurs esprits, encore ouverts à toutes les bonnes impressions, les principes d'obéissance, de dévouement, de sacrifice, qui les prépareraient aux grands devoirs de leur état dans la paix et dans la guerre. Cet enseignement régimentaire de civisme et de patriotisme serait la continuation et l'application de celui dont j'ai proposé l'adoption, pour l'enfance et pour la jeunesse, par tous les établissements d'instruction publique.

Où en serait l'école, et comment en constituer le professorat?

Les armées se composent, en principal, de grandes fractions organisées qui sont : le corps d'armée, la division, la brigade; et de moindres qui sont dans les trois armes : le régiment, le bataillon, *la compagnie, l'escadron, la batterie.*

Ces trois dernières, les seules que je considère ici, sont numériquement très limitées. Les individualités qui forment leur personnel sont destinées à vivre, à apprendre, à travailler ensemble dans la paix, à marcher, à endurer, à combattre ensemble dans la guerre.

Dans le premier cas, ces hommes sont liés par la communauté des besoins, des habitudes, des intérêts, d'où naît la camaraderie de la chambrée.

Dans le second cas, ils sont les seuls que le combat rapproche assez étroitement les uns des autres pour que soit effective l'assistance mutuelle d'où naît la confraternité du champ de bataille.

Chacun de ces groupes est plus qu'une unité militaire, c'est une famille militaire, dont tous les membres parlant de leur compagnie, de leur escadron ou de leur batterie, disent *chez nous,* comme les bourgeois disent *à la maison.*

De cette unité, qui est le point de départ de l'instruction technique et de l'administration comptable (troupes) de l'armée tout entière, nous n'avons pas jusqu'à présent utilisé la puissance d'initiation, si propre à en faire le centre d'une forte éducation civique militaire. Voilà notre école trouvée, et notre professeur l'est du même coup, c'est le capitaine-commandant, assisté des officiers dont la hiérarchie fait ses moniteurs auxiliaires, entouré de ses sous-officiers et de ses soldats.

Je signale ici, en passant, l'une des plus graves erreurs de l'esprit public et de l'armée elle-même. Le grade et la mission du capitaine sont généralement tenus pour inférieurs. *On croit qu'il n'y a aucun péril à ce que de très médiocres officiers deviennent capitaines, à la condition que leur carrière soit arrêtée là,* et c'est de ce dangereux sentiment que se sont inspirés les auteurs de notre loi sur l'avancement *qui est à refaire en entier.*

Le grade n'est pas, ne peut pas être supérieur, mais la mission ! Il n'en est pas qui exige plus d'aptitudes diverses, comme la capacité professionnelle technique, la fermeté avec la bienveillance, la droiture avec l'esprit de justice, l'assiduité avec l'esprit d'ordre, enfin les facultés naturelles et les qualités acquises qui sont nécessaires à un officier dont le rôle, — spécial et presque unique entre tous ceux de l'échelle hiérarchique, — est d'être tout à la fois *directeur, éducateur et tuteur.*

Pour l'accomplissement de ce triple mandat, ces officiers devraient avoir *l'entière responsabilité* de l'éducation civique, de l'instruction technique, de la discipline, de l'administration de leur troupe, *avec un degré proportionnel d'initiative et de liberté dans le choix des moyens.*

A l'ensemble de ces propositions dont le caractère émancipateur heurte de front nos plus vieilles et plus chères traditions, je sais que les conservateurs militaires opposeront les objections que les conservateurs politiques opposent à la décentralisation. Ils diront, ce qui est vrai, que mon but est de soustraire à la tutelle qui les gêne, non seulement les capitaines, mais tous les dépositaires du commandement, en leur attribuant des pouvoirs plus étendus avec des responsabilités proportionnelles, *et que c'est là une révolution.* Ils diront encore que de ces responsabilités, beaucoup de nos officiers, de nos capitaines notamment, sont hors d'état de porter le poids.

Comme aux conservateurs politiques, je réponds aux conservateurs militaires que, si pour réaliser un progrès nécessaire il y a des risques à courir, on doit les aborder résolument, et que si les instruments font défaut, on doit les faire patiemment.

Pour les faire, il faut, l'œuvre décidée, la commencer avec les instruments qu'on a. Ils se transforment et on les transforme avec le temps. Connaît-on dans l'histoire des nations et des armées une seule grande réforme dont les débuts n'aient été entravés par de sérieuses difficultés? Sans doute, pour que les innovations dont je cherche à prouver la valeur aient leur entier effet, il faudra qu'une autre génération ait succédé à celle qui est à l'œuvre et qui se débat péniblement entre les habitudes ou les intérêts du passé et les besoins de l'avenir. Est-ce une raison pour que nous y renoncions, en nous cantonnant dans des traditions vieillies et qui sont en contradiction avec les progrès dont toutes les armées de l'Europe s'efforcent de bénéficier?

LA DISCIPLINE ET L'ÉMULATION DANS L'ARMÉE

Les effets généraux de l'éducation obtenus dans l'armée, comment en assurer la solidité et la durée? Par un meilleur emploi des forces morales dont le commandement dispose pour remplir sa mission auprès des troupes.

Pour assujettir à l'obéissance et à la règle les masses hiérarchisées, il y a trois moyens :

La répression du mal par le châtiment;

L'encouragement au bien en provoquant l'émulation dans ce sens;

L'emploi simultané et convenablement pondéré de ces deux méthodes.

Les formes de la répression par le châtiment, depuis l'emploi des verges et l'exposition sur le cheval de bois dans l'armée d'avant la révolution, ont toujours été en s'adoucissant dans la mesure des progrès que le pays, répudiant le racolement et le mercenariat, faisait vers la création d'une armée exclusivement nationale. J'ai encore vu dans ma jeunesse les *conscrits,* comme on les appelait alors, traités pendant le dressage avec une rudesse qu'assurément leurs successeurs dans l'armée du service obligatoire n'accepteraient pas.

Aujourd'hui, le noviciat des jeunes soldats, entourés de beaucoup de bienveillance, est facile ; mais *la répression par le châtiment,* dans une armée dont la composition s'est si profondément transformée, reste le moyen principal, je pourrais dire unique, du commandement, pour assurer la discipline et l'observation de la règle.

Si, *dans l'ignorance de nos habitudes régimentaires, on jugeait de l'équilibre disciplinaire de la plupart des corps de troupe par l'étude des registres de punitions qui sont surchargés à surprendre, on pourrait croire que cet équilibre est gravement compromis.* Ce n'est qu'une apparence.

Ce système de gouvernement des soldats, — en tant qu'exclusif, — ne devrait pas survivre à l'ancienne armée. Nos régiments continueront-ils à voir l'accumulation quotidienne, dans ces réduits infects et sans air qu'on appelle *les salles de police,* de jeunes hommes coupables de manquements véniels ? Le temps n'est-il pas venu pour le commandement de grandir ses subordonnés à leurs propres yeux, et de se grandir lui-même en leur apprenant le devoir par des procédés plus efficaces et plus dignes ?

Dans ma pensée, le mode de répression par l'emprisonnement collectif pour les fautes de tous les jours est devenu un contresens, comme autrefois le mode de répression par les coups. Il faut le réserver pour les sujets jugés incurables. Il faut le remplacer, pour les autres, par des punitions dont le caractère réveille dans leur esprit le sentiment du devoir avec la honte d'y avoir manqué. Quel est le plus sûr moyen d'obtenir ce double résultat ?

C'est d'associer l'opinion à la répression, de solidariser l'honneur des coupables avec l'honneur des groupes dont ils font partie. Pour les fautes légères, la réprimande en présence des chefs du délinquant suffirait le plus souvent. Les fautes graves seraient dénoncées et condamnées devant la compagnie, le bataillon, le régiment, selon la gravité des cas. Ainsi la leçon serait collective et profiterait à tous. Les sévices de l'incarcération seraient réservés aux récidivistes. Enfin les incorrigibles, dont la présence au corps ne devrait jamais être tolérée parce qu'ils sont un péril, seraient dirigés sur les compagnies disciplinaires d'Afrique.

On voit qu'entre les trois moyens auxquels il faut recourir pour former les corps de troupe à la discipline, je recommande celui qui consiste dans l'emploi combiné de la répression du mal par les procédés dont je viens d'indiquer le principe, et de l'émulation dans le bien.

C'est une vérité dont la démonstration serait superflue, que l'homme appelé à en conduire d'autres, qui sait leur inspirer l'émulation et s'appuie, pour l'accomplissement de son mandat, sur cet énergique et noble sentiment, montre par cela seul qu'il est digne et qu'il est capable de commander. Je fais au commandement, dans l'armée française, le reproche de ne pas s'en servir.

A l'émulation dans le sens du respect de la règle, je voudrais voir joindre l'émulation dans le sens de l'encouragement aux travaux régimentaires de tous les jours. Il faut d'abord que les dépositaires du commandement manifestent personnellement et publiquement un vif et constant intérêt pour les résultats attendus, et que leur présence comme leur parole soient pour les travailleurs la marque certaine de cet intérêt.

Parmi ces travaux, il y en a dont l'importance est considérable, par exemple, dans l'infanterie, le tir, la gymnastique, etc. Pourquoi les efforts qu'ils comportent ne sont-ils pas primés?

Il ne peut être ici question d'une prime de payement. Il s'agit de cette prime d'encouragement qui, si minime qu'elle soit, devient, pour les hommes réunis en vue d'un travail obligatoire, l'excitant de l'intérêt et de l'ardeur.

« Une compagnie d'infanterie est réunie pour les exer-
« cices de gymnastique. Il s'agit de courses de vitesse. La
« première est menée vivement parce qu'elle est dans la
« nouveauté ; la seconde est froide, la troisième est ennuyée.
« Le colonel qui passe s'arrête aux coureurs, et sa présence
« est un premier stimulant. Il annonce une prime, —
« quelques cigares, par exemple, — aux premiers arrivés.
« A l'instant, l'*exercice* devient un *concours* qui a des
« règles et qui a des juges. Les hommes se raniment et on
« les voit préparant leurs facultés. Au signal, ils partent
« comme une trombe, et dans un entrain indescriptible
« ils se précipitent vers le but. »

La création de ces primes, à la fois très innocentes et très utiles, n'accablerait pas le budget de la guerre, car le nombre et la variété de celles dont le commandement dispose pour l'encouragement des travailleurs sont à l'infini dans le domaine régimentaire. Il y a toute l'échelle des permissions d'absences, des exemptions d'exercice, de corvée, de théorie, etc., enfin l'ensemble des grandes, moyennes et menues faveurs dont l'autorité militaire peut attribuer le bénéfice aux hommes qui l'ont mérité.

Au cours d'une carrière militaire active, comprenant dix-sept ans de généralat et dix ans d'inspection générale de l'infanterie qui avaient fait passer sous mes yeux plus de la moitié des régiments de cette arme, *je n'en ai ren-*

contré qu'un seul où eussent été expérimentés les principes d'éducation et de gouvernement des troupes que je recommande à l'attention des chefs de la nouvelle armée.

Les résultats en étaient prodigieux.

Ce régiment, — le 39ᵉ de ligne, colonel Comignan, — très fortement discipliné et très entraîné, ne présentait pas, comme tous les autres, à l'inspecteur général le trompe-l'œil de quelques groupes de tireurs habiles, de gymnastes exercés, de danseurs bien dressés. *Tout le régiment excellait dans ces divers exercices.*

En 1872, au cours de la discussion sur la réorganisation de l'armée, cherchant à pénétrer l'Assemblée nationale de l'ensemble des vues que je réédite ici, j'invoquais ce souvenir du 39ᵉ de ligne considéré comme un corps modèle, et je disais :

(Extrait du *Journal officiel* du 7 juin 1872.)

« ... Le lendemain, un bien plus grand étonnement
« m'attendait. Le régiment fut amené par pelotons dans les
« vastes fossés du château de Brest. Il y avait là une
« escarpe de quarante-cinq à cinquante pieds de hauteur,
« à pierres lisses. Du haut de l'obstacle pendaient des
« cordes à nœuds et tous les appareils de gymnastique avec
« lesquels on fait l'escalade. Devant chaque peloton, *tous*
« *les jeunes officiers du régiment*, en tenue de gymnase,
« se tenaient prêts. Les tambours, la caisse sur le dos,
« étaient en tête des colonnes. D'autres tambours, réservés
« *ad hoc*, battirent la charge.

« J'étais dans un grand émoi, m'imaginant qu'il y aurait
« des morts et des blessés, car l'obstacle était effrayant.
« En une demi-heure, sans aucun accident, tout le régi-
« ment était logé là-haut.

« Voilà un effort généralisé, tout à fait extraordinaire.
« *Il avait été obtenu par l'initiative personnelle et persévé-*

« *rante, par le travail et par l'émulation dans le travail,*
« que le chef de corps avait su inspirer. »

Le colonel du 39° d'infanterie, originaire du rang, avait tiré de son propre fonds, de sa vieille et solide expérience, les principes et les méthodes d'application auxquels étaient dus les étonnants succès qu'avec beaucoup de simplicité et de modestie il soumettait à mon jugement.

Je l'avais vu autrefois dans la tranchée, devant Sébastopol, faire vaillamment son devoir. Je fis le mien en montrant au ministre que le colonel Comignan, bien que touchant à la limite d'âge, méritait de voir sa laborieuse carrière couronnée par le généralat. Il fut promu, et personne ne s'étonnera, je pense, que je donne ici un souvenir à cet humble et très inconnu serviteur du pays, qui avait les facultés et la science du commandement à un degré auquel n'atteignent pas beaucoup des généraux qu'illustrent aujourd'hui, à tort et à travers, la politique et le journalisme.

Quels seraient, pour l'armée française, les résultats de cette éducation nouvelle dont je crois avoir prouvé l'importance, défini le but et tracé brièvement le programme?

Il me semble raisonnable d'espérer que lorsque de solides principes auront remplacé les illusions et les vanités de la légende, sans effacer ses gloires; lorsque des méthodes rationnelles de préparation des soldats, avec le puissant stimulant de l'émulation, auront succédé aux pratiques routinières de dressage dans lesquelles nous nous renfermons, l'indifférence dans l'esprit des troupes fera place à l'ardeur, le relâchement au travail productif, les apparences aux réalités. Les cœurs seront plus chauds et les âmes plus hautes. L'armée française de l'avenir, *plus soucieuse de mériter l'estime et le respect du pays que d'obte-*

nir ses louanges, sera devenue un puissant instrument de régénération sociale.

Cette espérance de régénération sociale par l'armée n'est pas dans mon esprit une vague aspiration philosophique. Je l'exprime avec réflexion et je veux la justifier.

Si l'on considère l'état présent de la nation, les divisions, les défiances, les passions qui l'agitent du haut en bas et qui ne semblent pas près de s'apaiser, il est permis de dire que l'*indiscipline* est l'obstacle principal auquel se heurtent les efforts des gouvernants, des législateurs, des réformateurs, pour rétablir l'ordre et le concert, pour rendre le pays à l'équilibre et à la paix.

De toutes les corporations qui existent en France, sous quelque forme et pour quelque but que ce soit, l'armée est peut-être la seule aujourd'hui où les hommes investis de la direction ne rencontrent pas, pour l'exercer, l'opposition et la lutte. Ils ont à la fois le devoir et le pouvoir de se faire écouter et de se faire obéir. C'est une grande force, une force dont je vais démontrer que l'effet utile, envisagé au point de vue social, sera tout autre dans l'armée nouvelle que dans l'ancienne.

Que devenaient, au régiment et à leur sortie du régiment, les jeunes soldats désignés par le sort et les remplaçants qui formaient, avec un nombre très restreint d'engagés volontaires, nos effectifs d'autrefois? Les premiers, ouvriers ou cultivateurs, — ceux-ci en très grande majorité, — n'avaient plus rien à apprendre après trois ans de service accomplis, devant encore à l'armée quatre ans, pendant lesquels beaucoup cédaient aux entraînements de la vie de garnison prolongée.

Les ouvriers désapprenaient leur état, perdaient leurs aptitudes manuelles, et, libérés, abandonnaient souvent leur profession pour vivre à l'aventure, ne pouvant se résoudre à subir à l'âge de vingt-huit ans l'obligation d'une sorte de nouvel apprentissage.

Les cultivateurs, accoutumés par ce long stage régimentaire à la vie facile de la caserne et de la ville, supportaient mal la pensée de la rude existence et des labeurs sans trêve qui les attendaient aux champs.

Les uns et les autres, en nombre toujours croissant, se fixaient dans les grands centres, loin de la famille et du foyer, en quête, par de continuels changements de condition et d'état, du pain quotidien. Quant aux remplaçants, ils avaient pour toujours déserté le village ou l'atelier. Ils étaient virtuellement déclassés, et beaucoup parmi les plus âgés se faisaient, vis-à-vis des jeunes soldats, professeurs de déclassement.

Par ce tableau, dont je n'ai pas chargé les couleurs, on voit que l'ancienne armée était elle-même, à l'égard de l'ensemble de la population, par la succession de ses libérations annuelles, un instrument de déclassement.

L'armée nouvelle, transformée par les principes et par les méthodes d'une éducation supérieure, recevra chaque année les jeunes gens qu'elle a la mission de préparer aux devoirs et aux travaux de la défense nationale. Elle les pliera à l'obéissance, en leur enseignant le respect et la solidarité patriotique. Elle rendra périodiquement à la famille, aux professions libérales, aux professions ouvrières, à l'agriculture, ces enfants des riches et des pauvres qui, confondus dans le rang, y auront pratiqué la véritable égalité et appris la véritable fraternité.

Comment douter des effets de redressement social, dont ces échanges permanents entre la nation et son armée feront bénéficier les générations futures?

A la vérité, aujourd'hui (1879), une part de la jeunesse

française doit le service militaire pour un temps trop long, une autre part pour un temps trop court. Je me persuade que la loi, revenant sur cette erreur, supprimera le tirage au sort, modifiera les conditions de la libération, et voudra que tous les citoyens passent *effectivement* sous le drapeau. Je dirai plus loin comment j'entends cette rectification que je crois facile, à la condition que le volontariat d'un an, — garantie des professions libérales, et pépinière de sous-officiers, même d'officiers, la guerre survenant, — garde sa place dans cette évolution législative, conjointement avec les immunités qu'exige impérieusement le recrutement de quelques carrières spéciales.

Ces vues ne tendent à rien moins qu'à faire de l'armée française *l'école de la discipline nationale,* et pour dire toute ma pensée et tout mon espoir, l'école régénératrice de l'esprit public détruit par nos révolutions. C'est alors seulement que le gouvernement de la France, quel qu'il soit, pourra prétendre à l'équilibre et à la durée.

Le personnel créateur de cet avenir existe partiellement dans l'armée. Il s'y multipliera quand les jeunes officiers d'aujourd'hui, qui échappent, par leur âge et par les douloureux enseignements de l'histoire militaire contemporaine, à la tyrannie des traditions et de la légende, seront devenus dirigeants.

CHAPITRE XI

LES ÉTABLISSEMENTS D'ÉDUCATION MILITAIRE (ÉCOLES)[1].

En tout temps, le commandement et les cadres ont eu dans la constitution et dans la conduite des armées un rôle considérable. Aujourd'hui qu'elles sont infiniment plus nombreuses et ne se composent que de soldats qui passent sous le drapeau sans s'y arrêter, il y a pour le commandement surcharge de devoirs comme de responsabilités, et les cadres sont devenus autour des troupes des forces de direction, d'appui et de propulsion dont, à la guerre, l'action est de l'importance la plus haute.

Les officiers généraux et supérieurs représentent le commandement proprement dit.

Les officiers de compagnie, d'escadron, de batterie, bien qu'agents de commandement, sont en contact permanent avec la troupe, et ils forment ce que j'appelle les cadres de direction ou supérieurs.

Les sous-officiers, caporaux et brigadiers, en contact immédiat et personnel avec la troupe, forment les cadres inférieurs.

---

[1] Reproduction abrégée des considérations que j'ai présentées sur le même sujet dans mon livre : *l'Armée française en 1879*, par un officier en retraite.

Le commandement et les cadres supérieurs devraient avoir pour origine les établissements d'éducation militaire, et parmi ces établissements plusieurs, — qui sont à créer, — devraient concourir pour une part à la constitution des cadres inférieurs.

Emportés après nos désastres par la fièvre patriotique, et poussés par les événements, nous avons fait l'énorme effort, pour rendre nos forces égales à celles de nos adversaires, de former d'emblée dix-neuf corps d'armée, de reconstituer la totalité de notre matériel de guerre, de couvrir le territoire de places fortes.

On allait ainsi au plus pressé, et cet entraînement, peut-être excessif, s'explique de lui-même; mais il a eu cette conséquence grave que, budgétairement, nous ne sommes plus en mesure de donner à cet immense appareil de guerre une base et des moyens de renouvellement en rapport avec ses proportions et sa puissance.

Entre tous ces moyens, ceux qui importent peut-être le plus, et qui suffisent certainement le moins, ce sont les établissements d'éducation militaire. J'ai déjà dit quelques mots de notre indigence sur ce point. Je la fais ressortir par voie de comparaison avec la richesse de la Prusse, dont la situation, quant au nombre de ses écoles, à l'ampleur et à la solidité des vues qui ont présidé à leur organisation, enfin aux résultats qu'elles donnent, est la plus forte en même temps que la plus ancienne de l'Europe militaire.

Nous pourrons opposer à nos adversaires autant de bataillons, d'escadrons, de batteries qu'ils en ont. Bien des années s'écouleront avant que nous ayons fondé, en France, l'inépuisable pépinière scolaire d'où sortent, merveilleusement préparés, les sujets qui forment dans l'armée prussienne le personnel du commandement, des états-majors, des cadres supérieurs et inférieurs.

Encore ne puis-je faire entrer dans cet aperçu que des

documents qui, rigoureusement officiels, sûrs par conséquent, s'arrêtent à l'année 1870. Mais par ce qu'étaient les écoles militaires de la Prusse au moment où éclatait la dernière guerre, on peut juger de ce qu'elles doivent être aujourd'hui, de ce qu'elles seront dans l'avenir, quand l'organisme militaire prussien aura reçu tous les développements que méditent et que réalisent déjà les hommes d'État de ce pays.

LES ÉCOLES MILITAIRES PRUSSIENNES D'OFFICIERS EN 1870

Six écoles de cadets (en province). Comparables à notre unique établissement similaire, le Prytanée militaire de la Flèche.

L'école supérieure des cadets (à Berlin). D'importance égale à celle de notre école militaire de Saint-Cyr, avec cette différence considérable que ses élèves ne sont nommés officiers qu'après un stage préparatoire régimentaire, suivi d'une année d'études dans une école de guerre.

Sept écoles de guerre. Réparties sur tout le territoire. Les futurs officiers, *sans distinction d'armes,* y reçoivent un complément d'instruction théorique et pratique généralisée avant d'être promus lieutenants en second (sous-lieutenants). Nous n'avons, en France, aucune école similaire.

Écoles spéciales de l'artillerie et du génie. Analogues aux nôtres. Elles reçoivent les lieutenants en second sortant des écoles de guerre qui se destinent à l'artillerie, au génie, et dont les aptitudes ont été constatées par les inspecteurs généraux de ces deux armes.

Institut militaire d'équitation (à Hanovre). C'est moins une école de cavalerie qu'une école normale d'équitation militaire où des officiers et sous-officiers, détachés des régiments de cavalerie et d'artillerie, sont formés à des méthodes et des pratiques spéciales qu'ils ont mission de propager dans leurs corps.

Académie de guerre (École supérieure de la guerre (à Berlin). C'est là que sont préparés, après des examens rigoureux, à toutes les fonctions qui sont directrices ou qui sont auxiliaires de la direction dans l'armée, des officiers de choix comptant au moins trois ans de grade d'officier.

En supprimant notre école d'application d'état-major, qui ne répondait plus aux besoins de l'armée nouvelle, nous avons emprunté à la Prusse son École supérieure de la guerre. C'est une excellente création, dont les effets sur la préparation et sur la conduite des guerres à venir montreront que nous avons été bien inspirés en nous l'appropriant.

Pour compléter cette énumération des voies et moyens par lesquels l'État prussien pourvoit au recrutement de ses corps d'officiers, il me reste à définir la situation d'une catégorie spéciale de candidats, qui portent le nom d'*avantageurs*. Ce sont des jeunes gens qui ont fait de bonnes études, qui sont en possession de leurs diplômes universitaires et qui déclarent, en entrant dans l'armée, *qu'ils se destinent à l'état d'officier*. Ils servent dans le rang avec quelques privilèges particuliers, s'élèvent dans la hiérarchie inférieure jusqu'au grade de *porte-épée Fœhnrich* (analogue à celui *d'enseigne* dans les anciennes armées), et après avoir satisfait à de sérieux examens sont admis à l'une des écoles de guerre, dont ils sortent lieutenants en second.

Il est difficile d'imaginer une institution plus solidement et largement conçue, plus libérale au point de vue de l'intérêt des familles, que l'institution du corps des cadets.

Bien que militaire, elle forme pour toutes les carrières

des sujets qui lui doivent le bienfait d'une éducation disciplinée. Le prix de la pension ne dépassait pas mille francs en 1870, et la règle admettait les officiers en activité de service qui étaient sans fortune, à n'en payer que la moitié. On estime, en Prusse, que près des deux tiers des familles dont les enfants entrent dans le corps des cadets, reçoivent, sous des quotités variables, des portions de bourse. La concession des bourses entières est infiniment rare en vertu de ce principe très élevé que l'État, par une assistance d'autant plus étendue qu'elle est plus fractionnée et mieux graduée, s'associe mais ne veut pas se substituer complètement à la famille pour l'effort qu'elle a le devoir de faire.

En suivant ces jeunes hommes depuis le jour de leur entrée aux écoles de cadets jusqu'au jour où ils sont nommés deuxièmes lieutenants, on reste frappé de la diversité des preuves d'instruction scolaire et professionnelle qu'ils sont tenus de faire pour obtenir cette promotion. En voici la succession :

1° Examens pour passer de l'école de début à l'école supérieure des cadets de Berlin ;

2° Examens pour en sortir *avec le certificat de capacité scolaire;*

3° Stage régimentaire avec le titre de *porte-épée,* sans grade effectif, puis avec le grade de *porte-épée Fœhnrich* (enseigne);

4° Examens pour passer du service régimentaire aux études générales de l'une des *écoles de guerre;*

5° Examens pour en sortir *avec le certificat de capacité professionnelle.*

Est-ce tout ? Non. Les lieutenants du corps pour lequel le récipiendaire a été désigné, se réunissent, examinent son dossier scolaire qui date du jour où il a quitté sa famille [1],

---

[1] Ce dossier très étendu s'appelle, en Prusse, le *curriculum vitæ.*

son dossier régimentaire, et se prononcent par un vote *sur son honorabilité.*

La nomination officielle par le souverain suit cette dernière épreuve si elle a été favorable, *et seulement si elle l'a été.*

Ainsi, tous les officiers de l'armée prussienne, qu'ils soient originaires de l'école des cadets ou du rang (avantageurs), aboutissent aux écoles de guerre et doivent fournir les mêmes preuves de savoir. Est-il besoin d'insister sur les avantages que retire l'État de cette éducation et de cette instruction militaires, *généralisées avant d'être spécialisées*, qu'il donne dans ces écoles aux jeunes officiers de toutes armes? Commun enseignement, communs principes, commun esprit cimenté par la camaraderie scolaire, rien ne leur manque pour qu'ils soient dans l'armée les parties adhérentes et solidaires du grand corps qu'ils sont destinés à rajeunir.

En France, il n'existe pas une seule carrière publique au seuil de laquelle l'État ait accumulé tant et de si diverses garanties à fournir par les candidats, au profit d'un grand intérêt national. A la constante application de ces principes et de ces méthodes de recrutement des corps d'officiers dans son armée, la Prusse a dû le double bénéfice de leur solide composition et de leur excellent esprit. Principes et méthodes datent de loin. La fondation du corps des cadets remonte à l'aïeul du grand Frédéric, et celle de l'académie de guerre, — la plus jeune des institutions d'enseignement militaire de ce pays, — remonte à 1816 !

Sûre de la valeur de ses officiers inférieurs, constatée par tant d'épreuves, la Prusse a pu, sans péril, ne leur distribuer l'avancement qu'au titre de l'ancienneté jusqu'au grade de capitaine inclusivement. Elle a supprimé par là les ambitions prématurées, ardentes comme elles le sont au temps de la jeunesse, malsaines trop souvent, qui mettent en mouvement chez nous les recommandations, le patronage, tout un ensemble d'efforts et quelquefois d'intrigues, fléaux de l'esprit militaire, de l'esprit de camaraderie et de la dignité de beaucoup d'officiers.

LES ÉCOLES MILITAIRES PRUSSIENNES DE SOUS-OFFICIERS EN 1870

Les institutions dont je viens d'exposer à grands traits le système, ont pour but de pourvoir au commandement et à la formation de ce que j'ai appelé les *cadres supérieurs ou de direction*.

Les vues qui ont présidé à cette forte organisation de l'éducation militaire prussienne, supérieure et secondaire, ne pouvaient manquer de s'étendre à l'organisation *d'écoles militaires primaires*, où des sujets se destinant expressément à *l'état de sous-officier* recevaient un complément d'instruction élémentaire en même temps que le dressage professionnel, pour concourir à la formation des *cadres inférieurs*.

En 1870, il y avait en Prusse *six écoles de sous-officiers*, et depuis la guerre le gouvernement en a encore augmenté le nombre. Comme les écoles des cadets, elles sont réparties sur tout le territoire, par conséquent à la portée des familles qui se proposent de trouver là pour leurs enfants une carrière, au moins les origines d'une carrière. Chacune de ces écoles comprend un bataillon de quatre compagnies. Les engagés y entrent de dix-sept à dix-neuf ans.

Nous n'avions alors en France, où la difficulté du recrutement et de l'entretien des cadres inférieurs est plus grande encore qu'en Prusse, *aucun de ces établissements d'éducation militaire étroitement limitée,* qui assurent une situation dans l'armée prussienne à de jeunes sujets, presque tous de familles militaires, à qui la modestie de leur condition sociale et l'insuffisance de leur culture ne permettent pas d'aspirer à l'état d'officier.

De cette *institution,* féconde en résultats pratiques, l'Italie, organisant son armée sur le pied où nous la voyons aujourd'hui, s'est immédiatement emparée, et, depuis des années, elle est en possession d'*écoles de sous-officiers* égales en importance et en nombre à celles de la Prusse.

Pour retenir les sous-officiers dans l'armée, le gouvernement prussien a fait de considérables efforts :

1° En vue de les préparer aux emplois civils qui leur sont acquis après douze ans de bons services, des allocations ont été faites aux corps de troupe pour assurer aux rengagés l'*instruction spéciale* nécessaire à l'exercice des fonctions auxquelles ils se destinent ;

2° La solde des sous-officiers a été augmentée, et la considération dont ils sont entourés s'est accrue de prérogatives qui dégagent leur autorité des périls de la promiscuité avec la troupe ;

3° Leur uniforme a reçu de nouveaux insignes distinctifs ;

4° Enfin, l'État admet en grand nombre leurs enfants dans les orphelinats de Postdam, de Pretzsch, d'Annaburg, etc., et il va les admettre à l'avenir, en plus grand nombre, *dans les instituts préparatoires aux écoles de sous-officiers,* création nouvelle dont il vient de fixer les règlements. Elle offre beaucoup d'analogie avec celle des *écoles d'enfants de troupe* par lesquelles je proposais, dès 1863, de remplacer en France la vieille et déplorable institution des enfants de troupe à la suite de nos régiments.

J'ai consacré quelques pages seulement à la description, qui voudrait un livre, du vaste et solide monument qu'offrent à nos yeux les établissements d'éducation militaire de la Prusse. Il est, par ses premiers commencements (1717) qu'elle n'a pas cessé de développer et de perfectionner, le plus ancien de l'Europe, au sein de la nation la plus jeune de l'Europe. C'est que le monument, fondé avant la nation, a été l'un des instruments les plus puissants de la grandeur où nous la voyons.

LES ÉCOLES MILITAIRES FRANÇAISES EN 1870

A ces *vingt-trois* centres d'éducation et d'instruction militaires de la Prusse, pourvoyant à tous les besoins du commandement et de l'encadrement, que pouvait opposer la France en 1870 ? La série comparativement misérable des *six* établissements dont elle tirait, depuis 1818[1], tous ses éléments de commandement, n'ayant pour l'encadrement inférieur que ceux qu'elle rencontrait dans les corps de troupe :

Le Prytanée de la Flèche ;
L'École de Saint-Cyr ;
L'École polytechnique ;
L'École d'application de l'artillerie et du génie ;
L'École d'application d'état-major ;
L'École de cavalerie de Saumur.

Le Prytanée de la Flèche était, en tant qu'école militaire

---

[1] Année de la création, par le maréchal Gouvion Saint-Cyr, de l'École d'application et du corps d'état-major.

préparatoire, pépinière d'officiers, par conséquent, une institution étriquée, mal conçue, mal réglementée, avec des traditions disciplinaires incertaines. Elle était loin d'introduire à l'École polytechnique et à Saint-Cyr autant de sujets que la plupart des grands établissements scolaires spéciaux de Paris. Si cette école unique de cadets, — car c'en est une, — restée à peu près stationnaire depuis sa création, était absolument insuffisante en 1870 au point de vue des éléments particuliers de recrutement qu'elle offrait à l'armée française de ce temps, qu'on juge de son insuffisance sous le même rapport devant l'armée française d'aujourd'hui, dont la puissance en cadres supérieurs et inférieurs, en soldats de rang, en chevaux et en matériel, a été portée au triple !

L'institution du Prytanée repose sur un grand principe : *l'assistance de l'éducation et de l'instruction aux enfants des officiers sans fortune qui ont bien mérité*. Elle ne remplit que très imparfaitement et incomplètement son objet.

D'abord, elle n'offre à l'ensemble des familles militaires infiniment nombreuses qui ont à cette assistance des titres légitimes, qu'un nombre de places très étroitement limité par le chiffre des allocations budgétaires et par les moyens dont l'établissement dispose. Ensuite, les traditions de l'école sous le rapport de l'éducation proprement dite, c'est-à-dire des habitudes de savoir-vivre et de la préparation aux contacts du monde, qui doivent être plus tard pour l'exercice du commandement des auxiliaires de si haute valeur, sont au-dessous du nécessaire.

La jeunesse élevée au Prytanée a eu de tout temps le sentiment de cette infériorité. Elle-même, d'ancienne date, a donné à la maison le nom caractéristique de *Brutium*, sous lequel il est connu dans nos écoles et dans l'armée.

Il est difficile, peut-être impossible, qu'une insuffisance de cette nature soit combattue par les procédés d'éducation que peut employer un établissement militaire, *unique pour la France entière, d'où la famille et l'influence de la famille sont nécessairement absentes.* Mais la plupart de ces enfants apportent et gardent au Prytanée le ressort particulier que, dans une précédente étude sur les familles militaires, j'ai appelé *la vocation transmise,* et dont j'ai montré qu'en France nous ne savions pas faire bénéficier l'armée. C'est ainsi que s'explique l'importance relativement considérable du nombre d'officiers généraux et supérieurs que l'école de la Flèche lui a fournis.

Comme le Prytanée de la Flèche, la maison de Saint-Cyr, école militaire unique pour la France entière, n'avait, pendant une longue succession d'années, réalisé aucun progrès, soit dans ses principes d'éducation, soit dans ses procédés d'instruction. La petite troupe qu'on dressait là s'appelait traditionnellement *le premier bataillon de France,* et cela suffisait. On jugera de ce laisser-aller par un souvenir caractéristique que je veux rappeler ici :

J'étais, en 1852, directeur-adjoint du personnel de la guerre, ayant dans mes attributions les écoles militaires, dont, en toute occasion, je signalais l'insuffisance et l'abandon. Le ministre, maréchal de Saint-Arnaud, m'annonçant son intention d'aller un jour visiter l'école de Saint-Cyr :

N'oubliez pas, monsieur le maréchal, lui dis-je en souriant, *de vous faire représenter les six chevaux de tombereau qui forment toute la collection équestre de notre grande école militaire française...*

Et comme le ministre, qui n'était pas comme moi originaire de Saint-Cyr, me regardait surpris :

C'est, ajoutai-je, *qu'à l'école où l'enseignement de la*

gymnastique par le trapèze et les barres parallèles a pénétré, l'enseignement de l'équitation, cette grande et nécessaire gymnastique militaire, est, de temps immémorial, absolument inconnu; que, par suite, une période de quatre ans (deux ans à Saint-Cyr, deux ans à Saumur) est nécessaire en France pour faire un sous-lieutenant de cavalerie; qu'enfin, cette étonnante lacune dans le dressage professionnel de la jeunesse militaire explique surabondamment l'inaptitude équestre et le malaise que montrent en selle, devant leur troupe et devant le public qui s'en égaye, la plupart des officiers de l'infanterie qu'une promotion appelle à servir à cheval.

Pendant cet exposé, commencé plaisamment, fini véhémentement, le maréchal de Saint-Arnaud, passant de la surprise à la conviction, avait pris parti avec la rapidité de résolution qui lui était propre. A six mois de là, Saint-Cyr avait son école de cavalerie avec un personnel de direction et d'instruction, trois cents chevaux sous baraquement, un manège. Cette école de cavalerie devenait une annexe de l'école d'infanterie, dont tous les élèves, comme leurs camarades cavaliers, recevaient le dressage de l'équitation.

J'avais, comme par fortune, réussi dans cette entreprise spéciale. D'autres vues que j'avais sur l'avenir de l'école de Saint-Cyr, — simplification des programmes d'admission, réforme des études, — substitution, par une forte éducation, de l'esprit militaire à l'esprit de collège, — rectification de la déplorable loi qui fixe les principes et les procédés de l'assistance de l'État (bourses et demi-bourses) aux familles qui en réclament le bénéfice, — ne furent pas accueillies. L'École militaire resta ce qu'elle était depuis ses origines, et les événements de 1870 la trouvèrent dans son état traditionnel d'insuffisance devant les besoins de l'armée soudainement engagée dans une grande guerre.

Je suis plein de respect pour toutes les grandes œuvres nationales et je reconnais que, parmi elles, l'École polytechnique a une place considérable ; mais je dois constater qu'en tant qu'*école militaire,* elle est une sorte de contresens. Il a été très apparent en 1870. Il l'est plus encore, aujourd'hui que l'armée a pris les énormes développements qu'on sait. Il le sera bien davantage quand viendront les guerres de l'avenir, si elles ont quelque durée.

Son but, expressément défini par les actes gouvernementaux qui ont fondé l'école, était de *préparer par des études scientifiques, poussées aussi loin que le comportait l'état présent de la science, de jeunes hommes (en nombre limité) ayant fait la preuve d'aptitudes spéciales aux carrières qui exigent des connaissances transcendantes.*

C'est postérieurement, quand la guerre avec l'éclatante personnalité du général Bonaparte devint la grande affaire de la nation, que l'École polytechnique, constituée militairement par lui, dut fournir à l'armée ses officiers spéciaux. A la consommation que, devenu empereur, il en fit, l'École, gravement atteinte dans ses intérêts et dans sa production scientifique, ne put jamais suffire. Les officiers savants, puis les officiers instruits disparurent peu à peu.

A la fin de l'empire, le savoir de la plupart des nouveaux officiers de l'artillerie n'allait pas beaucoup au delà de la manœuvre des pièces, et on voyait parmi eux quelques lieutenants en second de *dix-huit* à *dix-neuf ans,* originaires d'une école d'artillerie hâtivement organisée à la Flèche, dans les derniers mois de 1812. *On y admettait les élèves des lycées jugés les plus capables, et ils pouvaient, après une seule année de noviciat spécial, être placés comme lieutenants en second dans les régiments d'artillerie !...*

Aujourd'hui, avec une armée de presque un demi-million d'hommes sous les armes en temps de paix, avec les perspectives de guerre que nous offre l'état présent de l'Europe, *une école de science*, qui est unique en France, doit-elle être considérée comme pouvant suffire, dans tous les cas, au recrutement de nos officiers d'artillerie et du génie avec le concours de ceux que forment directement les troupes des deux armes? — Non, à moins que d'*école de science* elle ne devienne *école spéciale;* mais alors c'est le principal qui serait sacrifié à l'accessoire, car ce n'est pas aux officiers d'artillerie et du génie qu'elle a produits, si remarquables qu'aient pu être leurs mérites, que l'École polytechnique doit son illustration, c'est aux savants fameux qui, de Monge, son fondateur, à Gay-Lussac et à ses successeurs, ont élevé si haut la science française dans la hiérarchie de la science universelle.

A l'École polytechnique, soumise à une sorte de régime militaire, le département de la guerre *règne mais ne gouverne pas*. C'est la science qui, par la force des choses, conduit les destinées de ce grand centre des études abstraites. Si la guerre, voulant le spécialiser à son profit, cherchait à y introduire l'*esprit militaire,* elle se heurterait à l'*esprit politique,* qui fut de tout temps la tradition de la célèbre maison.

Elle devait être nécessairement fixée à Paris, puisque les membres de son enseignement, tous savants de premier ordre, appartiennent à l'Académie des sciences et à toutes les branches du professorat supérieur. Comment des jeunes gens réunis là *au sortir du collège,* en contact avec toutes les excitations et toutes les agitations du foyer politique le plus ardent de l'Europe, ne seraient-ils pas de précoces politiciens? Plus d'une fois ils l'ont été jusqu'à chercher ou rencontrer, au milieu de nos grandes commotions populaires, tantôt un rôle révolutionnaire, comme en 1830 où l'un des leurs, Vanneau, fut tué à l'assaut du quartier d'infanterie de Babylone, tantôt un rôle modérateur, comme en 1848 où, après la retraite des troupes, ils reçurent du nouveau gouvernement le mandat imprévu du maintien de l'ordre républicain dans Paris.

En 1870, après le désastre de Sedan et la reddition de Metz, tous nos officiers d'artillerie, numériquement insuffisants pendant la guerre, étaient prisonniers des Allemands. La constitution du personnel d'artillerie de la Défense nationale par d'anciens officiers de l'arme et par des marins, fut un des plus extraordinaires efforts patriotiques de ce temps. Malgré le décousu de son organisation et la grande infériorité du matériel dont elle disposait, cette artillerie fit partout, expressément au siège de Paris, d'excellentes preuves. Mais on vit là à quel point il importait au pays d'avoir, pour les officiers de cette arme, un centre de recrutement moins difficilement abordable par la jeunesse française que l'École polytechnique et surtout bien plus étendu.

L'École d'application de l'artillerie et du génie, autrefois à Metz, actuellement à Fontainebleau, l'École normale de cavalerie à Saumur, sauf l'insuffisance numérique de leurs produits, répondaient très utilement en 1870 à leur destination, comme elles y répondent encore aujourd'hui. Les traditions en sont pratiques et solides.

Je n'en dirai pas autant de l'École d'état-major qui n'avait d'*école d'application* que le nom. Recrutée par les premiers sujets de l'école de Saint-Cyr, elle a donné à l'armée des officiers de haute valeur, et un nombre proportionnellement considérable d'officiers généraux de notoriété; mais ses études étaient très faibles. La *doctrine professée* et une fausse science représentée par des cours de géodésie et d'astronomie y avaient prévalu. Les élèves consacraient la plus grande part de leur temps à l'exécution, sur modèles, de plans de places fortes d'une complication infinie. On apprenait beaucoup, on pratiquait peu, et on sortait de l'École avec des connaissances générales plus théoriques qu'effectives sur les services si divers dont les états-majors ont à la guerre la direction et la surveillance.

L'École d'état-major vient d'être supprimée et remplacée par une création empruntée à la constitution militaire scolaire de la Prusse, l'*École supérieure de guerre*. Ce sera un progrès considérable, si la nouvelle École, comme l'Académie de guerre de Berlin, offre à nos officiers des études embrassant tout le domaine des *connaissances positives* qui sont les auxiliaires de la guerre, complétées par des *exercices d'application* qui sont une sorte de préparation effective à la guerre elle-même.

Par l'énumération très sommaire qui précède, on peut juger de la déplorable indigence où nous étions, en 1870, relativement à nos établissements d'éducation militaire et à nos moyens de renouvellement des cadres supérieurs et inférieurs de l'armée. Pour la mesurer, il ne suffit pas de la comparer, comme je l'ai fait, à la richesse similaire de la Prusse, il faut la mettre en parallèle avec les ressources de cet ordre que possédait chez nous l'ancien régime pour un état militaire qui ne dépassait pas de beaucoup la moitié de notre état militaire de 1870.

Le département de la guerre comptait sous Louis XVI :

Onze collèges, où se faisaient des études spéciales militaires[1] ;

Une école de cavalerie[2] ;

---

[1] Brienne (où fut admis, en 1779, le jeune Napoléon Bonaparte à titre de cadet gentilhomme), Rebais, Pontlevoy, Effiat, Pont-à-Mousson, Tiron, Auxonne, Tournon, Vendôme, Beaumont, Sorèze.

[2] Versailles.

Une école du génie [1] ;
Sept écoles d'artillerie [2].
Ensemble, vingt écoles de préparation et d'éducation militaires !

Je ne dirai que quelques mots d'une institution qui se rattache à l'ensemble de notre système d'éducation militaire et dont, au cours de ma carrière active, je n'ai pas cessé de demander la suppression, qui est aujourd'hui résolue [3], de l'institution des enfants de troupe. Elle n'est pas productive pour l'armée, et elle n'est pas avouable.

Elle n'est pas productive, car la moyenne des enfants qui, entrés par là dans l'armée, y restaient à titre définitif pour le recrutement des cadres inférieurs, n'a jamais présenté qu'un chiffre dérisoire.

Elle n'est pas avouable, car l'association dans la caserne de l'éducation de l'enfance à l'existence intérieure du soldat est un déplorable contresens moral et un déplorable contresens hygiénique. Dans la plupart de nos corps de troupe, ces enfants sont entourés d'une surveillance attentive; mais, quelle qu'elle soit, leurs yeux voient, leurs oreilles entendent, leurs esprits sont grossièrement émancipés. Presque tous, par surcroît, sont frappés d'étiolement. C'est que les grandes agglomérations d'hommes dans des espaces étroits portent avec elles des germes d'empoisonnement permanent. Les effets en sont ordinairement, — non pas toujours, — conjurés pour la troupe par des précautions hygiéniques

---

[1] Mézières.
[2] Metz, Strasbourg, Besançon, Auxonne, Douai, Verdun, la Fère.
[3] J'ai attendu, pour terminer cette étude sur les établissements d'éducation militaire, que l'institution des enfants de troupe à la suite des régiments fût remplacée par *les écoles d'enfants de troupe,* **création** nouvelle dont j'envisage plus loin les commencements.

qui sont aujourd'hui bien entendues. Elles ne suffisent pas à préserver de la contagion les organismes délicats de l'enfance en cours de développement.

LA RÉFORME DES ÉTABLISSEMENTS D'ÉDUCATION MILITAIRE

Depuis 1872, les efforts faits par la représentation nationale, les sacrifices consentis par le pays pour la reconstitution de l'armée, peuvent être qualifiés d'énormes. Si, faute de stabilité dans les pouvoirs dirigeants, par conséquent de fixité dans la conception et l'exécution, ils ne sont pas tous également réussis, il est cependant acquis que la France dispose d'une armée dont les divers éléments de force (organisation, effectifs numériques, matériel, approvisionnements, moyens de renouvellement) représentent dans leur ensemble un redoutable instrument de guerre.

Pour fonder les *institutions* qui seules peuvent assurer la solidité et la durée de ce grand état militaire, nos efforts, je l'ai dit, ont été bien moindres, la sollicitude du gouvernement et du pays s'absorbant à peu près tout entière dans l'entreprise de la réorganisation de l'armée combattante. Or, les établissements d'éducation militaire sont au premier rang de ces institutions, et je viens de montrer la puissance de celles de la Prusse, l'insuffisance de celles de la France au moment où la guerre éclatait entre les deux nations.

Cherchant à nous relever de cet état d'infériorité, nous avons créé dans ces dernières années :

L'École supérieure de guerre ;

L'École militaire d'infanterie de Saint-Maixent ;

L'École militaire de cavalerie de Saumur ;

L'École militaire d'artillerie et du génie de Versailles ;

Cinq écoles militaires préparatoires (devant remplacer l'institution condamnée des enfants de troupe) ;

Un orphelinat militaire [1].

Je reconnais que l'ensemble de ces créations nous offre un présent amélioré, par comparaison avec un passé très défectueux ; mais que de progrès à réaliser encore pour que nos établissements d'éducation militaire répondent en nombre et en puissance de production aux besoins de l'armée d'aujourd'hui !

Ces progrès, je les ai exposés et discutés (*l'Armée française en* 1879, par un officier en retraite) d'un point de vue radical qui heurte nos traditions retardataires, et dont je reconnais d'ailleurs que l'état présent (1888) des finances françaises ne permet pas d'attendre de longtemps la réalisation. Et puis, je considère que le département de la guerre est aujourd'hui lié à l'obligation de rester dans la voie où il s'est engagé, en fondant ces nouvelles écoles qui sont depuis plusieurs années en plein exercice. Par ces raisons, je me borne maintenant à lui demander d'élargir cette voie par des compléments de création et par des réformes qui représentent à mes yeux *le nécessaire*.

Le problème qu'il s'agit de résoudre, c'est *d'avoir et d'entretenir dans la paix des pépinières d'officiers et de sous-officiers assez productives pour introduire périodiquement dans l'armée la totalité des éléments de commandement et la part des éléments d'encadrement qui sont nécessaires pour que le personnel de l'un et l'autre service soit tenu à un complet permanent.*

[1] Un généreux donateur, le commandant Hériot, a fondé cet établissement, lui a assuré une dotation et l'a remis au département de la guerre, qui en a la direction.

Dans l'état présent, les pépinières d'officiers sont : au premier degré le Prytanée de la Flèche, au second degré les Écoles polytechnique, de Saint-Cyr, de Saint-Maixent, de Saumur, de Versailles.

Les pépinières de sous-officiers (en dehors de la production régimentaire à laquelle nous les avons tous dus jusqu'à présent) sont les Écoles préparatoires de Rambouillet, Montreuil-sur-Mer, Saint-Hippolyte-du-Fort pour l'infanterie ; Autun pour la cavalerie ; Billom pour l'artillerie et le génie, où les enfants de troupe sont reçus à quatorze ans, s'engagent à dix-huit ans, et peuvent devenir sous-officiers après un stage dans les corps de troupe.

Nos établissements d'éducation militaire, anciens et nouveaux, sont-ils aujourd'hui en mesure de remplir le but de première importance en vue duquel ils ont été créés ? Sont-ils proportionnels en solidité et en étendue à l'énorme édifice dont ils sont les fondements ? Non. Nous sommes encore bien loin de ce qu'ils sont en Prusse, bien loin (quant aux moyens de constitution des cadres de sous-officiers) de ce que possède depuis longtemps l'Italie !

De nos créations nouvelles, celle qui a la plus grande portée et qui, à de certaines conditions que déjà j'ai brièvement définies, doit apporter à la direction des affaires militaires françaises un supplément de force effective, c'est, je le répète, l'*École supérieure de guerre,* institution dont l'état militaire de la Prusse bénéficie depuis soixante-treize ans.

Cette institution, combinée avec celle d'un état-major général de l'armée formé d'*officiers spécialistes* dont le fonctionnement régulièrement continu serait soustrait aux périls de l'instabilité ministérielle, pourrait avoir sur nos destinées futures dans la guerre une influence considérable.

Les Écoles de Saint-Maixent (infanterie), de Saumur

(cavalerie), de Versailles (artillerie et génie), ne peuvent pas faire entrer dans l'armée plus de sous-lieutenants que ne lui en aurait donnés l'ensemble des régiments des trois armes, au temps où, sur les propositions des inspecteurs généraux, les sous-officiers portés au tableau d'avancement étaient directement promus. Ainsi, au point de vue du nombre, pas de bénéfice pour l'armée.

Il est vrai que si, dans ces écoles, l'enseignement d'un an que reçoivent les sous-officiers est bien entendu, leur instruction, qui est généralement élémentaire, pourra en tirer quelque profit. Mais je ne suis pas assuré que cet avantage, à peu près unique, soit la compensation utile des dépenses considérables dont ces établissements grèvent le budget de la guerre.

Nos cinq écoles militaires préparatoires, à la fois écoles d'enfants de troupes et écoles de sous-officiers, ne sont que de timides essais dont les résultats sont encore incertains. On n'en pourrait juger la valeur que si, en regard de ce qu'elles coûtent, le département de la guerre faisait connaître annuellement le chiffre des sous-officiers qu'elles donnent *effectivement* à l'armée. Elles sont, dans tous les cas, numériquement insuffisantes.

Dans ces écoles, qui devraient être l'objectif de toutes les familles militaires dénuées de ressources, les programmes des études proprement dites, expressément et systématiquement réduits, n'auraient pas d'autre but que d'apprendre à ces futurs sous-officiers à *lire, écrire et compter,* comme on disait autrefois.

Cette limite d'instruction ne serait jamais dépassée, par la raison que l'État, en fondant ces établissements, devrait se proposer absolument et uniquement de préparer par eux, au profit des cadres inférieurs de l'armée, les éléments de recrutement qui leur manquent de plus en plus, et non, — comme il arrive trop souvent en France, — de grossir, par la diffusion de quelques connaissances superficielles, le chiffre des prétendants à l'épaulette.

Au contraire, les programmes de l'enseignement technique militaire seraient très développés. Ils tendraient :

1° A pénétrer les élèves, par le précepte et par l'exemple, des devoirs et de l'esprit du commandement secondaire qu'ils sont destinés à exercer dans les régiments, responsabilités professionnelles, attitude devant la troupe, correction dans la tenue, etc. ;

2° D'en faire des professeurs émérites de toutes les théories élémentaires, de tous les règlements usuels, de tous les exercices et de toutes les pratiques de tradition qui concernent les armes où ils doivent entrer et rester comme sous-officiers.

Plus loin je montrerai, dans une discussion spéciale, comment, par des moyens dont je crois l'effet assuré, on pourrait inspirer à toute une catégorie de Français *qui n'ont qu'une faible instruction primaire,* l'ambition des emplois de sous-officiers dans l'armée, les amener à considérer ces emplois comme une carrière enviable autant qu'honorable, les y retenir longtemps, fonder enfin solidement et définitivement le recrutement aujourd'hui insuffisant et incertain des cadres inférieurs.

J'ai dit ce qu'étaient en 1870 nos anciens établissements d'éducation militaire préparant le recrutement des corps d'officiers.

En 1888, je retrouve le Prytanée dans la situation où il a toujours été.

L'École de Saint-Cyr ne s'est modifiée qu'au point de vue

de l'accroissement très considérable du chiffre des admissions annuelles et du développement proportionnel des divers services.

Je vais indiquer successivement les réformes (réduites aux plus nécessaires par les raisons que j'ai dites) qui devraient, à mon sens, leur être appliquées, pour que nos écoles d'officiers, — bien que restant toujours très inférieures en nombre et en puissance de production à celles de la Prusse, — fussent à peu près à la hauteur des besoins de notre état militaire nouveau.

Il y aurait quatre prytanées, — véritables écoles de cadets ouvertes aux familles civiles comme aux familles militaires, — pour les régions nord, sud, est et ouest de la France (celui de l'ouest actuellement représenté par l'école de la Flèche). Leur spécialité, fortement constituée par l'organisation et par les études, serait de préparer des sujets pour les deux écoles remplaçant celle de Saint-Cyr, dont je proposerai plus loin la création.

Cette répartition, sur l'ensemble du territoire, des nouveaux collèges militaires aurait pour but et pour effet de les rapprocher des familles dont les enfants y seraient élevés. Elles auraient avec eux des rapports suivis. Le père et la mère de famille pourraient être les auxiliaires du commandement et du professorat pour les conseils et les encouragements à donner, pour les redressements à opérer, pour les principes et les bons sentiments à entretenir, éléments d'équilibre moral et d'éducation dont l'établissement unique de la Flèche est presque absolument privé. Là, hors des classes, les moniteurs de l'éducation courante sont, toute l'année, des adjudants et des sergents. J'ai dit ce qu'elle était.

En principe, et pour conserver à ces écoles leur caractère

spécial, les familles civiles y payeraient le prix de la pension, l'assistance de l'État restant réservée aux familles militaires. Mais cette assistance leur serait distribuée d'après une règle plus équitable et un procédé plus élastique que celui des *bourses* et *demi-bourses,* dont le moindre inconvénient est de donner trop ou trop peu à un nombre infiniment restreint d'ayants droit. La bourse représentative du prix total de la pension serait divisée en *dixièmes,* le maximum ordinaire des concessions devant être des *neuf dixièmes* et le minimum des *deux dixièmes*. Ces concessions seraient à la fois plus nombreuses et mieux proportionnées à la condition budgétaire des familles militaires intéressées.

Quant aux *bourses entières avec trousseau,* qui libèrent la famille de tout effort, qui la désintéressent en quelque sorte de ses droits en la déshabituant de ses devoirs, elles ne seraient plus que de très rares exceptions à justifier par le mérite des titres, par l'excès des charges et par l'absolue insuffisance des moyens.

Cette grande question de l'assistance de l'État est l'une de celles où s'introduisent le plus de graves abus. J'ai pu les constater autrefois pour le Prytanée et pour Saint-Cyr, à titre d'inspecteur général des écoles militaires. Et puis ces concessions de bourses et demi-bourses aux familles militaires sont obligatoirement précédées, je veux le répéter, de la dommageable et humiliante intervention des conseils municipaux, dont les déclarations sont trop souvent influencées par les passions locales et par les passions politiques. Les jugements en cette matière devraient être rendus par un haut jury spécial siégeant au ministère de la guerre, qui aurait pour éléments d'information, outre les dossiers des officiers en instance, les relevés des rôles de contributions, les contrats de mariage, les enquêtes. Le ministre aurait le devoir de consacrer les décisions de ce jury militaire à la fois impartial et éclairé.

Avant de faire connaître les réformes que réclame impérieusement, à mon avis, le plus important de nos établissements d'éducation militaire, l'École de Saint-Cyr, j'examine brièvement sa constitution présente.

J'ai précédemment expliqué que, pour être nommé lieutenant en deuxième (sous-lieutenant) par la voie des écoles, dans l'armée prussienne, il fallait avoir fait la succession des études et subi la succession des examens :

D'une des écoles de cadets ;

De l'École supérieure des cadets de Berlin ;

D'un stage régimentaire comme porte-épée et porte-épée Fœhnrich ;

D'une des écoles de guerre.

Abstraction faite de nos écoles de Saint-Maixent, de Saumur et de Versailles, qui ne peuvent former que des officiers dont le savoir est très limité, que pouvons-nous opposer à cette forte préparation allemande qui fait des officiers dont l'instruction générale, *la même pour toutes les armes*, s'étend à toutes les parties du service militaire avant d'être spécialisée, outre un noviciat pratique transitoire dans les corps de troupe ?... *deux années d'études théoriques sur les bancs de notre École de Saint-Cyr !*

Pour que cette École, d'où sortent presque tous les officiers qui doivent un jour porter les responsabilités du commandement, remplisse utilement le rôle qui lui est dévolu dans la nouvelle armée, il faut qu'à tous les points de vue sa puissance productive soit considérablement agrandie et qu'elle puisse l'être encore, sans secousse trop violente, dans certaines éventualités de péril public que doit toujours prévoir la France d'aujourd'hui.

Nous avons cru atteindre le but en surélevant le chiffre des admissions annuelles, la constitution de l'École restant au fond ce qu'elle était traditionnellement. Il en résulte que l'auditoire du professeur est de plus de *cent* dans la promotion de première année, de plus de *deux cents* dans la promotion de seconde année! Quelle réalité, je ne dis pas quelle solidité, peut offrir un tel mode d'*enseignement à la volée?* Il n'est profitable, en fait, qu'au groupe toujours facile à compter des grands travailleurs qui suppléent, par des efforts d'attention, par des notes prises à propos, par des recherches dans les livres, à ces éclaircissements qu'à tout instant le professeur devrait pouvoir donner à l'élève qui n'a pas saisi.

Je me résume en affirmant que, de tout temps, les études ont péché à l'École de Saint-Cyr par la méthode, et que la somme du travail apparent est hors de proportion avec les résultats qu'elle produit.

Les élèves de Saint-Cyr, portés sans préparation et sans transition des bancs du lycée aux bancs de l'école, y entrent avec les habitudes de ce passé d'hier. Il en résulte, je l'ai déjà dit, que c'est l'*esprit de collège,* — teinté, chez ceux de deuxième année, de la part très restreinte d'*esprit militaire* que peut donner l'enseignement théorique qui domine dans la maison. De là, les *brimades* grossières, même brutales d'autrefois, qui ne sont plus que ridicules aujourd'hui; de là, le dédain ou l'aversion qui sont de tradition à l'égard des sous-officiers de l'armée chargés de la surveillance intérieure, qu'on appelle les *bas* (bas officiers). Les *bas* sont forcément obéis, mais leur situation, aux yeux des élèves, ne dépasse pas de beaucoup celle des fonctionnaires universitaires qu'au lycée ils appelaient les *pions*.

Je n'insiste pas sur d'autres faits qui montrent que l'esprit et les habitudes qui se transmettent à Saint-Cyr d'une promotion à l'autre, sont plus *scolaires* que *militaires* et ne préparent pas sérieusement ces jeunes gens, qui vont tout à l'heure aborder le régiment, à l'exercice du commandement effectif.

En résumé, de toutes nos institutions militaires scolaires, celle qui réclame les plus profondes réformes, c'est notre grande école d'officiers d'infanterie et de cavalerie, l'École de Saint-Cyr. Mon livre anonyme : *l'Armée française en* 1879, contenait des propositions qui réalisaient largement ces réformes. Il demandait :

« La création de *trois écoles d'officiers communes à toutes
« les armes* (comme les écoles de guerre en Prusse), où
« auraient été admis par voie de concours (comme aujour-
« d'hui) les jeunes gens sortant de nos établissements
« d'instruction publique, *sous la condition, pour les admis,*
« *d'accomplir préalablement dans le rang un stage régi-*
« *mentaire de quelques mois.*

« Ces trois écoles d'officiers auraient, en outre, reçu *les*
« *premiers sujets d'entre les sous-officiers de toutes armes*
« proposés par les inspecteurs généraux pour la sous-lieu-
« tenance, qui formant des divisions annexes, auraient
« suivi pendant un an des cours élémentaires spéciaux où
« ils auraient acquis la notion *de tout ce qu'il n'est pas*
« *décent qu'un officier ignore.* Des contacts très utiles,
« même des rapports de camaraderie auraient pu s'établir,
« par cette communauté relative d'origine scolaire, entre
« les deux catégories d'officiers qui servent dans nos régi-
« ments, et l'École polytechnique, *tout entière à son rôle*
« *de grande école de la science française,* échapperait à la
« destinée qui l'attend, d'être submergée par les exigences
« croissantes du recrutement des officiers des armes spé-
« ciales, surtout des officiers d'artillerie. »

Je reconnais que ce rêve d'une puissante organisation scolaire militaire, en rapport avec les besoins presque infinis de l'armée nouvelle, doit être abandonné, à présent que par la création et l'entretien très coûteux des différentes écoles secondaires que j'ai précédemment énumérées, l'État est, je le répète, lié à tout un ordre de faits qui ne peut plus être modifié.

La réforme que je proposerais aujourd'hui se bornerait :

« A la création d'une seconde école d'officiers comme
« celle de Saint-Cyr, dans des conditions mieux entendues,
« je le dis en passant, d'hygiène et de salubrité. Dans les
« deux écoles, sur un plan d'études nouveau où l'*éducation*
« primerait le *dressage*, et la *pratique* la *théorie*, la divi-
« sion du travail aurait pour base le principe qui préside à
« l'enseignement dans les écoles de cadets en Prusse : *que*
« *le maître ne peut efficacement professer devant un audi-*
« *toire de plus de trente à quarante élèves.* »

Si je renonce à mon rêve d'autrefois sur le développement de notre puissance militaire scolaire, j'en retiens expressément ce point spécial, *qu'aucun candidat admis par le concours, en sortant du collège, aux écoles d'officiers, ne pourrait y prendre rang qu'après avoir fait, comme soldat, un stage régimentaire de quelques mois.*

Je sais qu'une proposition de cette nature, très hardie par rapport à nos habitudes françaises, doit rencontrer une très vive opposition. J'y persiste cependant, convaincu qu'il n'existe pas d'autre moyen d'introduire un peu d'esprit militaire dans nos écoles d'officiers, de faire enfin qu'elles ne soient pas la continuation du collège. En France, l'esprit militaire, dans la mesure où il nous est possible, ne se trouve qu'au régiment. En Prusse, je l'ai déjà dit, il est partout. La raison de cette différence de tempérament est très apparente. En France, *c'est la nation qui, avec le temps, a fait l'armée.* En Prusse, *c'est l'armée qui, sans le secours du temps, a fait la nation.*

Dans le passé, l'*esprit écolier,* qui est au fond de la tradition bientôt séculaire de notre École de Saint-Cyr, se révélait non seulement par les odieuses brimades dont j'ai parlé, mais par des révoltes périodiques qui donnaient fort à faire au département de la guerre. Elles furent l'origine de la mesure nécessaire, mais insuffisante, qui liait tous les élèves admis par le concours à l'obligation d'un engagement préalable de sept ans. La sédition éclatant, les meneurs, jugés et condamnés par le conseil de l'École, étaient renvoyés comme soldats dans les régiments.

Dans ma promotion (1835-1837), cette dure perspective, — non plus que la fermeté notoire de notre chef, le colonel, depuis maréchal, Baraguay d'Hilliers, — ne put empêcher la révolte. Elle motiva l'exécution de trente-deux élèves (le quart de la promotion).

Un stage régimentaire de quelques mois dans le rang aurait certainement pour effet d'interrompre, de briser chez les admis la tradition écolière. Là, rien n'est conventionnel et tout est obligatoire. Il faut obéir. Il faut servir dans des conditions de régularité, de précision, de renoncement, qui sont les éléments dont se forment l'*esprit* et les *habitudes militaires.* Je suis assuré que les étudiants d'hier, soumis à cette préparation effective, peupleraient les écoles d'où ils doivent sortir officiers de jeunes hommes pourvus d'un commencement d'équilibre professionnel qui leur ferait envisager leur futur mandat sous ses aspects les plus sérieux.

CHAPITRE XII

LE RECRUTEMENT DE L'ARMÉE

En 1872, j'ai soutenu devant l'Assemblée nationale, qui discutait la loi sur le recrutement de l'armée, ce thème :

Qu'à peine d'une lente désorganisation de ses forces vives, sociales, politiques et économiques, aucune nation ne pourrait supporter le double fardeau de l'obligation et de la durée du service militaire.

« Je fixais à *trois ans* la limite maxima de la présence
« du soldat sous le drapeau, à la condition que son *dres-*
« *sage*, c'est-à-dire sa préparation technique, fût complété
« par une *éducation spéciale,* comprenant l'enseignement de
« tous ses grands devoirs du temps de paix et du temps de
« guerre. — La totalité du contingent annuel *disponible,*
« c'est-à-dire déduction faite des différentes catégories
« d'*exempts* et de *dispensés,* était appelée sous les dra-
« peaux. — L'*engagement conditionnel* ou *volontariat d'un*
« *an* était soumis à des règles spéciales d'application, con-
« seillées par l'expérience des résultats obtenus en Prusse.
« — Des *renvois anticipés* pouvaient être ordonnés au
« profit des hommes de troupe signalés comme méritants,
« qui, après un minimum de *dix-huit mois de service,*
« feraient devant un jury régimentaire la preuve d'une

« instruction militaire de soldat, solide et complète. Pour
« l'homme de troupe, ces renvois anticipés ne constituaient
« en aucun cas un droit qu'il pût invoquer. Pour le ministre,
« ils étaient une faculté dont il ferait usage dans la mesure
« budgétaire utile. — Les renvoyés par anticipation for-
« maient le noyau de la *disponibilité de l'armée active,*
« jusqu'à l'accomplissement de trois ans de service dus à
« l'État. — La durée du service dans la *réserve* était de
« *cinq ans.* — La durée du service dans l'*armée territoriale*
« était fixée à *six ans,* dans la *réserve de cette armée*
« à *six ans* également. »

J'avais pour contradicteurs, dans cette lutte qui fut la dernière de ma vie publique, le chef de l'État, M. Thiers, et les généraux membres de l'Assemblée nationale. Par ses travaux écrits, passionnément étudiés au point de vue militaire, le président de la république se rattachait étroitement aux institutions qu'avait illustrées dans le passé le service à long terme. Il ne croyait qu'aux vieux soldats. Par la légende, par leur éducation, par l'habitude, les généraux avaient le même sentiment.

Lui et eux n'apercevaient pas encore la révolution fondamentale que l'écrasement, en 1866 et 1870, des *soldats faits* de l'Autriche et de la France par la masse des *jeunes soldats* de la Prusse, allait introduire non seulement dans la constitution de toutes les armées de l'Europe, mais dans tout le vieil arsenal des voies et moyens de la guerre.

L'accueil que l'Assemblée parut faire à ma démonstration émut M. Thiers à ce point, qu'il annonça la résolution de se retirer si le principe du *service militaire à trois ans* prévalait. Devant une telle déclaration il ne pouvait qu'être écarté, et le grand contresens fut voté, d'une loi qui édictait que l'*obligation du service militaire était compatible* avec sa durée, *que le service de trois ans ne pouvait suffire à faire un soldat*, et qui *en même temps*, divisant le contingent annuel en deux parts dont l'une n'était assujettie qu'à *douze mois au plus* de présence sous le drapeau, *peuplait en cinq ans la disponibilité de l'armée active d'environ trois cent mille hommes ne comptant, au plus, qu'une année de service !*

Après le vote, j'ajoutais à mon précédent exposé quelques explications que je terminais par les paroles suivantes :

« J'en appelle du jugement du présent aux expériences
« de l'avenir. »

(*Journal officiel*, séance du 26 juin 1872.)

A l'heure où j'écris[1], les expériences auxquelles j'en appelais en 1872 ont été longuement faites, et elles ont prononcé. La nouvelle loi sur le recrutement (15 juillet 1889) réduit à *trois ans* la durée maxima du service, et elle admet quelques-unes des propositions complémentaires que je soumettais, il y a dix-huit ans, à la discussion de l'Assemblée nationale. Mais les débats qui en ont préparé le vote ont été d'une médiocrité regrettable et sont restés fort au-dessous de la hauteur du sujet.

D'une part, ils n'ont fait aucune place à cette grande question de l'*éducation militaire*, inconnue ou méconnue en France, et qui devrait être non seulement le correctif, mais la compensation du dommage qu'on attribue à la suppression du service à long terme, suppression admise, je le répète, par toutes les nations qui se sont approprié le principe de l'obligation.

D'autre part le législateur français n'a pas vu, n'a pas

---

[1] J'ai ajourné l'achèvement de cette discussion sur notre état militaire jusqu'à la promulgation de la loi de 1889 et jusqu'à l'introduction dans l'armée de quelques autres innovations qui m'ont conduit à écrire jusqu'en 1890.

voulu voir, devrais-je dire, que l'effet de l'obligation du service à trois ans, avec l'appel de la totalité du contingent, devant mettre à la disposition du département de la guerre infiniment plus d'hommes qu'il n'en pouvait solder et n'en pouvait instruire, il était à la fois naturel et nécessaire que les *exemptions et dispenses* de tout temps édictées dans l'intérêt social et dans l'intérêt des familles, aussi bien que le *volontariat d'un an,* complément indispensable du nouveau système de recrutement, fussent maintenus.

Cédant aux passions, aux préjugés, aux partis pris, qui sont les fléaux de ce temps, le parlement a supprimé, avec le volontariat d'un an, ces exemptions et ces dispenses ou les a dénaturées au point de les rendre impropres à la tutelle des intérêts généraux et particuliers qu'elles avaient jusque-là efficacement servis.

Envisagée à ces derniers points de vue, cette loi de recrutement qui aurait pu être une grande institution sociale et politique, faite pour asseoir l'organisme militaire français sur une base solide et définitive, est moins libérale et moins rationnelle que la loi prussienne, bien que ses auteurs aient prétendu en faire une *loi d'égalité.* Comme celle qui l'a précédée, elle devra être rectifiée dans l'avenir en vertu de la dure condamnation « au faire, au défaire et au refaire », qui pèse sur les destinées de notre pays.

LES ÉTATS-MAJORS

Discutant la question de *la réforme de nos établissements d'éducation militaire,* j'ai dit « que de nos créations nou-
« velles, celle qui avait la plus grande portée, et devait
« apporter à la direction des affaires militaires le supplément

« de force le plus effectif, c'était *l'École supérieure de
« guerre.* »

L'École supérieure de guerre reçoit, par voie de concours,
de jeunes officiers de toutes armes, lieutenants et capitaines,
originaires de l'École polytechnique en assez grand nombre,
qui peuvent, je pense, prétendre à représenter une élite au
point de vue de l'instruction, quand à leur sortie le brevet
d'état-major leur a été conféré. Je répète que si leurs études,
échappant à *l'excès des théories scientifiques* auquel le professorat incline trop souvent dans nos écoles, restent dans
le domaine de la pratique aujourd'hui très étendu et très
compliqué des choses de la guerre, l'École supérieure peu-
plera l'armée de sujets bien préparés au rôle très important
d'auxiliaires du commandement, quelques-uns bien préparés
par ce rôle même, qui est une école d'expérience généralisée, à l'exercice du commandement.

Les officiers sortis de l'École supérieure de guerre alternent,
d'après des règles déterminées, entre les emplois du service d'état-major et les emplois du service régimentaire,
disposition nécessaire qui a pour but de les tenir en état
de contact intermittent avec les troupes. Enfin, à l'imitation
de la Prusse, nous avons institué au sommet de l'armée,
comme je l'ai dit, un état-major général dont la mission
est de faire *de la préparation de la guerre* qui, dans le
passé, ne fut jamais qu'une fiction, une réalité à l'état
permanent.

Il y a dans cet ensemble de mesures un progrès très
considérable, si on compare la situation qu'il crée à celle
que représentait autrefois *le corps d'état-major,* isolé dans
l'armée, sans direction, recruté par l'élite de Saint-Cyr,
mais une élite de jeunes gens sortant des bancs de l'école,
non pas une élite comme aujourd'hui d'officiers déjà éprouvés. Ce corps était d'ailleurs en temps de guerre d'une

insuffisance numérique absolue, et pour montrer à l'armée et au pays l'importance supérieure de sa fonction en campagne, comme pour ouvrir les yeux de tous sur les causes si diverses d'infériorité que présentait notre état militaire, il n'a fallu rien moins que les cruelles épreuves de l'invasion !

Ce progrès suffit-il, et la constitution de nos états-majors est-elle aussi solide que celle des états-majors prussiens? Je ne le crois pas, et je dirai la raison de mon doute sur ce point, tenant compte des différences profondes qui séparent l'état social et politique des deux nations, différences qui ne permettent ni à l'une ni à l'autre d'employer d'une manière absolue les mêmes moyens pour atteindre le même but.

En Prusse, le chef de l'armée, c'est le souverain; non pas en vertu d'une fiction légale comme dans les gouvernements constitutionnels, mais en vertu de droits et de devoirs qui remontent aux origines de la puissance prussienne. Il commande l'armée dans la paix et dans la guerre. Le ministre n'en est que l'administrateur. C'est autour de la personne du souverain, sous sa présidence et sous ses yeux, dans ce cabinet d'où sortent pour l'armée les ordres de direction et d'exécution, que fonctionne en réalité le grand état-major général. Là, les traditions, les méthodes de travail sont à peu près immuables, et les personnes, quand leurs preuves d'expérience sont faites, ne le sont pas beaucoup moins. C'est pendant trente ans que le maréchal de Moltke, assisté d'auxiliaires vieillis dans les différentes spécialités de ce véritable *ministère des armes,* a préparé les guerres prussiennes contemporaines.

Notre démocratie parlementaire ne peut pas prétendre à ce haut degré de fixité dans les choses et dans les personnes; mais s'il faut que les ministres tombent, faut-il que l'état-major général de l'armée, représenté par ses directeurs principaux, tombe avec eux? Non, et j'ajoute que la loi devrait imposer à chacun des ministres de la guerre entrant en fonctions l'obligation de ne modifier sa composition dans ses personnalités dirigeantes que par un décret *délibéré en conseil sous la présidence du chef de l'État*. Au fléau de l'instabilité, dont le péril pour l'armée est évident, cette prescription légale ne serait pas un empêchement absolu, je le reconnais; au moins serait-elle un avertissement et un frein.

Nous avons remplacé le *corps d'état-major* par un *service d'état-major* dont les attributions sont plus étendues et mieux définies, dont la composition, avec un personnel plus nombreux, offre de solides garanties. J'estime que l'œuvre serait achevée si nous avions à la fois un *corps* et un *service d'état-major*.

Il ne faut pas perdre de vue que la constitution des armées formées par le service obligatoire offre de telles complications, *et que leur emploi dans la guerre soulève de tels problèmes, que pour trouver à chacun d'eux des solutions, il faut absolument des spécialistes.* La création des *spécialités*, pour débrouiller le chaos au milieu duquel se formeront, marcheront, vivront et combattront ces multitudes armées, est certainement une des lois qui s'imposent le plus impérieusement aux organisateurs des guerres à venir. Entre toutes ces spécialités, celle des états-majors a une importance considérable, parce qu'elle embrasse à la fois les intérêts de la direction et ceux de l'exécution.

Le *service d'état-major*, constitué comme il l'est aujourd'hui (mars 1890), est-il en mesure de former beaucoup de spécialistes entendus? J'ai à cet égard des doutes que j'expliquerai brièvement en lui faisant application du vieil adage : « Qui trop embrasse, mal étreint. »

Des officiers de toutes armes, qui entrent dans la composition du service d'état-major, vont et viennent entre les états-majors et les troupes. Au contraire du personnel de l'ancien corps, qui s'atrophiait dans l'immobilité de ses bureaux, ils sont en quelque sorte nomades et forment une collection flottante. Ses membres n'ont entre eux aucun lien dont l'armée et eux-mêmes puissent bénéficier.

Ces allées et venues ne doivent-elles pas prendre fin, et à un moment (qu'il appartiendrait au ministre de déterminer par un règlement) de cette carrière mouvementée, ces officiers, considérés comme suffisamment pénétrés de l'esprit militaire et de l'expérience qui s'acquièrent dans le service régimentaire, ne devraient-ils pas échanger leur titre de *brevetés d'état-major* contre celui *d'officiers d'état-major* désormais *spécialistes*, et appliqués aux missions de la spécialité? Ils formeraient un *corps d'état-major* dont les brevetés seraient les auxiliaires en même temps que la réserve.

En réalisant les vues que je viens d'exposer, l'État ne fonderait pas seulement la *spécialité* de l'état-major, il lui donnerait la consistance, la solidarité, le sentiment des responsabilités collectives, et, pour tout dire, ce ressort particulier que les armées connaissent sous le nom *d'esprit de corps*. Les brevetés aspireraient à l'honneur d'être admis dans ce groupe autorisé, dont la tête formée d'officiers généraux et supérieurs d'expérience spéciale éprouvée, offrirait au département de la guerre des sujets de choix pour les hauts emplois de l'état-major général de l'armée, pour les emplois spéciaux de chefs et sous-chefs d'état-major des corps d'armée et des divisions, enfin pour les missions importantes qui exigent la solidité des aptitudes et la variété des connaissances acquises.

Je ne crois pas, je le répète, que le *service d'état-major,* ondoyant et décousu comme il l'est, puisse à lui seul présenter, en vue des guerres futures, des garanties comparables à celles que l'armée rencontrerait dans le *corps d'état-major* dont je propose la création. Assisté et recruté par les officiers brevetés, il aurait plus d'un point de ressemblance, en tant que constitution et que fonctionnement, avec le grand état-major prussien (Haupt-Etat).

J'ai indiqué l'un des progrès qu'il serait possible de réaliser au profit des états-majors sans aucun effort budgétaire nouveau. J'en montrerai un autre qui consisterait dans un emploi plus judicieux, plus important pour l'armée et pour la défense du pays, des facultés que les officiers d'état-major d'aujourd'hui mettent à la disposition du département de la guerre.

J'ai dit que les officiers de l'ancien corps d'état-major, à défaut d'aliments offerts à leur savoir et à leur activité par les travaux inconnus en France de préparation de la guerre pendant la paix, en étaient venus à former une sorte de bureaucratie assise. Ils étudiaient des dossiers, ils écrivaient des lettres, en conformité des règlements, des prescriptions du journal militaire et des circulaires ministérielles. Ceux qui s'étaient pénétrés de ce savoir compliqué avaient une notoriété spéciale, et ils étaient fort recherchés par les officiers généraux chargés de commandements à l'intérieur.

De ces vieilles traditions, la trace se rencontre encore dans les états-majors de nos corps d'armée et de nos divisions. Là, les travaux importants (mobilisation, recensements généraux, projets de réorganisation, grandes manœuvres, etc.) ne sont pas de tous les jours. Tous les jours, au contraire, *les affaires courantes* affluent dans les bureaux, les intéressantes en nombre limité, les secondaires dans la proportion considérable que leur a donnée l'extension presque infinie des divers services de l'armée nouvelle.

C'est aux officiers d'état-major qu'à défaut de *secrétaires rédacteurs* (les sous-officiers, caporaux et soldats, attachés à l'état-major, n'étant pas en mesure de remplir cet office) incombe cet ingrat, minutieux et permanent travail d'écritures. Ils le *font* alors qu'ils ne devraient que le *diriger*. Voilà pourquoi nous entretenons dans nos états-majors un nombre d'officiers presque double de celui qu'emploient les états-majors prussiens, alors que faute de personnel spécial, peut-être aussi par indifférence et par habitude de laisser-aller, nous négligeons les *missions d'état-major* qui sont, au point de vue de notre préparation aux guerres de l'avenir, d'importance supérieure. Elles sont de trois sortes, et, avant de les définir, j'indique les moyens par lesquels il serait possible de distraire du personnel surabondant des états-majors d'aujourd'hui celui qui serait nécessaire pour l'accomplissement de ces missions.

Ce résultat serait obtenu par l'introduction dans nos états-majors de quelques secrétaires rédacteurs, anciens officiers ou fonctionnaires civils, les uns et les autres en possession d'une pension de retraite à laquelle viendrait se joindre, pour quelques heures d'un travail quotidien, le complément d'un traitement spécial. Ces agents chargés, sous la direction et d'après les indications des officiers d'état-major, des rédactions auxquelles donneraient lieu *les affaires courantes*, deviendraient sur ce terrain restreint des auxiliaires très entendus. Ils formeraient, avec l'archiviste, la portion *en tout temps immobilisée* du personnel *à chaque instant mobilisable* des états-majors. Le jour où ceux-ci disparaîtraient pour entrer en campagne, *leur succession administrative régionale serait partiellement assurée* par ce secrétariat formé à la pratique des affaires courantes. Il ne faut pas perdre de vue qu'après l'effort de la mobilisation des armées *fait par des états-majors qui se mobilisent eux-mêmes,* l'activité des services régionaux, privés de la presque totalité de leur personnel, serait mise à l'épreuve par l'incessante préparation du renouvellement des forces engagées dans la guerre.

A l'importante économie de personnel d'état-major que produirait la création que je propose, viendrait se joindre celle qui résulterait de la suppression, que je recommande également, des aides de camp que remplaceraient auprès des généraux de jeunes officiers d'ordonnance empruntés aux troupes. Du groupe d'officiers spéciaux, rendus disponibles par cette double mesure, trois parts seraient faites qui recevraient les destinations suivantes :

La première, autant que possible formée de sujets parlant les langues étrangères, serait chargée de missions militaires à l'extérieur, et voyagerait.

La seconde serait appliquée aux travaux permanents de reconnaissance à exécuter sur les frontières continentales françaises.

La troisième formerait un personnel d'officiers d'état-major (capitaines), appelés à exercer à l'intérieur un emploi nouveau, celui de *major de brigade.*

Je justifierai successivement chacune de ces trois propositions.

LES MISSIONS MILITAIRES A L'ÉTRANGER

La politique et les vues de guerre de plusieurs des puissances étrangères, nos voisines, sont notoirement servies hors de chez elles, non seulement par des représentants officiellement accrédités, non seulement par des agents qui ne le sont pas et qui opèrent perdus dans la foule, mais encore, à titre volontaire, par des individualités voyageant pour leurs affaires ou leurs plaisirs, qui se donnent à elles-mêmes le mandat d'observer et de recueillir pour le compte de leur gouvernement.

Nous ne pouvons prétendre à cette abondance d'informateurs et d'informations, par les raisons que le tempérament de nos nationaux ne s'y prête pas, qu'ils voyagent peu, qu'ils ne parlent pas communément les langues étrangères. Au moins devrions-nous avoir, indépendamment des attachés militaires qui font partie de nos missions diplomatiques auprès de certaines puissances, des officiers voyageant ouvertement à l'étranger pour leur instruction et pour la nôtre. N'oublions jamais que nous sommes allés à Sedan avec la conviction hautement exprimée par les foules françaises que nous allions à *Berlin!*

C'est que nous avions l'ancienne, profonde et périlleuse illusion de croire que notre vieille et glorieuse armée était restée la première de l'Europe. En vue de dissiper ce mirage patriotique, j'ai fait publiquement assez d'efforts, au temps de l'empire, pour avoir aujourd'hui le droit de dire au pays qu'il ne lui est plus permis de s'en laisser aveugler. L'unique moyen qu'il ait d'échapper à l'aveuglement, c'est de regarder attentivement et continuellement autour de lui, au lieu de s'obstiner à ne regarder qu'en lui. Il faut que pendant la paix il soit en état de contact permanent avec les armées étrangères.

Ces armées, sous l'influence de la fièvre chaude qui tient l'Europe entière, travaillent, cherchent le progrès et se transforment presque à chaque instant. Il importe qu'elles soient suivies, dans cette perpétuelle évolution de leurs voies et moyens, par des officiers judicieusement choisis, capables d'étudier, de comparer, de juger, d'acquérir sur les mérites des innovations admises, des notions *de visu* qui se vulgariseraient dans notre armée au lieu d'être l'inutile privilège de quelques-uns, et appelleraient la discussion. Accrédités auprès de nos agents diplomatiques et consulaires, ils ne chercheraient pas à pénétrer les secrets militaires des gouvernements étrangers, mais ils regarderaient et ils écouteraient, cela suffit. Je crois que les directeurs de nos affaires militaires et ceux de nos officiers qui sont désireux de s'instruire, bénéficieraient amplement de ces investigations faites au grand jour.

TRAVAUX PERMANENTS DE RECONNAISSANCE DES FRONTIÈRES FRANÇAISES

L'activité militaire de la France, *toujours offensive* hors des événements de guerre qui ont ouvert son territoire à l'invasion, a constamment prononcé ses efforts contre l'ennemi du nord, du nord-est, de l'est, du sud, selon les mouvements oscillatoires de la politique des temps passés. L'Allemagne et l'Italie, divisées jusqu'aux temps présents en un grand nombre d'États dont les institutions politiques, les traditions, les intérêts, différaient profondément, n'étaient ni l'une ni l'autre en mesure de réunir ces États pour l'action commune contre nous.

Une évolution de la politique française, accablante pour la France, a mis fin à cette désunion séculaire. Le second empire a permis que la guerre de 1866 préparât l'unité politique et militaire de l'Allemagne, comme il avait voulu que la guerre de 1859 préparât l'unité politique et militaire de l'Italie.

A dater de ces grands événements achevés pour nous par les calamités d'une troisième guerre, celle de 1870, dont les conséquences à venir, inconnues, sont faites pour troubler les esprits les plus fermes, la France a subi une douloureuse métamorphose :

Son rôle militaire est devenu *défensif*.

Oui, c'est à présent la *défensive* que nos intérêts les plus chers, des intérêts qui peuvent s'étendre, dans notre isolement au milieu des monarchies de l'Europe, jusqu'à l'existence de la nationalité française, nous font une loi impérieuse d'organiser. Nous sommes tenus de constituer la *défense pied à pied* du territoire, en ne perdant jamais de vue ce principe de guerre : *que la défensive réussie peut et doit se transformer en offensive.*

Pour la défense du territoire, nous avons multiplié, à défaut de grands obstacles naturels, protecteurs de nos frontières continentales, les remparts et les armées. Ces efforts suffisent-ils ? Je dis que non.

A la guerre, l'une des conditions de succès les plus importantes, comme les plus difficiles à réaliser, c'est de *connaître à fond*, c'est-à-dire *de visu*, toutes les ressources qu'offre la topographie du théâtre des opérations défensives ou offensives, par conséquent toutes les dispositions militaires auxquelles, pour l'un et l'autre cas, elle se prête : les voies de communication, depuis les chemins de fer et les grandes routes jusqu'aux chemins ruraux et jusqu'aux sentiers de la montagne ; — les cours d'eau, depuis les fleuves jusqu'aux ruisseaux faisant obstacle ; — les canaux, les marais, les bois, les villes, les villages ; — les *positions militaires suc-*

cessives où les troupes peuvent combattre avantageusement, etc.

Toutes ces notions essentielles et d'un si haut intérêt de guerre, où les généraux sont-ils communément réduits à les aller chercher? Dans l'étude des cartes, la plus décevante qui soit, même quand par fortune elles sont de date récente et d'une exactitude rigoureuse. Heureux ceux dont l'état-major compte des officiers qui ont antérieurement étudié la région, qui ont jugé le terrain, qui le connaissent comme les bons guides du pays! Ces généraux-là ne vont pas au hasard. S'ils prennent position pour le repos, c'est dans la sécurité. S'ils prennent position pour le combat, c'est dans la confiance.

Aux militaires encore trop nombreux parmi nous, qui croyant, sur la foi des doctrines de l'école, que les événements de la guerre sont exclusivement l'effet des savantes combinaisons de la stratégie, opposeraient le dédain aux réflexions que je fais ici sur le rôle, modeste en apparence, effectif et souvent décisif en réalité, de la topographie locale bien apprise, je répondrais :

Le travail spécial d'études défensives auquel je demande à la France de s'appliquer sans retard et sans trêve, c'est le travail que la Prusse fait depuis soixante ans sur ses frontières anciennes et nouvelles, qu'elle fait depuis l'avènement du second empire sur les nôtres, dans une constante préoccupation d'offensive contre nous.

Je crois avoir justifié la proposition qui va suivre, et dont le titre de ce paragraphe et la courte discussion qui précède ont à l'avance révélé l'objet. Je juge nécessaire :

« Qu'un service de reconnaissances militaires, permanent pendant toute la durée des beaux jours, soit établi sur nos frontières, embrassant en profondeur une étendue de quarante lieues ;

« Que le plus grand nombre des officiers d'état-major, rendus disponibles par les procédés que j'ai indiqués, reçoivent la mission d'étudier la défense pied à pied de la région d'exploration qui leur aura été assignée, signalant et décrivant, à l'aide de plans à grande échelle et de rapports spéciaux, les positions que les troupes devront successivement occuper (le relief de ces positions, l'état de leurs abords, la protection de leurs flancs, leurs lignes de retraite, etc.);

« Que ces travaux, avec les noms de leurs auteurs, soient classés méthodiquement au ministère de la guerre pour être distribués, la guerre éclatant, aux généraux investis du commandement des troupes aux frontières, dont les états-majors recevront, à titre d'avertisseurs compétents et de guides sûrs, les officiers qui auront exécuté ces reconnaissances;

« Qu'enfin des *voyages d'état-major*, conduits par le chef d'état-major général de l'armée, aient pour but de faire tous les ans, sur place, la vérification des travaux de reconnaissance-frontière et d'en discuter les mérites. »

CRÉATION D'EMPLOIS DE MAJOR DE BRIGADE

En envisageant dans son ensemble le mécanisme du commandement dans chacun de nos corps d'armée, tant au point de vue du commandement des troupes que du commandement territorial, on reconnaît que l'état-major du corps d'armée représente la *direction,* que les états-majors divisionnaires représentent la *transmission,* que les commandants des brigades (sans état-major) ont l'*execution.*

Ces derniers officiers généraux sont en contact immédiat avec tous les services de la guerre (troupes et territoire), avec le personnel militaire qui doit exécuter, avec le personnel administratif civil qui, dans nombre de cas, doit concourir à l'exécution. Leur tâche est donc effective, et elle est quelquefois complexe en raison de la diversité des questions dont l'instruction ou l'exécution engage leur responsabilité de commandants de brigade et de subdivisions régionales. Un général nouveau promu, n'ayant pour auxiliaire qu'un officier d'ordonnance qui est lui-même, la plupart du temps, un nouveau venu, rencontre quelque difficulté à s'asseoir dans son commandement avec la compétence et l'autorité qui ne peuvent lui être acquises qu'après une certaine période d'expérimentation de toutes les circonstances prévues et imprévues dont l'accomplissement pratique de son mandat est entouré.

La création au chef-lieu subdivisionnaire d'un emploi de *major de brigade* (capitaine breveté), qui serait en même temps, quand il y aurait lieu, l'aide de camp du général, donnerait satisfaction à tous ces intérêts de commandement et d'administration militaires. Par complément, les officiers qui auraient rempli ces fonctions se trouveraient en possession d'une *expérience de fait,* qui ajouterait beaucoup à leur instruction spéciale d'état-major.

Je reconnais que les trois propositions que je viens d'émettre, — missions à l'étranger, — travaux permanents de reconnaissance sur nos frontières, — emplois de major de brigade, — ne pourraient entrer dans le domaine de la pratique avec notre effectif actuel, très restreint, d'officiers brevetés, même en réalisant dans les états-majors des corps d'armée et des divisions les économies de personnel que j'ai conseillées. Mais si, comme je l'affirme, nos états-majors sont numériquement insuffisants, s'ils sont hors de proportion avec l'énorme et toujours croissante extension que reçoivent les effectifs de l'armée combattante et ses divers services, je dis que les pouvoirs publics ont l'impérieux devoir d'aviser.

Il y a dans la constitution des armées des organes dont la fonction a une si haute importance, qu'il faut à tout prix l'assurer. Telles sont la fonction des *états-majors* dans les sphères supérieures, et celle des *cadres* (sous-officiers) dans les sphères inférieures, que j'étudierai plus loin. L'une et l'autre ont une sorte de corrélation, en ce sens que les états-majors ont, autour des armées marchant à l'ennemi, un rôle d'encadrement et de propulsion qui n'est pas sans analogie avec celui que les sous-officiers ont, dans le combat, autour des groupes engagés.

LES SOUS-OFFICIERS

Comment rattacher au drapeau, par voie de libre contrat, les sous-officiers que les libérations périodiques lui enlèvent? Nous n'avons pas pu résoudre jusqu'à présent ce problème qui est le souci de toutes les nations militaires de l'Europe.

Dans notre pays de démocratie, où tous les sous-officiers bien notés et en possession de quelques éléments d'une instruction sommaire peuvent prétendre à l'épaulette, il arrive que ceux-là seuls, ou à peu près, se rengagent, dans l'espoir de la promotion qui doit suivre leur admission à l'école militaire de leur arme. Les autres, formant une énorme majorité, s'en vont.

Ils s'en vont parce que l'esprit militaire et le goût des armes n'existent en France que par exception et dans les classes dites privilégiées; parce qu'au contraire, le besoin de l'indépendance (une indépendance qui reste chimérique pour le plus grand nombre) est universel dans les autres;

parce qu'enfin *de l'état de sous-officier nous n'avons pas su faire une carrière à opposer à celles dont le mirage attire nos libérés vers la vie civile.*

Je pose ici avec précision les termes du problème, en exprimant de nouveau une pensée qui a déjà trouvé sa place dans cette étude :

Il s'agit de retenir dans l'armée toute une catégorie de bons sujets, assez lettrés pour qu'ils puissent lire, écrire et tenir un compte, trop illettrés pour que leur ambition puisse aller au delà du galon, et de faire revivre ainsi, pour l'encadrement des troupes, cette classe de spécialistes autorisés que la transformation de l'armée et les mœurs nouvelles ont à peu près complètement supprimée.

Le gouvernement et les Chambres ont cru trouver la solution cherchée dans une succession de lois, plusieurs fois remaniées, qui ont assuré aux sous-officiers rengagés des avantages importants, — hautes payes convenablement graduées, — concession de pensions de retraite proportionnelle après une période de service déterminée, — admission, après libération définitive, à divers emplois dans un certain nombre de services publics. Il est acquis que ces efforts législatifs n'ont que très médiocrement réussi.

C'est que le gouvernement s'est borné à demander aux assemblées délibérantes de donner satisfaction, par des sacrifices budgétaires, aux intérêts pécuniaires des sous-officiers. Il ne s'est pas arrêté aux moyens, — qui étaient pour une grande part à sa disposition, — de relever devant l'armée, devant le public, surtout à leurs propres yeux, leur condition, dont l'infériorité et l'effacement s'accusent de plus en plus. Comment en serait-il autrement ?

Les sous-officiers d'aujourd'hui sont des jeunes, quelquefois des imberbes. En état de quasi-promiscuité avec la troupe, trop peu ménagés devant elle par leurs chefs, manquant de l'autorité de l'âge qu'avaient leurs prédécesseurs au temps du remplacement et de l'exonération, ils comptent très peu, en ont le sentiment et ne pensent, comme je l'ai dit, qu'à s'en aller au jour de la libération.

Ainsi, dans le grave sujet qui m'occupe, il y a deux questions distinctes : *la question d'argent,* que je tiens pour à peu près résolue, sauf une modification de quelque importance que je propose ci-après, et *la question de dignité d'état,* un principe dont il faut que les chefs militaires s'attachent incessamment à pénétrer leurs auxiliaires sous-officiers. J'en dirai les moyens.

En ce qui touche la question d'argent, j'exprime l'opinion que beaucoup de sous-officiers, ceux-là même dont la conduite est régulière, ont, au moment où la loi les libère, des besoins pécuniaires, des engagements, des embarras, qu'expliquent la modicité de la solde, l'insuffisance des secours de la famille, des entraînements auxquels cèdent, hors de la caserne, de jeunes hommes à l'âge des passions qui agitent les commencements de toutes les carrières.

Je tiens pour certain qu'aux yeux de cette nombreuse catégorie de libérés, *aucun avantage à distance* (haute paye, retraite proportionnelle, emploi civil ultérieur) ne peut être l'équivalent de celui que leur offrirait le payement, *à l'heure même du rengagement,* d'un capital déterminé sous le nom de :

Indemnité de rengagement.

Je l'appelle *indemnité,* et non pas *prime* de rengagement, pour échapper à l'irritation patriotique et sentimentale des casuistes qui font incessamment état de l'article 2 de la loi de 1872 ainsi conçu :

Il n'y a dans les troupes françaises ni prime en argent, ni prime quelconque d'engagement.

Ce principe, — au sujet duquel je me persuade que l'avenir sera forcé d'admettre certaines exceptions, notamment quand la France voudra se donner des *troupes coloniales*, — n'est applicable qu'aux gens qui entrent dans l'armée en vertu de l'article 1ᵉʳ de la même loi, qui dispose que :

Tout Français doit le service militaire personnel, obligation supérieure qu'ont remplie tous les sous-officiers libérés, absolument différente de celle qu'ils contractent de nouveau par un rengagement qui est entièrement volontaire.

De l'*indemnité de rengagement*, une part serait immédiatement acquise aux sous-officiers qui *se seraient rengagés sous la déclaration écrite qu'ils contractent pour être sous-officiers*. L'autre part serait versée à la caisse des dépôts et consignations pour leur être remise à leur libération définitive.

L'indemnité ne serait pas due aux sous-officiers qui *se seraient rengagés sous la déclaration qu'ils contractent pour devenir officiers*. Ils forment dès à présent, dans nos régiments, une catégorie spéciale de sujets qui suivent des cours particuliers en vue de leur préparation aux examens dont le résultat est leur admission aux écoles d'élèves-officiers.

Dans le livre : *l'Armée française en* 1879, j'avais proposé la création d'une *caisse de rengagement* qui, effectuant le payement des indemnités aux sous-officiers rengagés, aurait été alimentée par différentes sources de revenus que la suppression du *volontariat d'un an* et celle des *exemptions*, consacrées par l'ancienne loi de recrutement, ont taries. Je ne reviens pas sur ce sujet, me bornant à exprimer un principe qui tôt ou tard prévaudra si l'armée française garde les effrayantes proportions numériques qu'elle a aujourd'hui.

Il me reste à traiter la seconde question, celle que, pour les sous-officiers, j'ai appelée la question de *dignité d'état*.

Sur ce point, la théorie que je vais exposer, et qui est le résultat des observations expérimentales de toute ma vie, se résume dans le principe suivant :

Le goût qu'un agent du pouvoir, revêtu d'une certaine part, quelle qu'elle soit, d'autorité déléguée, montre pour son office, dépend du degré de considération que cet office lui vaut.

Or, quelle est aujourd'hui sous ce rapport, dans l'armée (à part quelques améliorations récentes à peine sensibles), la situation des sous-officiers dont le mandat est bien plus difficile et plus important qu'autrefois?

Elle est presque entièrement effacée dans l'infanterie;

Un peu moins effacée dans la cavalerie;

Un peu plus relevée dans l'artillerie;

Solide, par tradition, dans l'arme du génie;

Pleine d'autorité dans la marine (équipages de la flotte).

Les différences caractéristiques que fait ressortir ce tableau s'expliquent d'elles-mêmes en justifiant le principe que je viens d'énoncer.

Dans l'infanterie, l'existence des sous-officiers est étroitement et constamment mêlée à celle de la troupe devant laquelle, je l'ai dit, ils se voient souvent et sans aucun ménagement réprimandés, même punis, par leurs officiers. Ce laisser-aller dans les habitudes de la plupart des dépositaires du commandement les plus rapprochés par leur grade (sous-lieutenants et lieutenants) des sous-officiers, est très préjudiciable à l'autorité de ceux-ci, qui ne se sentent pas considérés, ne se considèrent pas beaucoup eux-mêmes et n'ont qu'une perception très insuffisante de la *dignité de leur état.*

Dans la cavalerie, la situation est la même. Si dans cette arme les sous-officiers comptent un peu plus que dans l'infanterie, c'est, d'une part, que plusieurs ont le bénéfice relatif de l'état de leurs familles dans le monde et du nom qu'ils portent ; c'est, d'autre part, que généralement ils sont autorisés, quant au port de l'uniforme hors du service (autorisation tacite), à *des recherches de tenue* qui ne sont pas tolérées ailleurs. Je montrerai plus loin que cette question, très secondaire en apparence (la tenue des sous-officiers), a une importance spéciale et ne peut pas être négligée.

Dans l'artillerie, surtout dans le génie, dont les effectifs sont très restreints, les sous-officiers sont traités avec plus d'égards. Obligés de travailler et d'apprendre beaucoup pour être à la hauteur de leur mandat, ils ont devant leurs chefs, qui sont eux-mêmes des hommes de savoir, et devant leurs sous-ordres, une situation qu'entoure un certain prestige. Par surcroît, ils peuvent bénéficier, à la condition de le mériter, d'un avantage qui échappe à leurs camarades des autres armes et qui leur ouvre, en dehors de l'épaulette, *une carrière* enviable et sûre, celle de *gardes d'artillerie* (principaux et ordinaires), celle d'*adjoints du génie* (principaux et ordinaires).

A bord de nos vaisseaux, les sous-officiers sont des personnages. La plupart ont la perspective d'un avenir suffisant et sont contents de leur sort. Ce ne sont pas généralement de *grands clercs,* mais de sûrs, habiles et dévoués *spécialistes,* tels que ceux que je demande au département de la guerre de former pour l'encadrement de l'armée.

Leurs officiers ont de tout temps compris l'importance du rôle de ces indispensables auxiliaires, et employé les moyens qui devaient la leur assurer. Ils leur témoignent une *considération* marquée par beaucoup de confiance dans l'exécution du service, beaucoup de bienveillance dans leurs rapports quotidiens. C'est, au principal, par l'application de ces principes et de ces procédés de commandement que notre marine, qui est une élite militaire, entretient la forte et traditionnelle autorité de *la maistrance* sur les équipages de la flotte.

Comment, pour choisir un exemple, cette *considération*, que je réclame pour les sous-officiers de l'armée parce qu'elle est l'élément principal et nécessaire de la *carrière* que je veux leur ouvrir, pourrait-elle se concilier avec nos règles et nos habitudes de répression disciplinaire? Immuables depuis un siècle, elles s'appliquent aux sous-officiers comme aux soldats dans nos régiments. Les manquements des uns et des autres motivent des punitions de même nature, et il n'est pas rare que la *salle de police* se referme sur des sous-officiers, la salle de police dont j'ai montré ailleurs l'abus traditionnel et malhabile, aussi bien que les effets d'altération sur l'esprit et la moralité des soldats eux-mêmes !

Pour les sous-officiers qui commandent et pour la foule militaire qui est commandée par eux, ne faudrait-il pas des modes et des degrés différents de répression? Comment, par exemple, les premiers ne seraient-ils pas sensibles à la réprimande (dans l'infanterie, que je prends pour type) devant les sous-officiers (du même grade) de leur compagnie, de leur bataillon, du régiment tout entier [1]? Cette

---

[1] Pour les manquements véniels des soldats bien notés, j'ai déjà proposé (page 207) ce mode de répression morale.

répression graduée n'agirait-elle pas plus sûrement, plus dignement sur leur esprit que cet emprisonnement où, pour des fautes quelquefois vénielles, ils s'abrutissent dans l'obscurité et dans l'oisiveté !

Je demande expressément encore la suppression de ce châtiment mitigé que des règlements faits pour d'autres temps infligent aux sous-officiers, la *rétrogradation*. Un sous-officier *à demi-cassé* ne sert qu'avec dégoût dans la condition diminuée à laquelle il est publiquement réduit, et, vis-à-vis de ses subordonnés, cette diminution d'autorité lui retire trop d'influence morale pour qu'il puisse commander utilement.

Tout sous-officier jugé indigne d'être maintenu dans son grade, doit être frappé par la cassation et rentrer pour toujours dans le rang. Mais je juge qu'elle ne devrait être prononcée par les autorités militaires qui sont investies de ce droit, que *sur l'avis d'un conseil de discipline*, à la présidence du commandant du régiment, où entrerait, à titre de représentant de la corporation, un sous-officier du grade de l'inculpé.

Cette disposition n'aurait pas seulement pour effet d'offrir aux sous-officiers les plus solides garanties d'une bonne justice, elle serait éminemment propre à *relever leur état* à leurs yeux et aux yeux de l'armée.

J'envisage à présent la condition des sous-officiers sous l'aspect particulier, — très important aussi, — des moyens d'ordre matériel qu'il faudrait employer pour rétablir, entre eux et les soldats, dans toutes les circonstances de leur vie en commun, *la ligne de démarcation* que le temps, l'indifférence et le laisser-aller ont presque effacée.

LE LOGEMENT

Tous les sous-officiers, — les adjudants jouissant seuls de ce privilège, — devraient avoir un logement en propre, une petite chambre pourvue d'un modeste ameublement, où chacun d'eux trouverait le repos de la nuit et du jour, avec la libre disposition, pour le travail personnel, de ses heures de chômage militaire.

L'armée italienne, dont j'aurai plus d'une fois l'occasion d'invoquer l'exemple, parce qu'aucune à mon sens n'a plus heureusement résolu la question des sous-officiers, n'a pas négligé ce moyen de les satisfaire et de les fixer. Si, en France, les dispositions du casernement ne s'y prêtaient pas immédiatement, il faudrait au moins admettre en principe que tous les sous-officiers rengagés ont droit à la possession d'*un chez eux*.

SERVICE DE TABLE ET LIEU DE RÉUNION

Il est indispensable que les sous-officiers aient une organisation de service de table mieux entendue sous les rapports du confort, de la propreté, des soins, que celle qu'ils rencontrent aujourd'hui dans les cantines régimentaires ; indispensable aussi qu'ils aient au quartier un lieu de réunion, aux fins que réalise en Italie, avec tant d'avantages, l'institution des *casinos de sous-officiers*. Toutes les casernes de quelque importance en ont un.

Là, dans une salle de suffisante étendue, chauffée pendant l'hiver, éclairée, pourvue du mobilier nécessaire, de livres, de publications militaires, *même de journaux choisis,* les sous-officiers ont la faculté de se réunir. Et on m'a assuré que, pendant toute la durée de la guerre russo-turque, un officier leur en faisait suivre les divers épisodes sur un tableau noir où le théâtre des événements était sommairement représenté à la craie.

Peut-on imaginer rien de mieux entendu, de plus propre à fixer l'attention d'un auditoire dont les plus ignorants sont en mesure de saisir, par les yeux et par les oreilles, des explications qui touchent de si près aux choses de leur état et à des événements dont tout le monde parle incessamment autour d'eux?

J'affirme que, si cette création était convenablement réglementée, elle aurait des effets importants et presque les mérites d'une institution. Il y a dans les groupes de sous-officiers quelques jeunes gens de bonne éducation. Les autres, aujourd'hui, sont tous à l'âge où les habitudes acquises peuvent se modifier par les contacts et par l'exemple.

Ces réunions quotidiennes développeraient parmi eux l'esprit de sociabilité, de camaraderie, de solidarité, avec un certain degré de culture. Quelques conférences faites *de temps en temps et à propos*, par des officiers capables, sur les devoirs professionnels, *sur le rôle des cadres en campagne, sur les découvertes militaires nouvelles, sur les guerres qui auraient cours au dehors*, intéresseraient au plus haut point cette jeunesse et deviendraient l'objet de ses conversations. Elle vit à présent dans l'isolement, dans l'abandon, l'ennui et la subalternité.

HABILLEMENT ET ARMEMENT

Les sous-officiers des troupes à cheval ont à peu près la situation qui convient, quant à l'habillement, qui comporte hors du service, comme je l'ai dit, des habitudes de recherche généralement tolérées. Ils peuvent cheminer par la ville dans une tenue qui semble devoir donner à leur amour-propre toutes les satisfactions désirables.

Il n'en est pas de même pour les sous-officiers des troupes à pied. Je ne demande pour eux aucune addition aux insignes qui sont les marques traditionnelles de leur rang dans la hiérarchie, estimant que « les armées à plumets », c'est-à-dire qui s'écartent de la simplicité, s'écartent en même temps de la réalité militaire moderne. Mais je voudrais que leur uniforme, fait avec plus d'élégance et de soins, se distinguât nettement de celui des soldats. Tous, par exemple, devraient porter la demi-botte sous le pantalon d'ordonnance, et pour tous, la capote du drap dit de sous-officier devrait avoir la couleur bleue foncée du vêtement des officiers.

Leur armement comporterait des modifications plus profondes, et j'entre à cet égard dans des explications qui s'étendront à l'armement des officiers.

Au temps passé, la préoccupation du *brillant* dans les choses de l'armée l'emportait trop souvent sur la préoccupation de l'*utile*. C'est ainsi que, pour les officiers des troupes à pied, un véritable *sabre de cavalerie* à fourreau d'acier, voyant, flottant, bruyant, lourd, incommode au plus haut point dans les mouvements de vitesse de l'infanterie, a remplacé l'épée à fourreau de cuir noir, tombant à plat et fixée sur la cuisse par le baudrier, *l'arme vraie de l'officier à pied*.

Pour le soldat, à la baïonnette légère et courte, très suffisante à l'offensive et à la défensive du fantassin, silencieuse dans son fourreau de cuir quand, à la guerre, l'infanterie tentait une surprise de nuit, on avait substitué le monstrueux appareil appelé le *sabre-baïonnette* à fourreau massif de métal.

Il accablait de son poids le soldat déjà surchargé, gênait

ses allures rapides, et son tintement métallique dénonçait de loin à l'ennemi les mouvements des troupes engagées dans une marche de nuit. Enfin il transformait le fusil, qui est expressément et presque uniquement l'*arme du combat à distance,* en une *arme de main* pour les luttes corps à corps, pour *ce combat à la baïonnette* que *nos légendes* ont rendu fameux, et qui est si rare que des officiers vieillis dans la guerre n'en ont jamais vu que l'apparence [1].

Le contresens était si évident qu'il n'a pas pu durer. Nous sommes revenus à la baïonnette légère et maniable, mais nous avons commis l'erreur de la loger dans un fourreau de métal.

Cette courte digression technique a pour but de justifier la double proposition que je fais ici :
1° de rendre l'épée aux officiers des troupes à pied,
2° d'étendre le port de l'épée (d'un modèle spécial) aux sous-officiers.

Je ne suis pas éloigné de croire que, de toutes les marques de considération dont j'ai demandé que le bénéfice fût acquis aux sous-officiers, le *port de l'épée* soit celle qu'apprécieraient le plus ceux de l'infanterie. Ce serait à leurs yeux la ligne de démarcation la plus caractéristique entre eux et les hommes de troupe (caporaux et soldats) au milieu desquels ils vivent, et, à leur tour, ils chemineraient par la ville avec plus de fierté de leur état qu'ils n'en ont aujourd'hui.

---

[1] J'ai fait, je pense, toutes les guerres contemporaines, et je n'ai vu, de ma vie entière, qu'un seul combat à la baïonnette *qui fût effectif et de quelque durée.*

A *Inkermann*, le 3ᵉ bataillon de chasseurs à pied et le 6ᵉ de ligne tournant au pas de course un mamelon broussailleux, sous un brouillard épais, se heurtèrent au régiment russe de Seleguinsky. Je fus là le témoin d'une terrible mêlée, d'un *combat à la baïonnette* qui couvrit de mourants et de blessés le terrain de cette lutte de surprise.

Les sous-officiers de l'arme du génie, qui est fidèle à toutes ses grandes traditions, ont l'épée. Je doute que si cette prérogative leur était retirée, on trouvât pour ce corps d'élite des sous-officiers lui apportant toutes les garanties que, malgré leur rajeunissement par la loi militaire, ils lui offrent encore aujourd'hui.

Je termine cette étude sur l'état des sous-officiers dans l'armée par quelques réflexions sur le rôle qu'ont à la guerre ceux de l'infanterie, et par la démonstration de la difficulté spéciale qu'ils ont à le bien remplir.

Dans les exercices de la paix qui ont pour objet soit l'instruction dont les sous-officiers sont chargés, soit dans les manœuvres, où ils ont entre autres fonctions celles de guides déterminant les alignements, il est nécessaire qu'ils soient armés du fusil.

En campagne, expressément dans le combat éparpillé, ils ont la mission essentielle et incessante de diriger et d'encourager les tirailleurs de leur section, en courant pour ainsi dire de l'un à l'autre. Comment comprendre qu'ils aient l'*impedimentum* du fusil, dont naturellement ils font emploi, en sorte qu'ils tiraillent eux-mêmes, abandonnant l'effort de la direction pour l'effort de l'exécution? C'est un contresens.

Pas plus que les officiers, les sous-officiers d'infanterie ne doivent à la guerre être armés du fusil. L'*épée* et le *revolver*, voilà les *en-cas* dont ils doivent être pourvus à titre d'armes destinées à la défense personnelle.

En considérant l'ensemble des propositions que j'ai faites pour résoudre *la question des sous-officiers*, on reconnaîtra que, sans méconnaître l'importance des vues pratiques de l'écrivain militaire allemand qui a dit avec autant de justesse que de rudesse : *Vous voulez de bons cadres? la main* à *la poche,* j'ai préconisé des moyens complémentaires d'une plus haute portée, dont je crois que dans notre pays l'effet aurait une puissance particulière. J'ai dit :

Vous voulez de bons cadres? Faites les sacrifices budgétaires qui seront reconnus nécessaires, mais surtout élevez l'encadrement à la hauteur d'une institution nationale. — Grandissez devant le pays et devant l'armée le mandat des sous-officiers qui ne peuvent et ne veulent être que sous-officiers. — Ayez, comme la Prusse et comme l'Italie, des écoles de sous-officiers recrutées par des écoles d'enfants de troupe et par des engagements volontaires de longue durée. — Faites enfin, comme je l'ai dit au commencement de cette étude, de l'état de sous-officier une carrière.

Pour les familles des sous-officiers et des soldats, surtout pour les familles des anciens sous-officiers et des anciens soldats dont l'existence est difficile, l'encadrement de l'armée ainsi entendu et pratiqué deviendra un très efficace moyen d'assistance. Elles lui destineront et lui donneront leurs enfants. Elles sont les seules, — je l'ai déjà dit pour les familles dont les chefs sont officiers, — où la vocation des armes, de plus en plus effacée dans le pays, puisse se retrouver à l'état de tradition héréditaire.

Quand, par l'application de ces principes et par l'emploi de ces procédés, le département de la guerre aura formé *un corps de sous-officiers* ayant son existence propre et ses prérogatives spéciales, le grand problème de l'encadrement sera résolu, et l'une des forces de cohésion qui manquent le plus à l'armée lui sera acquise.

LA DÉFENSE DU TERRITOIRE

En discutant la question des états-majors, j'ai montré l'importance de l'une des missions dont je voudrais qu'ils fussent chargés : *travaux permanents de reconnaissance des frontières françaises ;* et pour justifier mon sentiment à ce sujet, j'ai expliqué que, dans l'état présent de notre pays en face de l'Europe monarchique en armes, les probabilités de l'avenir nous faisaient l'impérieuse obligation d'être toujours prêts à soutenir une guerre défensive devant une agression imprévue, peut-être devant une coalition.

La catastrophe militaire de 1870 m'a laissé de si cruels et si profonds souvenirs, que pénétré de l'inexorable loi de salut national qui s'impose à nous de faire mieux, au moins de faire autrement dans la guerre future, je me suis demandé comment la défense du territoire pourrait être constituée.

En 1870, l'armée française n'avait ni l'*organisation*, ni le *nombre*, ni l'*arsenal*. Elle les a présentement, et c'est dans de rassurantes conditions d'équivalence que, devant les masses de l'ennemi, nous pourrons déployer les nôtres. Mais si, comme en 1870, notre insouciante impéritie devait les lui opposer toutes, *directement, en éventail,* pourrais-je dire, *sans aucune prévision de la défaite possible,* dans l'encombrement des voies ferrées et des voies ordinaires, dans l'inévitable confusion qu'apporte avec elle une telle crise, nous n'aurions rien gagné à la révolution qui, depuis 1872, a transformé notre état militaire. Il suffirait que nous fussions refoulés, percés sur l'un des points de cet immense développement de forces en ligne, pour que la dépression morale et le désarroi matériel qui en seraient la conséquence, ouvrissent encore une fois notre pays à l'invasion !

A présent que nous disposons du nombre, l'emploi simultané de la *défense directe échelonnée* et de la *défense latérale* me paraît le moyen sûr de prévenir les calamités du passé.

La *défense directe échelonnée*, c'est, en arrière des armées de première ligne, l'établissement en échelons entre Paris et la frontière pour le nord et le nord-est, entre Lyon et la frontière pour l'est et le sud, de forces d'attente régulières appuyées à des camps retranchés ou à des positions choisies et préparées, à portée des chemins de fer. Mais ces dispositions de la défense directe, successive et pied à pied, bien que puissantes, ne suffiraient pas pour assurer notre sécurité. Il faudrait y joindre le complément de la *défense latérale*.

La *défense latérale*, c'est l'établissement de forces régulières, *disposées parallèlement à la marche de l'ennemi*, prêtes par conséquent à l'action sur ses flancs incessamment menacés. Cette menace l'obligerait à beaucoup de circonspection et ralentirait sa marche en avant, qu'une attaque de flanc réussie arrêterait. La défensive, dans ce cas, devrait se transformer en offensive que prendraient à la fois, et de concert, les forces de la défense directe échelonnée et celles de la défense latérale.

Que si on m'objecte que, pour l'application d'un tel programme de guerre défensive, il faut mettre sur pied un énorme contingent de forces mobilisées : « Oui, répondrai-je, et elles serviront plus efficacement la défense que les gros effectifs qui seront immobilisés dans les places fortes que, sur le territoire, nous avons multipliées (en nombre et en importance), par voie d'écrasement de nos budgets, au delà de la mesure utile. »

Pour la défense des États, les remparts n'ont eu dans le passé qu'une puissance relative. Ils n'en ont, dans ces temps de dynamite, qu'une fort incertaine. Seules, les masses armées régulièrement organisées, capables de se mouvoir et d'agir en tous sens, en ont une qu'on peut qualifier d'assurée.

En exposant les vues qui précèdent, j'avais présent à l'esprit, je le répète, le désarroi qu'ont rencontré les généraux de l'armée française en 1870, quand ils se sont vus poussés à la frontière avec la totalité de nos forces actives, dans ce dispositif étonnant que j'ai appelé *en éventail*, dont le décousu, s'ajoutant à l'énorme inégalité numérique des groupes engagés, devait achever nos revers. J'ai la confiance que les survivants ne jugeront pas inopportunes les considérations de stratégie spéciale, très sommaires, par lesquelles je finis cette étude.

En l'écrivant, je n'ai pas eu la prétention de proposer des *solutions* aux hommes que préoccupent en France les ardus et inquiétants problèmes de notre vie sociale, politique et militaire. J'ai dit, sans aller au delà, ce que je pensais de l'incertaine situation où nous sommes, comment je crois qu'elle s'est faite, et par quels moyens je juge qu'elle pourrait être rendue à l'équilibre.

CONCLUSION

En 1890, quand j'achève ce livre et un autre (*le Siège de Paris*), travaux souvent abandonnés, repris à de longs intervalles et enfin terminés, j'ai moins d'espoir dans notre relèvement national que je n'en avais en 1874, quand je les commençais.

Je ne crois plus guère aux *solutions* que j'ai attendues d'année en année, et qui ne sont pas venues. Celles qui se produiront dans l'avenir, quelles qu'elles soient, ne seront que momentanées et elles ne résulteront pas des leçons fournies à notre pays par son passé tourmenté. Elles résulteront des *événements*, et comment prévoir, comment définir une destinée dont les *événements* seront, au principal, devenus les agents directeurs?

Après l'insuffisance comparative, — ancienne et toujours croissante, — de la natalité française, la grande menace de l'avenir français me paraît être celle-ci :

Voilà cent ans que la noblesse, qui avait la tradition et les habitudes du gouvernement, en a été dépossédée aux cris de : « A bas le privilège! »

La bourgeoisie lui a succédé, et elle a montré qu'elle avait, elle aussi, des aptitudes gouvernementales en se maintenant au pouvoir, avec des fortunes diverses, au milieu de dix révolutions. Elle est aujourd'hui aussi décriée par la foule que la noblesse autrefois, et c'est aux cris de : « A bas le capital! » qu'elle se voit à son tour poursuivie et mise en péril.

Y a-t-il au-dessous d'elle, dans la hiérarchie sociale présente ou future, un parti capable de gouverner?

Je juge, me servant ici d'une figure qui m'est familière, que si, après avoir détruit en 89 le premier étage, nous en venons à détruire le rez-de-chaussée de la maison, tous les Français, ceux des villes d'abord et puis ceux des champs, seront voués à des souffrances, livrés à des passions et des égarements d'où il sera difficile de faire sortir un gouvernement en état de la rebâtir.

Assurément, l'État et le pays ont le devoir de consacrer de sincères et persévérants efforts à l'amélioration du sort des masses ouvrières. Mais elles ont au milieu d'elles des meneurs qui ont constaté et retenu que : *le résultat le plus clair de chacune de nos révolutions a été de mettre en voiture des gens qui allaient à pied.*

Un jour viendra, où les foules pénétrées de cet esprit marcheront moins à la revendication légale de leurs droits qu'à l'assaut. Et, ce jour-là, la société française reconnaîtra qu'elles ont peu à peu gagné toute la force que l'autorité n'a pas cessé de perdre.

Général Trochu.

Juillet 1890.

APPENDICE

L'HISTOIRE ANECDOTIQUE

VIEUX RÉCITS ÉCRITS EN 1894

PRÉFACE

En écrivant le livre que j'ai intitulé : *La Société, l'État, l'Armée*, je n'ai pas eu la prétention de montrer ce qu'ont été autrefois, ce que sont aujourd'hui, ce que devraient être ces trois éléments fondamentaux de l'existence nationale. Mais j'ai vécu longuement au milieu d'eux, avec la fortune singulière de rencontrer là, dès la jeunesse et jusqu'à la fin de ma carrière active, le contact souvent intime de beaucoup de personnalités considérables appartenant à tous les partis politiques. Leurs enseignements inévitablement contradictoires m'auraient laissé hésitant entre le vrai et le faux. Mais les événements de mon temps, c'est-à-dire une succession presque ininterrompue de révolutions que j'ai vues et de guerres que j'ai faites, sont venus m'apporter leur arbitrage et fixer mon jugement.

C'est ce jugement bien ou mal fondé, mais absolument sincère, que j'ai exprimé.

Le livre écrit, j'ai constaté par mes propres impressions que ce long exposé de principes, de doctrines et de vues, d'ordre spécialement philosophique, fatiguerait l'esprit du lecteur. Pour le reposer, j'ai eu la pensée de joindre à cette étude sociale, politique et militaire, le récit de faits particuliers, d'ordre spécialement anecdotique, qui en se fixant pour toujours dans mes souvenirs en raison de leur singularité, de leur imprévu, de leur liaison avec les événements du moment, ont contribué à former mon caractère, mon expérience de la vie et à me préparer à toutes ses vicissitudes. Quelques-uns auront une sorte de valeur historique, en ce sens qu'ils substitueront les réalités aux déguisements ou aux travestissements du vrai, qui, dans notre pays, font la légende et deviennent l'histoire.

CHAPITRE I

L'ALGÉRIE D'AUTREFOIS

MON PREMIER COMMANDEMENT

Les officiers de l'armée française qui arrivent au sommet, attribuent à peu près invariablement à leurs mérites cette réussite de leur carrière. Au fond, elle dépend toujours, — abstraction faite des mérites qui sont assurément des auxiliaires utiles, non pas nécessaires, — des *coups imprévus d'assistance* qu'ils ont reçus de la fortune, sous la forme d'événements militaires pendant la guerre, d'événements politiques pendant la paix.

Dans le récit qui va suivre, je me propose de montrer aux jeunes officiers d'aujourd'hui comment un des leurs, lieutenant il y a plus de cinquante ans à l'armée d'Afrique, rencontra le premier *coup d'assistance* qui le fit sortir de son obscurité présente et prépara sa fortune à venir. Elle devait s'affirmer, à treize ans de là, dans la guerre de Crimée (bataille de l'Alma) par le généralat qui venait le chercher avant l'accomplissement de sa trente-neuvième année.

Ils trouveront dans ces souvenirs, non seulement la preuve de la thèse que je soutiens ici quant aux hasards de l'avancement dans l'armée, mais une leçon que je crois propre à les affermir dans l'esprit militaire dont j'entends dire que les traditions s'en vont. Cette leçon, la voici :

Dans les armées, à la guerre expressément, il n'y a pas de mission, si humble et si pénible qu'elle paraisse, qui ne doive être acceptée des deux mains et motiver, de la part de l'officier qui la reçoit, les plus sincères efforts.

L'année 1842 commence. Nous tenons dans la province d'Oran, — celle d'Abd-el-Kader, celle où son autorité religieuse, politique et militaire, est absolue, — Oran, Mers-el-Kébir, Arzew et Mostaganem à la côte, Tlemcen et Mascara à l'intérieur ; mais l'ennemi est partout.

La Moricière, un divisionnaire de trente-huit ans, est notre chef. Sa haute renommée algérienne, sa compétence dans cette guerre, sa jeunesse, sa prodigieuse activité, ses inépuisables ressources d'esprit, ses succès, lui ont fait parmi nous un prestige sans égal.

Je suis depuis un an lieutenant d'état-major stagiaire d'infanterie au 6e léger. J'aime passionnément mon état et je l'exerce comme je dois, n'ayant sur les camarades d'autre avantage que celui d'une santé, d'une validité à l'épreuve, avantage dont la cote est haute dans ces temps de marches de jour et de nuit, d'engagements journaliers, de fatigues surhumaines qui réduisent de moitié nos effectifs combattants. En outre, je suis le seul officier inférieur monté, et admirablement monté, du régiment, à quoi je dois d'y être employé comme une sorte de factotum.

Le 6e léger est à Mostaganem. Le bruit se répand parmi nous que notre général va transporter son quartier général d'Oran à Mascara, dont la petite garnison française est incessamment bloquée par l'ennemi. La Moricière arrive en effet à Mostaganem, annonçant que, de Mascara où il va s'établir, il prendra à revers ou attaquera directement toutes les forces de l'Émir accumulées dans la province, de la côte au désert.

C'était un thème d'offensive nouveau et très hardi. Nous préparons nos facultés, et j'étais tout entier au contentement et aux préliminaires de cet avenir militaire, quand je reçois l'ordre, étourdissant pour moi, d'avoir à comparaître devant le général en chef! Et me voilà fort ému, en présence de ce demi-dieu de la guerre d'Afrique, hors d'état d'imaginer ce qu'il pouvait avoir à dire au lieutenant du 6º léger.

« Monsieur, je veux faire de Mascara le point de départ d'opérations actives continues. L'entreprise, qui doit durer plusieurs mois, sera difficile et chanceuse; car, manquant de moyens de transport, nous manquerons souvent de moyens de subsistance. Il faut d'abord approvisionner Mascara, et je vais y conduire mes troupes organisées en colonne de ravitaillement, l'infanterie chargée à huit jours, la cavalerie à pied, chacun de ses chevaux portant un sac de biscuit, les mulets dont nous n'avons qu'un très petit nombre [1], cheminant sous des charges maxima. Mais les troupes qui avec moi rayonneront de Mascara pour opérer au loin, *ne pourront vivre à certains moments que sur les silos* [2] *de l'ennemi, dont heureusement le pays est couvert.* C'est là qu'est le côté risqué de ma stratégie.

« Nous sommes assurés du service de la viande pour les hommes par les prises que nous ferons sur l'ennemi, du service de l'orge pour les chevaux par la vidange des silos; mais comment transformer en farines et en pâtes

---

[1] Presque tous mulets de France, les tribus alors en armes contre nous, sauf deux (les Douairs et les Smélas), ne nous en fournissant pas.

[2] Les silos renfermaient de grandes quantités de blé et d'orge, quelques-uns des provisions de dattes, de pains de figues, de beurre rance, etc.

comestibles remplaçant le biscuit, les blés que nous y trouverons en abondance? La continuité, et par conséquent la réussite de nos efforts, dépendent de la solution de ce problème et je crois la tenir.

« Elle consisterait dans l'annexion à la colonne en opérations, d'un convoi de six cents de nos vaillants petits ânes d'Algérie, prêts à toutes les endurances, cinq cents en service, cent haut le pied. Des premiers, chacun serait chargé d'une paire de ces légères meules portatives dont les indigènes se servent pour moudre leur grain. Les autres seraient en relais. Ce convoi avec son matériel et ses conducteurs arabes est à présent réuni.

« La fonction très importante du directeur de ce service nourricier, assisté par un maréchal des logis et quatre brigadiers de spahis, et disposant d'une section du bataillon d'Afrique, sera complexe. Dans les marches et pendant les engagements, il aura la responsabilité de la direction et de la conservation du convoi. A l'arrivée, les paires de meules seront distribuées au prorata, par ses sous-ordres, aux compagnies, escadrons et batteries. Lui-même, guidé par Djelloul[1], ira immédiatement, avec une escorte de cavalerie, reconnaître l'emplacement des silos. Leur vidange effectuée par des travailleurs d'infanterie, la répartition de ses produits sera faite par les soins de l'intendance entre les compagnies, escadrons et batteries, qui procéderont aussitôt à la mouture des quantités nécessaires à leurs besoins du moment.

« A mon rapport de ce jour, j'ai demandé pour cet office, aux chefs de corps réunis autour de moi, un jeune lieute-

---

[1] Ce Djelloul, s'il n'avait été un chenapan, aurait mérité une place dans l'histoire de la conquête de la province d'Oran par La Moricière.
Connaissant admirablement le pays, ses ressources, la politique des tribus et leurs mouvements, il était pour nous, qui l'avions chèrement acheté, un informateur permanent et un guide très sûr.

nant qui eût bon pied, bon œil, qui eût l'habitude de cette guerre, qui fût bien monté, qui sût quelques mots d'arabe et tout le *sabir*[1]. L'opinion des présents au rapport vous a désigné. Cette mission vous va-t-elle ? »

Je mentirais, si je n'avouais ici que la pensée me traversa l'esprit que je n'étais pas sorti de Saint-Cyr parmi les premiers, et de l'école d'état-major en bon rang, pour exercer à la guerre l'emploi d'*ânier-major*. Mais ce ne fut qu'un éclair, et l'esprit militaire dont j'étais pénétré me revenant, je répondis sans hésiter au général que j'étais prêt. Lui, sur l'éclat de mes joues, avait saisi ma première impression et il me dit avec gravité : « Attendez, jeune homme, pour juger l'effort, que vous l'ayez fait. »

Je ne rappellerai ici ni les marches, ni les combats de cette extraordinaire campagne d'hiver, suivie d'une campagne de printemps et d'une campagne d'été dont les résultats furent, au grand honneur de La Moricière, la soumission de la province d'Oran. Je ne décrirai pas non plus les imprévus et ingénieux procédés qu'avec l'aide de mes humbles porteurs de meules les troupes durent employer pour vivre pendant cet hiver, auquel succéda un printemps qui leur apportait une petite ressource complémentaire hors de nos prévisions, les artichauts sauvages comestibles, dont les champs très étendus couvraient les plateaux où se faisaient nos haltes[2]. Je me bornerai au récit des circons-

---

[1] La langue franque, à l'aide de laquelle nous nous entendions avec les indigènes. Elle était, dans la province d'Oran, mêlée d'arabe, d'espagnol et de français.

[2] Sans prétendre à l'érudition, je me risque à dire qu'il se pourrait que notre mot *artichaut* fût originaire des croisades. Nos aïeux trouvèrent en Syrie, comme nous en Algérie, des champs d'artichauts sauvages que les Arabes, dans les deux pays, nomment *ardchouk* (épine de la terre), qu'ils prononcent à peu près comme nous arti-

tances qui valurent successivement à l'ânier en chef de la petite armée l'attention, la bienveillance et enfin l'affection de son général.

A cette date de la guerre de la conquête, indépendamment des combats qui étaient toujours le résultat de notre offensive, nous avions à subir presque quotidiennement, du lever du soleil à dix heures du matin, la tiraillerie plus ou moins active de groupes de cavaliers arabes qui suivaient pas à pas la colonne en marche. Seuls, l'arrière-garde et les flanqueurs répondaient à ce feu, ne s'arrêtant qu'autant qu'il était nécessaire pour tenir ces harceleurs à distance de la colonne et de son convoi (ambulances, mulets de bât, troupeau de bœufs, ânes porteurs de meules). Mais les pauvres petits bourriquets suivaient à grand'peine, et, au bout de quelques heures, les moins valides, se laissant dépasser, reculaient jusqu'à l'arrière-garde où je les suivais avec mes auxiliaires et quelques relais, pour recueillir les charges des retardataires et les retardataires eux-mêmes. L'opération se faisait donc sous le feu. Et quand La Moricière, venu à son arrière-garde pour se rendre compte des effets de la fusillade, me trouvait là dans mon laborieux office d'ânier-major, il en était fort amusé et ne manquait jamais de m'interpeller gaiement et bienveillamment en passant : *Selamm, Émir el amir,* « Salut, sultan des ânes ! » attention cordiale qui encourageait, on le croira sans peine, le lieutenant du 6ᵉ léger.

chaut. On peut admettre que les croisés furent plus d'une fois réduits, aux xiᵉ et xiiᵉ siècles, aux mêmes expédients que nous au xixᵉ.

JOURNÉE DIFFICILE

Un événement, qui eut d'abord l'apparence d'un désastre, allait élever très haut dans l'opinion la cote de mes humbles bourriquets, et dans l'esprit du général la cote du « sultan des ânes ».

A la fin de février, nous étions dans le pays montagneux des Sdamas, venant de faire une importante razzia qui nous avait encombrés de prisonniers et de bétail, quand une tourmente de neige, l'une des plus denses et des plus aveuglantes qui aient jamais assailli une troupe en marche, fondait sur les vainqueurs et les vaincus.

Il fallut s'arrêter, après avoir laborieusement rallié les groupes que la razzia avait dispersés. Dès le soir, nos bivouacs étaient ensevelis sous la neige, et après une nuit passée dans l'inquiétude, un second jour dans l'angoisse, une seconde nuit[1] dans la prévision d'une catastrophe, le général me fit appeler avant l'aube.

« La neige redouble d'intensité, et en restant sur place nous courons le risque de tout perdre. Je vais tâcher de gagner avec les troupes la bourgade arabe de Frendah, à quatre lieues et demie d'ici. Elles trouveront là, sous les gourbis indigènes dont les murs en pierres sèches consolidés par des poteaux soutiennent une toiture, des abris. La marche de la colonne ouvrira dans la neige, si haute qu'elle soit, une large voie piétinée, que, partant une heure après moi, vous suivrez comme vous pourrez avec votre convoi. Vous savez ce que nous représente sa conservation,

---

[1] Je passai cette nuit sous ma petite tente haute d'un mètre, où, pour échapper à la congélation, j'avais fait entrer un groupe de chèvres qui erraient, mourant de faim, dans le camp. Ce procédé de réchauffement me réussit à souhait.

et je sais que je puis compter sur vous pour l'assurer selon le possible. »

Le général terminait son allocution par la formule arabe d'où nous avons tiré notre « débrouillez-vous » :

« *Deubbeur rass eck :* Consulte ta tête. »

Je quittai, comme il avait été dit, ce bivouac de désolation où nous avions enterré ceux de nos malades ou blessés et de nos prisonniers qui n'avaient pu résister à ces terribles sévices. Le sol était couvert d'animaux morts ou mourants, et sur la route ouverte dans des amas de neige plus hauts que mes ânes porteurs, où je m'engageais avec eux, j'allais trouver des cadavres de femmes, d'enfants, de vieillards indigènes qui, fuyant exténués la région où ils périssaient, avaient cherché, eux aussi, mais trop tard, à utiliser la voie tracée par le passage des troupes.

La neige tombait toujours, mais jusqu'aux approches de la nuit la trouée que nous suivions resta distincte. Je faisais des haltes continuelles, ménageant les animaux qui recevaient quelques poignées d'orge dont j'avais emporté une réserve, et encourageant ma petite troupe dont le moral se soutenait. La nuit venue, nous n'avancions plus que très lentement et en tâtonnant le chemin, mais mon convoi restait bien pelotonné. Comme nous arrivions péniblement, dans les ténèbres, au sommet d'une hauteur, un grand feu éclaira l'horizon devant nous. C'était plus que l'encouragement, c'était le salut. La Moricière veillait sur ses humbles auxiliaires.

A minuit, dans l'équipage qu'on peut se figurer, j'entrais au quartier général. C'était un vaste gourbi, couvert mais pénétré par tous les vents, où le général, enveloppé par une fumée épaisse, tournait autour d'un énorme brasier, dans l'attitude des grands soucis. M'apercevant, il eut un éclair d'émotion et m'ouvrit ses bras :

« Ah ! vous voilà, mon enfant, vous m'avez bien tourmenté. Combien me ramenez-vous de mes porte-meules?

— Mon général, je vous les ramène tous, mais j'ai des éclopés. »

La Moricière se tournant vers son fidèle assistant le capitaine de Martimprey, qui venait d'entrer :

« Il n'a rien perdu : c'est une action d'éclat d'un genre nouveau. Et dire que nous avons perdu, nous, une section entière du 13ᵉ léger[1] ! »

CHANGEMENT DE DESTINÉE

A deux mois de là, cette troupe qui avait fait de si étonnants efforts venait, très réduite et absolument dépenaillée, se refaire pendant quelques jours à Oran. Après avoir remis mon convoi (bêtes et matériel) à l'administration, je rejoignais mon régiment, quand le général me fit appeler :

« Je veux commencer votre carrière et je vous garde auprès de moi. Je sais que, lieutenant d'état-major, vous avez encore à faire un stage dans la cavalerie. Mais Callier[2] que voilà va arranger officieusement l'affaire avec le ministre, en lui disant les raisons que j'ai de vous retenir. Vous compterez nominativement dans un régiment de cavalerie

---

[1] A la suite de notre razzia et de la tourmente de neige, cette section, commandée par un jeune, énergique et brillant officier, le lieutenant Deligny (aujourd'hui divisionnaire en retraite), resta longtemps égarée dans les montagnes des Sdamas, sans que son moral s'abaissât et sans aucune perte. Elle ralliait Frendah quelques heures après mon entretien avec La Moricière.

[2] Le capitaine d'état-major Callier, officier de grand mérite, aide de camp du maréchal Soult, ministre de la guerre, était en mission à Oran. En 1870, depuis longtemps divisionnaire en réserve, il s'offrait à la Défense nationale et commandait au siège de Paris, côtoyant incessamment l'émeute, le terrible secteur révolutionnaire de Belleville, où il nous rendait des services de premier ordre.

sans être astreint à le rejoindre. Nous soutenons ici une lutte difficile, et il ne faut pas que les officiers qui s'y rendent utiles en soient éloignés par des scrupules de réglementation. Vous ferez parti de mon état-major particulier, comme aide de camp sans lettre de service. »

Voilà comment, devenu capitaine et légionnaire dès l'année suivante, j'ai été jusqu'après la bataille d'Isly aide de camp (sans brevet) du grand chef militaire algérien qui fut La Moricière. A l'honneur imprévu de cette association, j'ai eu à joindre l'inappréciable profit que recueille la complète insuffisance d'un débutant au contact d'un esprit supérieur. De ce passé à présent cinquantenaire, mon souvenir et mon cœur sont restés pleins. De mon étroit horizon, il a commencé l'élargissement que devaient achever les leçons d'un maître qui avait, de plus que La Moricière, l'expérience de l'âge et de la vie, avec une expérience philosophique et pratique de la guerre, qui datait d'Austerlitz, le maréchal Bugeaud.

Dans un autre livre, *le Siège de Paris* (introduction), j'ai montré les vicissitudes pleines d'amertume par lesquelles le général de La Moricière, à la fin de sa carrière, eut à payer l'éclat de ses commencements, en vertu d'une loi à laquelle il semble que ne puisse échapper presque aucun des hommes publics considérables de notre pays.

Je l'ai mis en scène dans ce récit anecdotique de nos petites guerres d'autrefois, pour faire, en ce qui me concerne, la démonstration des deux théorèmes de philosophie militaire que j'ai énoncés au début :

« Que dans l'armée la réussite de nos carrières dépend
« au fond, — abstraction faite de nos mérites qui sont des
« auxiliaires utiles, non pas nécessaires, — *des coups*
« *imprévus d'assistance* que nous avons reçus de la for-
« tune ;

« Qu'à la guerre, il n'y a pas de mission, si humble et
« si pénible qu'elle paraisse, qui ne doive être acceptée des
« deux mains et motiver, de la part de l'officier qui la reçoit,
« les plus sincères efforts. »

Le coup d'assistance que m'avait donné mon mandat de directeur d'un convoi de baudets ne devait pas s'arrêter là. Il allait, avec le temps et avec les événements de la guerre, en produire un autre plus extraordinaire encore, dont l'effet absolument imprévu fut de m'élever à l'enviable situation d'auxiliaire et, bientôt après, de collaborateur en sous-ordre du gouverneur général de l'Algérie maréchal Bugeaud. Mais avant de faire connaître cette seconde évolution de ma destinée, qui fut la conséquence de la première, je veux consigner ici le souvenir d'une controverse qui s'éleva, entre mon général et moi, au sujet de notre guerre de razzias en Afrique et de la grande guerre en Europe, souvenir que nos désastres de 1870 ne m'ont que trop souvent rappelé.

UNE CONTROVERSE AVEC LA MORICIÈRE

C'était à la fin de l'année 1843. D'incessants combats nous avaient à peu près rendus maîtres du Tell oranais. Nous avions même pénétré dans le désert (région des chotts), réduit à la soumission plusieurs grandes tribus nomades, et les troupes commandées par le général de La Moricière, exténuées par toute une année d'efforts sans trêve, venaient à Oran pour y prendre quelques jours de repos. Avant que la colonne entrât en ville, le général voulut qu'elle défilât devant lui.

Quel défilé ! Et comment pourrai-je en donner la vision à nos jeunes soldats réguliers d'aujourd'hui ?

Qu'ils se figurent des bataillons, des escadrons, des batteries, réduits par les sévices de cette guerre (climat, excès de fatigues, feu de l'ennemi) à la moitié de leur effectif normal; composés d'un reliquat d'hommes d'âge, tous d'une vigueur et d'une endurance cent fois éprouvées (presque tous nos zouaves et nos chasseurs d'Afrique étaient des remplaçants, c'est-à-dire des *soldats d'état* qu'on trouvait aussi en nombre dans nos régiments de France qui étaient toujours retenus sept et huit ans à l'armée d'Afrique); tous à longues barbes, tous bronzés à ce point que le blanc de leurs yeux éclairait seul leurs figures martiales ; tous vêtus d'uniformes et porteurs de chaussures en ruine, défilaient fièrement à une allure plus que dégagée et médiocrement soucieuse de la correction. Plusieurs tenaient en laisse des levriers du désert (sloughi), d'autres avaient des chats de tribu sur leurs sacs, quelques-uns dans leurs sacs des douros, revenant-bon de ceux qui après le combat, dans l'invasion des douars, étaient arrivés les premiers.

C'était assurément, dans son laisser aller, le spectacle militaire le plus émouvant qu'il fût possible d'imaginer, un spectacle qu'aucun Français ne reverra plus. On comprend le légitime orgueil avec lequel notre jeune général voyait passer sous ses yeux ces soldats, les obscurs, mais les vrais conquérants de l'Algérie, que lui-même avait spécialisés, entraînés. C'était son œuvre qui s'affirmait devant lui.

Entrés au quartier général, le château d'Oran, où nous attendait, entre autres retours de bien-être, le premier repas assis que nous eussions fait depuis bien longtemps, le général, tout entier aux impressions qui venaient de le pénétrer, eut devant son auditoire comme un accès de lyrisme militaire algérien, exaltant les mérites de ses troupes et des efforts dont, à bon droit, il les jugeait capables.

Cet auditoire se composait :

Du lieutenant-colonel Pélissier chef d'état-major, déjà

lourd, grisonnant, et dont aucun de nous, à cette heure, ne pressentait la haute fortune à venir ;

Du commandant de Crény, sous-chef d'état-major, officier de rare mérite, mort général de brigade en disgrâce politique au commencement de l'empire, et en pleine carrière ;

Du capitaine de Senneville, de l'état-major, officier très distingué, tué colonel à Magenta ;

Du capitaine d'Illiers, le plus ancien aide de camp de La Moricière, homme du monde et officier de valeur, mort chef d'escadron encore jeune ;

Du capitaine Trochu, deuxième aide de camp.

Le général avait terminé son ardente apologie de ses troupes par ces paroles :

« Sous ce gouvernement de paix, ni moi, ni vous, n'aurons, comme nos pères, la fortune de montrer ces incomparables soldats aux Prussiens et aux Autrichiens. »

De ma place, usant de l'entière liberté de discussion que nous laissait notre jeune chef, je hasardais de dire : « C'est peut-être heureux. »

L'orage qui s'abattit sur la tête du pauvre deuxième aide de camp n'est comparable qu'à celui qui devait s'abattre à vingt-quatre ans de là, venant de l'entourage impérial, sur la tête du même officier devenu divisionnaire, quand il hasarda de publier son livre *l'Armée française en* 1867. Il y montrait discrètement, après le saisissant avertissement de Sadowa, la puissance de l'armée prussienne, quelques-uns des côtés faibles de la nôtre, et *la nécessité d'une longue paix pour la transformer.*

Tous les convives m'accablaient à la fois. C'est vainement que je m'efforçais d'établir que nos guerres de surprises et de razzias différaient absolument des grandes guerres d'Europe, aux points de vue de la préparation morale et disciplinaire des troupes, de leurs effectifs, des procédés d'exécution ;

vainement que je constatais que notre école d'Afrique enserrait les facultés, les vues, l'expérience de nos officiers, dans le cercle étroit des marches forcées et des entreprises de nuit, qu'enfin officiers et soldats, assurés par l'énorme supériorité de notre organisation et de notre armement de *se débrouiller* devant leurs adversaires, considéraient notre formule algérienne : *Débrouillez-vous,* comme un principe, même un talisman de guerre, lesquels pourraient bien être impuissants devant les Prussiens et les Autrichiens.

Ma logique militaire fut unanimement conspuée. C'est dans cette réunion que, pour la première fois, je m'entendis traiter de rhéteur inclinant au paradoxe, à la négation de nos gloires, au pessimisme, notoriété qui m'a suivi jusqu'à la fin de ma carrière. C'est que toujours et en tout, dans notre pays, l'opinion, pénétrée des légendes brillantes qui remplacent les réalités incommodes, conclut de l'éclat de la façade à la solidité de l'édifice.

LA GUERRE MAROCAINE.
SOUVENIRS ANECDOTIQUES DE LA CAMPAGNE D'ISLY.

Nous entrons dans l'hiver de 1844. Après quatre ans de luttes ininterrompues, la province d'Oran est, sinon entièrement soumise, au moins entièrement conquise. Nous nous reposons au chef-lieu sur nos lauriers. La Moricière, dès longtemps préoccupé d'asseoir des commencements de colonisation autour d'Oran, de Mostaganem et de Mascara, donne au château, pour tranquilliser l'opinion publique et fixer la confiance qui lui manque encore, quelques fêtes militaires, des bals costumés où je figure en mousquetaire-dragon du temps de Louis XV, chaussé de hautes bottes auxquelles se rattache un dramatique souvenir qui aura sa place dans la suite de ce récit.

Pendant que nous dansions à Oran, un orage se formait peu à peu à la frontière du Maroc, qui allait grossir au point de mettre en péril les destinées de l'Algérie. Il ne s'était manifesté jusque-là que par d'aigres échanges de lettres entre le général Bedeau, commandant à Tlemcen, et le caïd de la petite ville marocaine d'Ouchda.

Tout à coup, en plein bal, arrive un courrier du général Bedeau, porteur d'une lettre que je mets sous les yeux de La Moricière. Il lui mandait que ses troupes en marche, sur notre territoire, avaient été attaquées le 30 mars par des contingents marocains au milieu desquels on distinguait des cavaliers réguliers; qu'il avait dû, pour se dégager, livrer un combat très vif où il avait perdu un officier d'avenir, le capitaine Guide, des chasseurs à pied, et quelque peu de monde; qu'après avoir mis en déroute les assaillants, il était resté en deçà de la frontière, n'ayant ni militairement les moyens, ni politiquement le pouvoir d'engager le gouvernement de l'Algérie dans une telle crise.

Ce fut parmi nous une alerte dont l'intensité est, j'en suis sûr, encore présente à l'esprit des rares survivants d'aujourd'hui qui en virent alors l'effet. Ils allaient tous avoir un rôle d'acteur sur un terrain nouveau, dans cette guerre marocaine qui se greffait si inopinément sur notre guerre algérienne dont nous ne tenions pas la fin. Le général de La Moricière, placé devant le gouvernement de l'Algérie dans le même état de scrupule politique que le général Bedeau devant le commandement de la province, se hâtait d'informer le gouverneur en des termes tels que nous pouvions tenir pour certaine l'arrivée très prochaine du maréchal Bugeaud sur le théâtre des futurs événements, avec des renforts. Sans perdre un jour, avec tous les bataillons, escadrons et batteries dont nous disposions, outre la cavalerie indigène de nos alliés les Douairs et Smélas, nous partions pour la frontière à la rescousse du général Bedeau.

Au moment du départ, le capitaine de spahis Tristan de Rovigo, un gai compagnon, plein d'esprit, d'entrain, très populaire parmi nous, vint à moi :

« Croiriez-vous, cher ami, qu'au milieu de ce tohu-bohu, je ne trouve pas de bottes cavalières qui puissent, pendant cette campagne, me faire profit et honneur? J'ai pensé à vos bottes de mousquetaire-dragon, qui m'ont tiré l'œil au dernier bal.

— Idée judicieuse et pratique : les voilà. Essayez-les, et si elles vous vont, partez *benè ocreatus* (bien chaussé), et que Dieu vous garde ! »

Mais Dieu ne devait pas le garder.

LE MARÉCHAL BUGEAUD A LA FRONTIÈRE MAROCAINE

Je n'ai pas l'intention d'exposer ici les différentes péripéties de cette brillante campagne que devait terminer la bataille d'Isly. Je reviens à mon but qui est, par continuation, de démontrer la part qu'a le hasard dans la préparation de la destinée des hommes de guerre, et comment, en particulier, il s'est acharné à servir les commencements de la mienne. Aussi ai-je bien compris que les sévices par lesquels il en a marqué la fin, et que j'ai acceptés sans aucun effort, étaient la juste compensation de ses bons offices d'autrefois. Une grande leçon de soumission !

Le maréchal Bugeaud est arrivé avec son état-major. De tous les points de l'Algérie, de France même avec le temps, nous viennent successivement des renforts qui devaient, pour la bataille d'Isly (14 août), élever le chiffre de la petite armée à presque huit mille hommes.

Le gouverneur cheminait en tête de colonne, gardant auprès de lui le général de La Moricière, que j'accompagnais. Il le pressait de continuelles questions sur la topographie de la frontière, sur la force des tribus, sur l'esprit de leurs chefs, sur leur degré d'influence, sur la politique qu'on avait suivie jusque-là à l'égard de ces personnages indigènes. Il lui dit un jour, moi présent :

« Je ne puis pas, mon cher général, continuer à vous garder ainsi dans ma poche, et mon état-major d'Alger ne compte pas d'officiers qui aient étudié cette région, qui la connaissent à fond, qui puissent satisfaire à mes permanents besoins d'information. Prêtez-moi pour cette campagne l'un de vos collaborateurs qui soit au courant de tout ce que j'ai intérêt à savoir. Je vous donnerai l'un de mes officiers.

— Voici, monsieur le maréchal, le capitaine Trochu, l'un de mes aides de camp, qui, associé à toutes mes entreprises de guerre dans la province et à mes travaux de cabinet, connaît bien le pays, la situation politique et militaire. Il est connu de tous nos chefs arabes alliés. Il sera en état de répondre à vos vues. »

Le maréchal arrêta sur moi son œil d'un bleu clair, à la fois pénétrant et bienveillant :

« De quel pays êtes-vous, capitaine?

— Du Morbihan, monsieur le maréchal.

— Ah! ah! un Breton. Vous êtes jeune, mais je vous vois légionnaire, par conséquent vieil Algérien déjà. Eh bien, mon cher général, c'est marché conclu. Je vous le prends, et je vous le rendrai quand nous en aurons fini avec le Maroc. »

Cet autre hasard, aussi imprévu que celui qui de commandant d'un convoi d'ânes porteurs de meules m'avait fait naguère l'auxiliaire en sous-ordre de l'éminent général algérien de La Moricière, me faisait à présent l'auxiliaire provisoire d'un illustre chef militaire dont l'expérience s'était formée au milieu des grands chocs d'autrefois et au contact des généraux de Napoléon.

COMBAT DU 15 JUIN. — MORT DE TRISTAN DE ROVIGO.

Les événements se suivaient de plus en plus incertains et de plus en plus pressants. Déjà le 30 mai, avant l'arrivée du gouverneur, nous avions eu, toujours sans déclaration de guerre, un vif engagement avec les goums marocains qui nous avaient attaqués et que nous avions fort malmenés.

Le 15 juin, après l'arrivée du maréchal, qui avait invité à une conférence le caïd marocain d'Ouchda, lequel l'avait acceptée, la guerre se trouva *déclarée de fait*. Ce personnage s'était présenté à la conférence avec une véritable petite armée, à laquelle la nôtre faisait face à portée de fusil. C'est entre les deux, sous un arbre isolé, que le général Bedeau délégué et le caïd d'Ouchda commençaient les pourparlers, quand les Marocains, surexcités, je pense, par la vue des infidèles, en vinrent à la fusillade, tirant par-dessus les négociateurs.

La Moricière hésitait à répondre à cette agression imprévue, notre délégué et sa suite n'ayant pu encore être ressaisis, quand le maréchal, survenant, ordonna la marche en avant de l'infanterie. En même temps, il m'envoyait porter l'ordre à notre cavalerie de se masser en colonne dissimulée derrière la gauche de l'infanterie, et quand celle-ci serait bien engagée, de la déborder et de fondre en charge tournante sur les goums marocains.

L'ordre porté, j'entrai dans l'exécution, chargeant avec les spahis du colonel Jusuf, et nous en vînmes promptement au corps à corps avec les cavaliers du Maroc. Ils ne s'attendaient pas à cette algarade et laissèrent là plus de deux cents des leurs. Dans cette mêlée au sabre et au pistolet, j'avais été séparé de mon voisin de charge Tristan de Rovigo, qui, jusque-là, n'avait presque pas interrompu ses lazzis sur l'ahurissement et la figure de nos adversaires, qui comptaient quelques mulâtres et même des nègres.

Il avait été tué, et, après le combat, j'avais sous les yeux un spectacle qui s'offrait à moi comme une poignante tragédie. Sur un cheval de troupe presque blanc, inondé de sang, quelques spahis ramenaient le corps de leur capitaine, tout ce qui restait du vaillant soldat, du joyeux viveur dont les saillies avaient tant de fois déridé les plus graves d'entre nous. Le ventre encadré par les hauts montants d'une selle arabe, la tête nue et les bras pendant d'un côté, les jambes de l'autre, et à ces jambes les bottes du bal costumé que la marche saccadée du cheval porteur mettait en perpétuel mouvement. Elles avaient été faites uniquement pour danser devant les belles dames d'Oran, elles dansaient à présent devant la mort hideuse, et allaient suivre mon pauvre camarade dans la tombe où nous le déposions le lendemain.

Cette association du souvenir d'une folle nuit à une si douloureuse scène de mort me saisit, peut-être parce que j'étais jeune, à ce point que l'impression m'en est restée comme une inoubliable leçon du néant des joies et des aspirations qui agitent notre vie. J'ai vu depuis, dans les grandes guerres contemporaines, des drames bien plus étendus et plus accablants, où disparaissent des milliers d'existences. Ils n'ont pas effacé de mon esprit la profonde empreinte qu'y a laissée cet épisode isolé, mais *suggestif*, comme on dit aujourd'hui, de la guerre d'Afrique.

Nos renforts étaient presque tous arrivés, nos approvisionnements se complétaient. Établis autour de notre fortin de Lalla Maghnia, nous étions, attendant les événements, en mesure d'agir.

Des les derniers jours de juillet, le vieux chef arabe Nakach, caïd de Nedroma[1] que nous occupions, et qui était bien malgré lui notre allié, vint dire à La Moricière, puis au maréchal, que la grande armée marocaine, aux ordres de Mouley Mohammed, fils de l'empereur, se concentrait autour d'Oudjda; qu'elle comptait plus de cinquante mille hommes d'infanterie et de cavalerie, dont six mille cavaliers réguliers noirs (Abid et Bokhari) de la garde impériale; qu'enfin elle disposait d'une puissante artillerie servie par des renégats espagnols.

Nakach parti, j'avais assuré le maréchal qu'en réduisant de plus de moitié les chiffres de son imagination arabe, nous resterions encore au-dessus des réalités françaises. Néanmoins, il prescrivit des mesures de grandes précautions, dont la principale fut l'établissement sur une hauteur voisine du camp, d'où la vue s'étendait à toute la frontière, d'un service de vedettes. Un capitaine d'état-major périodiquement relevé, muni d'un télescope fixé sur bâti, se tenait là en observation permanente. Il disposait de trois drapeaux. Le déploiement d'un drapeau signalait la marche d'une reconnaissance marocaine; de deux drapeaux, la marche d'une portion de l'armée ennemie; de trois drapeaux, la marche de cette armée tout entière, infanterie, cavalerie, artillerie.

---

[1] Nedroma est une bourgade arabe à 3 kilomètres de la mer. Elle fait directement face à l'Italie. *Ned* en arabe signifie *contre*, et *Roma* signifie *Rome*. Nabach, qui était un lettré, affirmait que c'était là l'origine musulmane de la fondation de sa ville : Contre Rome.

UNE VIVE ALERTE

Le 10 août, quatre jours avant la bataille d'Isly, entre une heure et deux heures de l'après-midi, les trois drapeaux étaient déployés par l'officier en vedette, le capitaine d'état-major Tricault, d'excellente réputation, mais arrivant de France et ne sachant rien des choses d'Algérie. Nos gens étaient à l'eau, au bois, au fourrage, quand tout à coup tambours et clairons firent retentir leurs bruyants appels au drapeau. Pendant que des officiers à cheval s'élançaient dans toutes les directions pour ressaisir les groupes absents, pendant qu'on sellait, bâtait et chargeait, il y eut un moment d'émoi et de confusion d'autant plus vifs, que les dires de Nakach avaient, avec d'inévitables amplifications, pénétré les esprits.

Le maréchal m'aperçut regardant la scène avec une tranquillité qui l'incommoda :

« Eh bien, capitaine, vous restez là planté comme un cierge[1] !

— C'est que, monsieur le maréchal, c'est une fausse alerte.

— Ah! ah! jeune homme, voilà une affirmation bien osée.

— Permettez-moi de vous assurer que jamais nos Arabes n'attaquent à cette heure ; et à supposer que les Marocains aient d'autres habitudes de guerre, comment comprendre qu'à la distance où ils sont ils mettent leurs masses en mouvement pour n'arriver à l'offensive qu'à la nuit close ? »

Le gouverneur, frappé de ma démonstration et inclinant à la trouver probante, ajouta :

[1] L'une des formules familières au maréchal Bugeaud.

« Ainsi vous croyez que toute cette agitation est vaine ?

— Certainement, et d'ici à trois quarts d'heure vous saurez la cause, dont je ne puis me rendre compte à présent, de l'erreur qui a provoqué l'alerte. »

Sur l'heure, je sautais à cheval et j'arrivais à l'observatoire, où je trouvais mon camarade au pied de ses drapeaux déployés, l'œil au télescope.

« Eh bien, Tricault, qu'y a-t-il ?

— Regardez ! »

Le soleil d'un août algérien embrasait l'atmosphère, et l'immense plaine frontière était couverte, à perte de vue, des moissons[1] que les indigènes, en raison de l'état de guerre, n'avaient pu faire cette année-là. Au milieu d'elles, comme toujours en Afrique, s'élevaient en grand nombre des buissons de lentisques d'un vert sombre, que les Arabes, qui ne défrichent jamais, laissent partout dans leurs cultures. Un phénomène dont mon jeune collègue n'avait jamais vu les effets, le *mirage*, un mirage d'une intensité singulière, prêtait à ces blés, à ces buissons, des proportions exagérées, et un souffle intermittent, très léger, d'air maritime les soumettait à des oscillations ondulatoires qui simulaient les mouvements d'une grande armée en marche. L'illusion était achevée par l'apparition, au milieu de cette scène fantastique, de deux ou trois cents cavaliers marchant en ordre très dispersé, au pas, et faisant évidemment, dans la direction du camp français, une timide reconnaissance.

J'expliquai son erreur au capitaine, lui promettant de la faire comprendre à tous, et mon prompt retour au camp termina les agitations de la journée. Comme j'achevais de mettre sous les yeux du maréchal le tableau des apparences

---

[1] Les blés, dans ces plaines d'une incroyable fertilité, ont la hauteur d'un homme de taille moyenne.

vraiment extraordinaires qui avaient trompé l'officier en vedette et dont j'avais eu moi-même la vision à l'observatoire, le général de La Moricière survint. Le maréchal, la main sur mon épaule, lui dit avec la bienveillante bonhomie qui lui était propre :

« Votre capitaine a de l'observation, du jugement, du calme, et il sait son affaire. »

Comment aurais-je jamais oublié ces paroles presque affectueuses venant encourager de si haut l'ancien lieutenant du 6° léger, naguère convoyeur en chef des ânes de La Moricière? Elles furent comme les prémices de l'avenir nouveau qui allait s'ouvrir devant lui.

Dans les jours un peu fiévreux qui précédèrent la bataille d'Isly, dans la marche de nuit qui nous mit, à l'aube, en présence de l'armée marocaine, enfin au cours de la bataille elle-même, il m'arriva, non pas d'être remarqué comme voulut bien le dire le rapport officiel, mais de me rendre utile, en tirant le meilleur parti que je pus : 1° de la confiance absolue dont le maréchal nous avait pénétrés, que nous allions faire dans les rassemblements marocains une trouée qui les disperserait; 2° du savoir algérien spécial que je tenais de l'illustre maître qui l'avait créé parmi nous, La Moricière; 3° de ma vigoureuse jeunesse; 4° de mes excellents chevaux qui, tous les deux excédés, purent cependant tenir, sous un ciel de feu, jusqu'à la fin de la journée. Voilà tous mes mérites, et on verra plus loin qu'ils me valurent une récompense qui les dépassa de beaucoup.

LA BATAILLE D'ISLY

Je ne referai pas ici le récit si souvent fait, et toujours surfait selon l'invariable tradition française, de la bataille d'Isly. Les feux de deux rangs [1] de notre infanterie, les feux de notre légère artillerie de montagne, éclatant sur les quatre faces du losange de bataillons qui formaient notre ordre de bataille, une charge de cavalerie à propos et vivement menée, décidèrent rapidement et péremptoirement de l'avenir de la journée.

Le maréchal avait fait venir d'Oran, par exception, deux pièces d'artillerie de campagne à longue portée. Elles marchaient à la tête du losange en mouvement. L'une d'elles, son attelage succombant sous le poids d'une chaleur torride et de l'épuisement, avait dû s'arrêter. L'autre ne tira que quelques coups, mais qui furent d'un effet réjouissant. Dirigés sur une hauteur éloignée où le parasol impérial légendaire et un nombreux état-major nous révélaient la présence de Mouley Mohammed, ils portèrent en plein groupe, et nous eûmes le contentement de voir la déroute du fils de l'empereur précéder la déroute de son armée.

On voit qu'à la bataille d'Isly la résistance et le choc furent loin de répondre à l'idée qu'en donne la légende, et on s'explique que nos pertes ne purent dépasser, quoi qu'on ait fait pour les grossir, le chiffre de vingt-huit tués.

D'abord, contrairement aux dires de Nakach, l'armée marocaine ne comptait pas, je pense, plus de seize à dix-huit mille chevaux. Elle n'avait pas d'infanterie. Quant à son artillerie servie par les prétendus renégats espagnols,

---

[1] C'était un feu sur trois rangs. Mais le troisième rang ne faisait que charger les armes qu'il passait aux deux autres.

elle se composait d'une vingtaine de pièces d'un modèle antédiluvien, prises presque aussitôt qu'aperçues. On peut juger de leur valeur par la description que voici de l'une d'elles : deux chameaux en file, à distance l'un de l'autre, attelés à un très long brancard sur lequel, en son milieu, une plate-forme qui supportait un *mortier* que ses servants, on le croira sans peine, n'avaient pas eu le temps de mettre en batterie.

Ce qu'il y eut là d'admirable, — je l'ai dit ailleurs et je le redis — ce qui eut pour moi la portée d'une incomparable leçon, ce furent :

1° La ferme résolution d'une offensive immédiate, entreprise par le maréchal contre les avis d'attente de renforts qui prévalaient dans la petite armée ;

2° La théorie d'une si haute philosophie militaire expérimentale, qu'il nous exposa, de l'impuissance des grandes masses dépourvues d'organisation, de cohésion, de dressage spécial, contre une troupe bien préparée, disciplinée, compacte, sûre d'elle-même [1] et de ses moyens, à la condition qu'elle ne fût pas numériquement trop faible et qu'elle eût, avec son infanterie, sa cavalerie, son artillerie, des approvisionnements suffisants ;

3° L'ingénieuse conception du procédé exécutoire, ce vaste losange de bataillons prêts à former le carré que le maréchal définissait « une forteresse d'infanterie » au centre de laquelle la cavalerie, à l'abri du feu, attendait, — comme il

---

[1] En 1870, au siège de Paris, les innombrables rassemblements (corps d'armée, divisions, brigades) plus ou moins improvisés pour la défense ne comptaient que deux anciens régiments réguliers, les 35° et 42° d'infanterie (brigade venue de Rome).

Ces deux régiments ont fait autant de mal à l'ennemi et se sont fait plus d'honneur, par d'admirables efforts et par d'énormes pertes, que tous les autres ensemble.

arriva, — le premier symptôme de défaillance de l'ennemi pour enlever le camp marocain.

Ce camp comprenait plusieurs groupes, séparés les uns des autres, de grandes tentes de forme conique, d'aspect confortable, quelques-unes surmontées de petits drapeaux. Celle de Mouley Mohammed, complètement isolée, était une sorte de maison de toile[1] en rez-de-chaussée et à compartiments, entourée d'une vaste enceinte à peu près circulaire, formée par un mur de toile. C'est là que sur les piles de coussins qui représentaient le lit du fils de l'empereur le maréchal, en attendant l'arrivée de ses bagages, trouva les premiers moments d'un repos bien gagné, pendant que nous autres, le bras passé dans la bride de nos chevaux, nous dormions à leurs pieds, abrités des derniers mais toujours brûlants rayons du soleil par les toiles marocaines. A la chute du jour, au fond de l'immense plaine, on n'apercevait plus qu'à la lunette l'armée de Mouley Mohammed retournant au Maroc en état de complète dispersion.

NOUVEAU CHANGEMENT IMPRÉVU DE DESTINÉE

Le lendemain, quand nous fûmes tous rendus à l'équilibre, le maréchal, qui ne m'avait jamais laissé soupçonner ses bienveillantes intentions, fit appeler, moi présent, le général de La Moricière :

« Vous m'avez prêté, mon cher général, le capitaine que voilà pour la durée de cette campagne. L'événement d'hier va certainement en marquer la fin. Eh bien, à moins que vous n'y mettiez obstacle, je garde votre aide de camp. J'ai eu plus d'une occasion de vous dire comme je le jugeais.

---

[1] Cette tente, transportée à Paris à titre de trophée de la bataille d'Isly, a été longtemps exposée dans le jardin des Tuileries à la curiosité des Parisiens.

Je suis d'ailleurs habitué à lui et (avec un sourire paternel) je crois qu'il s'est habitué à moi. »

Voilà par quelle succession de hasards heureux un jeune officier, qu'aucune de ces actions d'éclat dont la publicité s'empare ne recommandait à ses chefs, eut la fortune d'être associé à toutes les entreprises du plus considérable des généraux d'Afrique, et par suite l'honneur de devenir, par l'adoption militaire, l'auditeur quotidien, je n'ose dire l'élève, du dernier grand professeur de guerre qui restât au pays. Ses enseignements m'avaient si profondément pénétré, qu'à cinquante ans de là, je ne puis me défendre d'en faire encore subir longuement le récit aux rares visiteurs militaires de ma retraite. Mais il ne m'était pas réservé d'en pouvoir faire l'application dans le commandement devant l'ennemi, et les seules leçons du maréchal que j'aie pu mettre en pratique, dans les guerres que j'ai faites après lui, furent celles qui avaient pour but d'entretenir en tout temps le moral des troupes et de le surélever à l'heure du péril.

Le siège de Sébastopol, en effet, fut une guerre spéciale et étroitement localisée. La campagne d'Italie, improvisée au delà de tout ce qu'on sait et croit, fut menée à l'aventure, au jour le jour des événements. Les deux batailles de Magenta, de Solférino, et tous les engagements latéraux, furent des surprises. Quant au siège de Paris, il n'eût donné lieu à une action décisive que si l'ennemi, au lieu de se cantonner pendant des mois dans les villages des hauteurs environnantes et de s'y fortifier, avait marché contre notre triple ligne circulaire de défense, soit pour l'enlever de vive force, soit en procédant par cheminements réguliers. Il aurait trouvé là un accueil préparé d'après tous les principes généraux et toutes les règles de détail recommandées par le maréchal Bugeaud. Mes troupes sans dressage préalable et sans cohésion, incapables des efforts manœuvriers que réclame l'*offensive*, mais animées d'un excellent esprit, auraient été dans la *défensive*, derrière des obstacles, infiniment redoutables, et c'est en toute assurance que j'avais pu dire en conseil de gouvernement, dès octobre, que *Paris était désormais imprenable*. Il l'était; mais nos adversaires, dont, à la guerre, le jugement et la méthode sont rarement en défaut, savaient qu'à ce jeu ils s'useraient sans profit. Ils résolurent de nous user nous-mêmes, en s'abstenant, en nous acculant à une guerre extérieure offensive d'une accablante inégalité, à l'émeute et à la faim. Ils y mirent, en y ajoutant vers la fin le bombardement, près de quatre mois. Peut-être les Parisiens de l'avenir verront-ils là pour la grande cité, même pour ses défenseurs, un titre d'honneur.

LA MORT DU MARÉCHAL BUGEAUD. — J'ÉCHAPPE A UN EMPLOI DE COUR.

A dater de la campagne d'Isly, je ne devais plus quitter le maréchal, et c'est à cinq ans de là qu'il est mort entre mes bras, foudroyé loin de sa famille par le choléra asiatique. Avec des compagnons[1] qui eurent plus tard une grande situation dans l'armée et toujours une grande place

---

[1] Rivet, capitaine d'artillerie, tué sous mes yeux, général de brigade, à l'assaut du bastion central (siège de Sébastopol).

Fourichon, lieutenant de vaisseau, mort vice-amiral après avoir été ministre de la marine.

Léon Roches, interprète général de l'armée d'Afrique, encore vivant, ministre plénipotentiaire en retraite.

Féray, capitaine de cavalerie, gendre du maréchal, mort divisionnaire.

Barbary de Langlade, capitaine d'artillerie, mort divisionnaire.

De Garraube, capitaine d'infanterie, encore vivant, s'est retiré de bonne heure comme officier supérieur.

dans ma vie, je l'avais suivi dans toutes les entreprises de guerre (répression de la redoutable insurrection qu'avait fait naître le désastre de Sidi-Brahim, et première invasion des montagnes de la Grande-Kabylie insoumise) qui devaient asseoir définitivement la conquête, et couronner la glorieuse carrière algérienne du conquérant. La guerre terminée, je restais seul auprès de lui.

Le maréchal n'était pas pratiquant, mais il avait les respects religieux, et ce fut avec la touchante docilité d'un enfant qu'il se prêta, dans les dernières heures de sa vie, à toutes les douloureuses cérémonies rituelles que le prêtre, appelé par nous, accomplit autour de ce lit de mort. Il semblait avoir gardé la liberté de sa pensée, ses yeux parlaient encore, mais depuis la veille il était muet. Et quand, agenouillés autour de lui, nous l'entendîmes tout à coup répéter après le prêtre, d'une voix encore distincte, les derniers mots et l'amen de la prière des agonisants, nos cœurs furent déchirés et il y eut parmi nous une explosion de sanglots.

Une heure après, dominant mon abattement, je partais pour le Périgord, où j'avais l'accablant devoir de porter à l'infortunée veuve, — qui n'était pas plus préparée à la catastrophe que nous ne l'avions été nous-mêmes à Paris, — l'avis de ce grand deuil de famille qui allait être un grand deuil national. Là, je devais être achevé par les scènes d'affliction désespérée dont je fus le témoin.

LE PRÉSIDENT DE LA RÉPUBLIQUE PRINCE LOUIS-NAPOLÉON

Rentrant à Paris, je me heurtais à un incident qui fut l'origine caractéristique de la situation, alternativement bien vue et suspectée, que je devais rencontrer sous le futur régime impérial. A mon logis, au débotté, je trouvais un officier du prince président qui venait m'annoncer que le chef de l'État, en mémoire du maréchal Bugeaud, me faisait entrer dans sa maison militaire en qualité d'aide de camp.

Jamais peut-être je ne fus plus violemment saisi, ni plus spontanément résolu. Le temps de revêtir l'uniforme, et je me rendais à l'Élysée où le capitaine de Toulongeon m'introduisait auprès du prince :

« Monseigneur, je suis profondément reconnaissant de l'honneur que vous daignez me faire, mais il m'est interdit d'en bénéficier. Je dois les trop heureux commencements de ma carrière au général de La Moricières et au maréchal Bugeaud. Devant le lit de mort du maréchal, je me suis fait à moi-même le serment de ne plus occuper auprès des hautes personnalités de l'armée d'emploi qui me donnerait une nouvelle évidence. Je me suis lié à l'obligation de rentrer dans le rang.

— Je sais que vous êtes tout entier à votre légitime chagrin, mais prenez votre temps. Vous aurez un long congé après lequel, le cœur et l'esprit plus libres, vous entrerez en fonctions auprès de moi.

— Je vous supplie, Monseigneur, de croire à la sincérité des sentiments que je vous ai exprimés, de me permettre de rester dans ma résolution, et de m'autoriser à aller dire au ministre de la guerre, qui n'a pas encore promulgué le décret, que vous acceptez mon désistement. »

Sans se départir un instant de la grande bienveillance qu'il m'avait montrée pendant cet échange, très pénible pour moi, de vues qui ne pouvaient s'accorder, le prince me dit de réfléchir encore, mais qu'il me laissait une entière liberté de décision et d'action.

Très touché de sa bonté et bien armé par elle, j'étais une demi-heure après devant le ministre de la guerre général Rullière, à qui je rendais compte de la situation, de l'excellent accueil que j'avais reçu du prince, enfin de l'autorisation de désistement qu'il m'avait donnée. Le ministre, très irrité et me traitant de Turc à More, me déclara que je manquais à la fois aux convenances et au devoir. J'écoutai sa vive réprimande dans un silence respectueux, mais j'étais libre.

J'étais libre, et jamais, je pense, la Providence, qui m'avait été si favorable jusque-là, ne me servit plus opportunément et plus efficacement qu'en m'inspirant la pensée de cette entreprise peut-être un peu osée et en permettant qu'elle réussît. Que ceux qui m'ont connu dans la jeunesse, qui ont été les témoins, à deux ans de là, de mon indignation et de ma douleur devant la grande captation militaire qui prépara le coup d'État, devant l'arrestation et l'exil de La Moricière, de Bedeau, de Le Flô et des autres, se demandent ce que j'aurais fait si, aide de camp du prince Louis-Napoléon, j'avais dû avoir un rôle d'instrument ou de complice, ou seulement de comparse, dans ces grandes saturnales politiques! J'aurais fait ce qu'à vingt-trois ans de là j'ai fait, quand la conviction me fut acquise que les principes et les sentiments qui toujours avaient été ma règle et mes guides, n'avaient plus cours dans la vie publique française. J'aurais brisé de mes propres mains, en 1851, ma jeune carrière, comme j'ai brisé la vieille en 1872, quatorze ans avant d'être atteint par la limite d'âge de la loi applicable aux généraux d'armée.

En annonçant au prince président que je m'étais lié à l'obligation que j'ai fidèlement remplie « de ne plus servir dans l'armée auprès des grands personnages, et de rentrer dans le rang », je lui avais dit très sincèrement la vérité. Je ne la lui avais pas dite, je ne pouvais pas la lui dire tout entière. Je venais de voter des deux mains pour le général Cavaignac, dont le caractère et les services m'avaient d'ancienne date inspiré la sympathie la plus respectueuse. Comment aurai-je pu dignement entrer par un emploi de confiance, entraînant des rapports personnels quotidiens, dans la suite militaire officielle de son trop heureux compétiteur ?

CHAPITRE II

ENCORE L'ALGÉRIE D'AUTREFOIS

LE MARÉCHAL BUGEAUD ET LE GÉNÉRAL CHANGARNIER
UN RÉCIT DU MARÉCHAL BUGEAUD

Parmi les généraux que la guerre d'Afrique a illustrés et dont la légende du temps passé a fait de grands capitaines, sans s'arrêter à la considération qu'aucun d'eux n'avait jamais commandé que deux mille ou trois mille hommes devant les rassemblements arabes, il en est un, le général Changarnier, dont le caractère et la physionomie différaient absolument du caractère et de la physionomie des autres.

En 1836, chef de bataillon inconnu et déjà mûr, il avait commandé vigoureusement et brillamment, après l'échec du maréchal Clauzel devant Constantine, l'arrière-garde de la petite armée de siège en retraite quelque peu désordonnée et constamment autant que vivement pressée sur ses derrières. Je tiens d'un vieil officier, qui avait eu là le rôle de témoin et d'acteur, que la rare énergie du commandant Changarnier, contrastant avec l'abattement de quelques-uns, fut très légitimement admirée.

De l'insuccès du siège et des périls de la retraite, le gouvernement et l'opinion avaient été fort émus. La vaillance de l'officier que ces périls avaient mis en évidence, fut leur consolation et devint, comme toujours en pareil cas, le thème de dithyrambes militaires dont le *héros,* à quatre ans de là, était officier général.

La nature, en donnant au général Changarnier la fermeté dans la conception et la vigueur dans l'exécution, y avait joint la vanité et l'ambition. Elles prirent dans son esprit et dans son attitude, à dater de ses succès algériens et de sa soudaine ascension hiérarchique, des proportions telles, que dans un pays où la vanité et l'ambition sont des produits du terroir, on n'en vit peut-être jamais d'aussi extraordinaires, soit au point de vue de l'excès des visées, soit au point de vue de la naïveté confiante avec laquelle ces visées s'exprimaient. Il se jugeait le plus grand homme de guerre de l'Europe, le disait et l'écrivait. Qui, parmi les vétérans de mon âge, ne se souvient de la lettre fameuse que le général rendit publique pour rassurer la France, — justement inquiète des effets de la révolution républicaine de 1848 sur l'esprit des gouvernements monarchiques qui l'entouraient, — où il rappelait au pays :

Qu'il avait l'art de manier les troupes et l'habitude de vaincre ?

Le général Changarnier, adversaire né de toute personnalité pouvant s'élever à côté de la sienne et lui porter ombrage, mettait au service de sa double passion une langue plus qu'acérée pour les uns, plus que railleuse pour les autres, qui n'épargnait ni ses supérieurs, ni ses égaux. Entre eux tous, le général Bugeaud, nommé gouverneur général de l'Algérie, fut celui qu'elle malmena le plus activement :

« Quoi ! pour réaliser la grande entreprise de la conquête
« définitive de l'Algérie, on choisissait l'homme qui l'avait
« autrefois déconseillée, l'homme du traité de *la Tafna,*

« dont l'effet avait été la consécration de la toute-puissance
« d'Abd-el-Kader! D'une œuvre à la fois spéciale et ardue
« comme celle-là, ce n'était pas à *un vieux radoteur des*
« *guerres de l'empire* qu'il fallait confier la direction,
« c'était à un général qui avait longuement fait en Algérie
« ses preuves de compétence, de vigueur et d'activité. »

Je ne crois pas faire ici acte de mauvaise langue à mon tour en exprimant la pensée que ce directeur compétent, vigoureux et actif, c'était le général lui-même, quoiqu'il ne fût alors que brigadier, mais brigadier prétendant fiévreusement aux trois étoiles.

A ces propos malsonnants, que le nouveau gouverneur de l'Algérie aurait pu et dû dédaigner, s'en joignaient d'autres sur lesquels il était particulièrement chatouilleux. Ils avaient trait au rôle discutable, et resté discuté, que le général Bugeaud avait assumé dans l'événement, d'ordre politique, de la captivité, à Blaye, de la duchesse de Berry.

Dans les quartiers généraux d'armée comme dans les cours, je l'ai déjà dit, il y a des officiers qui se donnent l'inavouable mais toujours productive mission d'être auprès du chef, sous l'apparence du dévouement, *les reporters* des dires qui circulent à son sujet. Ils ne manquèrent pas d'informer le général Bugeaud, par le menu, et peut-être au delà du menu, des coups de langue du général Changarnier. Il y eut donc entre ces deux hommes, dès leurs premiers contacts, de profondes antipathies qui allèrent en s'aggravant dans la suite de leurs rapports de chef à subordonné. Tout le monde savait, dans le public et dans l'armée, que leurs échanges écrits ou parlés étaient, du côté du général Changarnier, d'un sans-gêne caractéristique, du côté du gouverneur, qui n'avait pas toujours vécu dans l'atmosphère des salons, d'une malicieuse dureté de ripostes dont l'une est restée historique. Comme le général, irrité d'une critique indirecte que le gouverneur avait faite devant des tiers de sa manœuvre de ce jour devant l'ennemi, la relevait aigrement en disant qu'il faisait la guerre d'Afrique depuis des années et qu'il savait son métier : « Hé, général, répondait le vétéran d'Austerlitz, tout le monde sait que le mulet du maréchal de Saxe, après avoir fait vingt campagnes, était resté mulet. »

UN TERRIBLE CONFLIT

Telle était entre ces deux personnages militaires la tension de leurs rapports que, connue dans les trois provinces, elle occupait souvent les causeries des officiers de l'armée d'Afrique. Elle avait suffi à nous expliquer l'éclatante rupture de 1843, dont le résultat fut que le général Changarnier demandait sa rentrée en France et que le gouverneur l'exigeait. Mais nous ne savions que cela, et c'est quatre ans plus tard, dans les premiers mois de 1847, qu'un récit du maréchal Bugeaud, dont j'ai dit que j'étais devenu l'un des aides de camp après la bataille d'Isly, mit les points sur les i de la rupture, et nous apprit les raisons d'ordre intime qui avaient pu transformer l'aigreur habituelle du général envers le gouverneur en un sentiment plus violent.

Le gouverneur s'adressant à nous :

« Vous dites qu'on regrette un peu partout que le général Changarnier ait été perdu pour l'armée d'Afrique. En tant que soldat, on peut le regretter, car c'est un résolu, mais quel caractère! Le caractère est plein de fiel, et l'homme est plein de lui-même, à ce point qu'en expérience dans la guerre, en mérites de toutes sortes, il ne se reconnaît pas d'égaux, encore moins de supérieurs; *mais je l'ai mis au pas* [1].

---

[1] Tous les passages soulignés de ce récit sont textuels, c'est-à-dire qu'ils reproduisent la parole même du maréchal.

« Quand il fut promu divisionnaire en avril 1843, j'avais l'avis officieux et il était de notoriété que j'allais être élevé au maréchalat ; mais l'ordonnance qui me le conférait ne parut qu'en juillet. Nous avons donc été, Changarnier et moi, en égalité de grade pendant quelque temps, et c'est alors que *je lui ai montré ce qu'il était et qui j'étais.*

« Je terminais à Alger une conférence à laquelle assistaient plusieurs généraux, quand, ceux-ci se retirant, j'invitai Changarnier à demeurer. En tête-à-tête avec lui, j'allai droit à la porte en lui donnant un tour de clef, opération qui, évidemment dirigée contre sa retraite, *montrait à mon prisonnier que l'affaire serait chaude.*

« — Monsieur, vous ne vous bornez pas à railler publi-
« quement votre chef et à critiquer ses actes. C'est là une
« question disciplinaire qu'il me convient, quant à présent,
« de négliger. Mais si, comme on m'en assure, vous m'avez
« décrié dans ma vie publique, c'est là un outrage dont
« j'aurai raison. Dans ce cas, Monsieur, *vous êtes un drôle*
« *et je veux vous percer la bedaine...* »

Le gouverneur était très grand, très fortement charpenté, avec un large facies habituellement coloré, avec une voix tonnante, et son geste était plein d'une autorité qu'achevaient ses cheveux blancs de neige.

Le général, moins grand, était mince comme un fil, avec une voix grêle et éraillée, avec une physionomie de vieille amaigrie, sous la perruque brune que nous lui avons toujours vue. Il n'avait pas apparence de *bedaine* à offrir aux coups de son rude adversaire ; et entre ces deux hommes le contraste physique, aussi marqué que le contraste des caractères, devait suffire à donner à cette scène presque dramatique un relief saisissant. A l'énergie de son attitude comme au pittoresque de sa parole, ceux qui ont vécu dans l'intimité du maréchal Bugeaud le reconnnaîtront là tout entier.

Mais qu'était la valeur de ces contrastes, auprès de l'ascendant moral qu'avait, dans ce conflit, le redoutable gouverneur? Sa haute renommée militaire datait, je l'ai dit, des guerres de l'empire, et il en avait une autre plus spéciale, à laquelle la mort du député Dulong, qu'il avait tué sur place dans un duel fameux, avait donné un violent retentissement. Ce député, qui était de l'opposition avancée, avait, lui aussi, insulté au sujet de l'événement de Blaye son collègue le général Bugeaud, conservateur émérite, que le journalisme de gauche avait accablé d'invectives quand le tragique résultat de la rencontre fut connu. Et cet orage avait remis en lumière ce fait avertisseur, qu'aucun des adversaires de Bugeaud n'était sorti vivant des trois duels qu'il avait eus au cours de sa carrière[1].

Personne ne croira jamais que des précédents de cette nature purent influencer l'attitude d'un officier général qui, comme Changarnier, avait fait d'éclatantes preuves de courage personnel et de résolution dans le commandement; mais il est sûr que la rude mise en demeure qu'il recevait de son chef militaire lui faisait une situation plus qu'inquiétante. Il avait devant lui un égal en grade, un haut supérieur en emploi, à qui il savait que le maréchalat était dès à présent acquis. Un énorme scandale public allait éclater, et, quelle que fût l'issue de la rencontre, il en serait infailliblement la victime, un gouvernement régulier ne pouvant tolérer qu'un tel désordre et d'un si dangereux

---

[1] Cette aptitude caractéristique de Bugeaud à avoir en duel « la main malheureuse » s'explique pour moi par ce fait que sa vaillance, au lieu d'être, à la française, bouillante et bruyante, était si naturelle et si tranquille que, dans le péril, aucune émotion ne pouvait l'atteindre. Il était, sous ce rapport, incomparablement doué pour le duel comme pour la bataille.

exemple, se produisît au sommet du commandement, dans une armée en campagne ; sa carrière d'activité devrait s'arrêter là.

Le gouverneur terminait ainsi son récit :

« Changarnier, fort ému, me déclara que des gens méprisables, qui devaient avoir là un intérêt, l'avaient calomnié auprès de moi ; qu'il était trop pénétré du devoir des armes pour se faire l'adversaire de ses chefs ; qu'enfin il niait formellement les propos insultants que la malveillance lui attribuait.

« Le colloque et la crise prirent naturellement fin sur ces assurances. Je crois tout de même que, sans en venir au choc, nous nous étions lui et moi pour toujours mesurés. *Ce ne fut pas un raccommodement, pas même un raccommodage, comme la suite l'a prouvé.* »

Ce n'est pas la première fois, je pense, qu'un homme de *haute valeur généralisée*, de grande autorité personnelle, de bon propos, d'inébranlable résolution, arrête court dans ses visées d'ambition jalouse un homme de *valeur spéciale* qu'aveugle un incurable contentement de soi. Le temps d'arrêt d'ailleurs, dans un tel conflit, ne devait, ne pouvait pas durer. Il prit fin quelques semaines, je crois, avant la promotion officielle du gouverneur au maréchalat, à l'occasion d'une modification introduite par ordre de celui-ci dans un service d'inspection dont était chargé le général Changarnier. Son mécontentement le conduisit à écrire à son chef, en termes violents, une lettre officielle où il demandait à être relevé de son commandement. Le gouverneur la transmettait au ministre de la guerre maréchal Soult, en lui montrant que son subordonné avait cessé de l'être et ne pouvait plus rester à l'armée d'Afrique. Il fut rappelé en France.

Quand, en 1849, le maréchal Bugeaud, dans sa soixante-cinquième année, commandant en chef de l'armée des Alpes[1], en pleine possession de toutes ses facultés de direction et d'action, mourut presque subitement, ce fut une émotion profonde dans le pays et dans l'armée, un deuil universel. Le général Changarnier eut l'habileté de bon goût de s'y associer, en se faisant bruyamment l'un des organisateurs de la souscription nationale dont le but était d'élever une statue à ce grand serviteur du pays.

A nous tous vieux Algériens, il entendait prouver par là que s'il avait décrié et détesté le maréchal vivant, il avait assez de hauteur d'âme pour honorer sa mémoire. Mais à nous, dépositaires de la révélation « de la crise à huis clos », n'était-il pas permis de croire qu'à cette manifestation posthume du général le diable ne perdait rien?

AU CHATEAU DE LA DURANTIE (NOVEMBRE 1847)
UNE CONTROVERSE AVEC LE MARÉCHAL BUGEAUD

Au mois de juillet 1847, le maréchal Bugeaud avait quitté l'Algérie, pour toujours acquise à la France, non pas encore entièrement pacifiée. Ce retour, célébré à Paris par le gouvernement uni aux partis conservateurs, avait été en quelque sorte triomphal et méritait de l'être. Ses adversaires, ceux qu'on appelait alors et qu'il appelait lui-même « les éternels ennemis de l'ordre », qui lui avaient fait autrefois une guerre acharnée, se taisaient.

---

[1] Le prince président Louis-Napoléon avait investi le maréchal du commandement d'une armée de 70 000 hommes établie le long des Alpes (quartier général à Lyon), en vue de l'assistance à prêter éventuellement au roi de Piémont, Charles-Albert, aux prises avec les forces autrichiennes.
Le maréchal, mandé de Lyon à Paris, y mourut.

Après avoir joui de cet accueil éclatant, il avait été chercher le repos à son château de la Durantie, bâti pendant ses campagnes d'Afrique, au centre du domaine paternel, et qui avait remplacé l'humble ferme du même nom, que lui et sa famille avaient habitée jusque-là.

J'étais moi-même en Bretagne au milieu des miens, bénéficiant d'un congé qui, après tant d'années de militante activité, m'avait rendu à la vie de famille et réconforté. Quelques lignes du maréchal me rappelèrent auprès de lui en Périgord :

« Venez, m'écrivait-il, nous nous sommes assez reposés
« et j'ai besoin de vous. Je me propose d'écrire l'histoire
« de la conquête algérienne. Nous y travaillerons à loisir,
« et je compte qu'entre temps vous lèverez, pour vous dis-
« traire, le plan du domaine de la Durantie. »

L'histoire a été commencée, le plan a été levé, et que sont devenus, hélas ! après mon illustre chef, l'histoire, le plan, la Durantie elle-même, tombée en des mains étrangères...? Quelques années ont suffi pour qu'une part de la descendance du maréchal disparût par la mort, pour que l'autre part se dispersât dans l'obscurité. Rien n'est resté de l'œuvre familiale qu'il avait cru solidement fonder au pays natal, en même temps qu'il fondait en Algérie l'œuvre nationale dont ses efforts avaient agrandi la fortune de la France ! Encore un exemple, et celui-là profondément douloureux, de l'effet destructeur du temps et des révolutions, sur celles de nos destinées qui sont vraiment grandes, comme sur celles, multipliées à l'infini dans notre pays, dont l'éclat dépend de la convention du moment.

Un soir, à la Durantie, le maréchal, rêvant au coin du feu, me dit tout à coup :

« Vous êtes, je pense, le plus jeune officier supérieur de l'armée. Plus heureux que moi, vous arriverez au sommet sans passer comme moi par une série presque ininterrompue de révolutions et de guerres.

— Je ne serais pas surpris, monsieur le maréchal, de voir plus de révolutions et plus de guerres que vous. »

Au plus haut point étonné et presque mécontent, le maréchal fixant sur moi ses yeux gris-bleus :

« Voilà une opinion qui touche au paradoxe, vous vous en expliquerez tout à l'heure. Quant à la mienne, elle va de soi. Nous avons un roi qui est un modèle d'expérience et de sagesse. Il a traversé, lui aussi, une longue période de révolutions et de guerres ; il en a souffert, et tout son programme de gouvernement se résume dans des vues de prospérité à l'intérieur, et des vues de paix au dehors.

« Les premières, il les a réalisées par l'application des idées libérales modernes dont il est pénétré. A l'heure qu'il est, après quelques années de lutte, les factions sont vaincues. L'agriculture, l'industrie, le commerce, le bien-être général, ont pris le plus heureux développement.

« Les secondes, celles qui ont pour but la paix extérieure, ont des effets solidement acquis au pays. La prudence du gouvernement constitutionnel a su réconcilier les monarchies qui nous entourent avec la France révolutionnaire de 1830, dont les instincts guerriers ont reçu, par la succession de nos entreprises en Afrique, et par la conquête qui vient de les couronner, ample et brillante satisfaction.

« Enfin le roi, si cruellement éprouvé par la catastrophe qui nous a enlevé le duc d'Orléans, *est encore entouré de plusieurs relais de fils* qui ont été élevés avec les nôtres dans les écoles publiques françaises, qui sont pénétrés de l'esprit de leur temps, qui se sont fait une place dans l'opinion par des mérites et des services distingués. Ils représentent et ils assurent l'avenir. »

J'ai déjà dit que j'avais vu jusqu'à ce jour cinq révolutions, étant à Paris au milieu d'elles. J'ai pu constater qu'après chacun de ces grands événements les bénéficiaires de l'entreprise et leurs ayants cause adoptaient invariablement et propageaient incessamment un *credo* qui devenait le symbole des apôtres du nouveau régime. C'était le *credo constitutionnel de* 1830, qu'avant celui des républicains de 1848, avant celui des impérialistes de 1852, avant celui des démocrates de 1870, j'entendais en novembre 1847, au château de la Durantie, exprimé par le maréchal Bugeaud, duc d'Isly.

Les convictions politiques les plus sincères l'attachaient, comme tous les conservateurs de ce temps, au gouvernement issu de la révolution de Juillet. Et ces convictions étaient achevées par un sentiment auquel les hommes les plus éminents de notre pays ont le malheur de ne pouvoir échapper, le sentiment tout personnel de la haute fortune qu'il devait à cette révolution et à ce gouvernement. Ils avaient fait sortir le colonel Bugeaud de la retraite exclusivement agricole où il vivait obscurément enfermé depuis quinze ans, pour le faire député, maréchal de camp, lieutenant général, maréchal de France et duc, dans une ascension hiérarchique continue, que d'ailleurs l'opinion tout entière avait proclamée légitime.

« A présent, me dit-il, voyons les raisons de votre pessimisme politique.

— C'est, monsieur le maréchal, qu'il me semble qu'au point où en est la civilisation moderne, les gouvernements n'ont de chance de durée qu'autant qu'en dehors des partis qui visent à leur renversement, ils peuvent compter sur l'appui de l'esprit public.

— Qu'entendez-vous par l'esprit public?

— C'est une force conservatrice, à la fois sociale et politique, qu'on ne rencontre que chez les nations qui n'ont pas subi l'assaut de plusieurs révolutions successives. En

Angleterre, par exemple, qui s'en est tenue à sa révolution de 1688, cette force de l'esprit public établit entre toutes les classes de la société anglaise, de la reine au batelier de la Tamise, un lien de solidarité et de respect qui suffit à préserver la couronne dans les crises où elle serait en péril. Il y a là pourtant des partis, et à certains moments des factions qui seraient aussi révolutionnaires que les nôtres. L'esprit public intervient et les contient.

« Je crois qu'en France la succession ininterrompue de nos révolutions, alternativement démocratiques et autoritaires, ou mixtes, comme celle qui a fondé le gouvernement d'aujourd'hui, ont divisé et énervé la nation au point que l'esprit public en a pour toujours disparu. En cet état de ruine du ressort national conservateur, le gouvernement n'a pas d'autre point d'appui, d'autre instrument de durée que le vote des assemblées délibérantes[1]. L'édifice qui repose sur des fondations si peu solides, si flottantes, peut en un jour d'ébranlement révolutionnaire s'écrouler. »

Le maréchal, vers la fin de mon exposé, s'était rembruni. Si je ne l'avais pas persuadé, je l'avais assez agité pour qu'il me dît :

« Il y a là une part, qui n'est heureusement que théorique, de vérité. Entre les ennemis de gouvernement, les républicains seuls peuvent devenir dangereux. Seuls, et bien qu'en très petit nombre, ils ont l'audace presque sans limites, et qui est une force, *de gens qui n'ont rien à perdre et tout à gagner.* »

Le maréchal se souvenait évidemment des grands mouvements insurrectionnels de Paris, à la répression desquels il avait autrefois concouru.

---

[1] S'imagine-t-on ce que, dans l'ordre de ces idées, j'aurais pensé et dit, si j'avais pu prévoir qu'à quatre mois de là les assemblées délibérantes seraient élues par le suffrage universel !

Quand, en novembre 1847, à la Durantie, j'avais avec lui cet échange de vues qu'il appelait théoriques, et qui n'étaient en effet dans ma pensée qu'une théorie politique, je croyais comme lui-même que ni lui ni moi n'en verrions la réalité dans l'ordre des faits. Qu'on juge de l'état d'esprit où je fus quand, le souvenir encore plein de cette discussion caractéristique, à cheval avec le maréchal dans la cour des Tuileries, à trois heures du matin, dans la nuit du 23 au 24 février 1848, je vis les commencements de la révolution républicaine dont, à quelques heures de là, je devais voir l'entier accomplissement! Elle passait, je puis le dire, entre les jambes de nos chevaux, sans attaquer, sans être attaquée, et ce que la légende, — devenue comme toujours l'histoire, — a trouvé pour expliquer cette facile autant qu'extraordinaire invasion, est imaginaire. Elle ne fut ou ne parut irrésistible que parce que, depuis le commencement de l'*agitation des banquets* jusqu'à son résultat, qui fut la révolution du 24 février, l'*esprit public* ne soutint à aucun instant, comme à aucun degré, le gouvernement. Pour le renverser, il suffit de quelques milliers de révolutionnaires criant : *Vive la ligne !* sans aucun acte d'agression, assistés d'autant de politiciens et de cent mille badauds de Paris, les uns et les autres criant : *Vive la réforme !*

CHAPITRE III

LA RÉVOLUTION DE FÉVRIER 1848

AVANT ET PENDANT LA RÉVOLUTION DE FÉVRIER
LE DERNIER DÎNER ROYAL AUX TUILERIES

Le maréchal Bugeaud venait d'arriver de la Durantie à Paris pour affaires, et aussi pour juger et suivre les effets, qui le préoccupaient sérieusement, de l'agitation que produisait à Paris, aussi bien qu'en province, la *campagne des banquets*, conduite un peu partout au profit de la réforme électorale, en réalité au profit de la révolution. Je l'y avais suivi.

Dans la matinée du 23 février, il eut la visite du général commandant à Paris, où la fusillade qui s'était inopinément engagée entre le poste de garde au ministère des affaires étrangères et quelques émeutiers, avait surexcité l'effervescence populaire. Le général mit officieusement sous ses yeux l'ensemble des dispositions militaires prises pour faire face à tout événement. Le maréchal parut les approuver, mais il sortit de cet entretien le front chargé de soucis, dans un état de contention nerveuse et inquiète si caractérisé, si nouveau pour moi, que, revenant par la pensée à ces lointains souvenirs, je me suis plus d'une fois demandé si le 23 février n'avait pas été pour lui la journée des pressentiments.

Dans l'après-midi du même jour, les bruits les plus alarmants circulaient en ville et arrivaient jusqu'au maréchal, qui, ne recevant aucune communication d'aucun des membres du gouvernement, arpentait fiévreusement son appartement (rue de l'Université, 76), quand il me dit tout à coup :

« On me laisse dans une ignorance que je pourrais croire voulue. J'entends n'y pas rester; je vais aux Tuileries, je parlerai au roi. Venez. »

Et nous nous acheminons en fiacre vers le palais, où le maréchal est reçu à six heures du soir par le général Christian-Dumas, aide de camp de service, qui le conduit au roi, et revient une heure après pour m'annoncer que le roi retient à dîner le maréchal et son aide de camp.

On croira sans peine que, n'ayant de ma vie assisté à un dîner royal, j'aie gardé bonne mémoire de celui-là. Les convives, au nombre d'au moins quarante, étaient absolument inconnus de moi, qui arrivais de l'armée d'Afrique où s'était écoulée toute ma jeunesse ; mais, par les portraits que j'avais cent fois vus, je reconnus le roi, la reine, Mme la duchesse d'Orléans, les princes. Il n'y eut pas de présentations, et le dîner, très silencieux, ne fut interrompu que par les apparitions intermittentes de quelques officiers d'ordonnance venant du dehors, avec des nouvelles qu'ils allaient dire au général Christian-Dumas, dont la physionomie ne révélait pas l'inquiétude quand il les reportait au roi.

Dirai-je qu'au cours de ce dîner, le dernier que devaient voir les Tuileries, une circonstance singulière, et qui était peut-être caractéristique de la tranquillité d'esprit que gardait le roi Louis-Philippe au milieu de ces graves conjonctures, me frappa. Il avait devant lui un jambon d'un relief considérable, et il le découpait lui-même avec une attention soutenue, en tranches amincies qu'un serviteur, posté derrière lui, portait à quelques-uns des personnages présents qui avaient sans doute des droits et ne devaient pas être indifférents à cette gracieuseté royale.

M. CUVILLIER-FLEURY

Dans le salon où l'assemblée se réunit après le dîner, successivement grossie par beaucoup d'arrivants, je me trouvais inopinément en présence d'un des plus considérables et des plus affectionnés maîtres de ma jeunesse scolaire, M. Cuvillier-Fleury, autrefois préfet des études à Sainte-Barbe, alors que j'y étais moi-même une sorte d'écolier lauréat. Après la révolution de Juillet, ses mérites de toute nature l'avaient appelé à faire l'éducation universitaire des jeunes princes; et, à cette heure, M. Cuvillier-Fleury, très connu dans le monde des lettres et dans tous les mondes, était l'un des personnages de l'intimité royale.

Cette rencontre imprévue entre le maître et l'écolier d'antan fut très cordiale d'un côté, très déférente de l'autre, et, après l'échange des communs souvenirs :

« Vous voyez en moi un revenant d'Afrique, tout à fait dépaysé à Paris, et nous nous retrouvons, mon cher maître, au milieu d'événements dont la gravité attriste mes débuts sur la terre de France.

— Voilà bien, en effet, les idées et les dires d'un revenant de loin. Quoi! vous croyez au péril de la situation présente? Si vous aviez vu comme moi les grandes insurrections parisiennes à main armée de 1831 à 1840, vous n'auriez pas ce sentiment. Ce fut une période de luttes intermittentes et dangereuses, parce que le gouvernement constitutionnel, qui n'avait pas encore fait ses preuves, n'était pas solidement établi. Mais depuis il s'est assis, les factions vaincues, dans la confiance du pays rendu au calme et bénéficiant d'une prospérité sans exemple. »

J'entendais là pour la seconde fois le *credo constitutionnel* dont le thème me paraissait vrai, dont je persistais plus que jamais à juger la conclusion très incertaine.

Si, dans ce récit, j'ai fait une place à ces deux incidents de dîner et d'après-dîner, c'est qu'ils me semblent établir nettement et presque historiquement que, quelques heures avant l'explosion du lendemain, ni le roi Louis-Philippe, ni son entourage, pas plus que le pays, je pense, ne s'attendaient à la révolution du 24 février 1848.

Au cours de la soirée, les ministres étaient arrivés, et tous, avec le maréchal Bugeaud, avaient suivi le roi pour tenir conseil, disparaissant par une porte que, pendant mon entretien avec M. Cuvillier-Fleury, je ne perdais pas de vue. L'absence du maréchal ne fut pas de longue durée. Il n'était pas encore dix heures, je pense, quand je le vis reparaître, me cherchant des yeux. La coloration de son visage révélait une vive agitation.

« Venez, » me dit-il, me saisissant par le bras et m'entraînant, contre toutes les règles d'étiquette que commandaient le lieu et la présence des princes entourant la reine et Mme la duchesse d'Orléans debout au milieu du salon. Je n'étais pas à mon aise, et mon trouble s'acheva quand, arrivés au haut du grand escalier, sur le palier où quelques personnes passaient et repassaient, le maréchal s'arrêta et me dit brusquement, sans baisser la voix :

« Je me suis offert. Le roi, M. Guizot et les autres ministres ne croient pas que la gravité des circonstances comporte mon intervention dans le commandement. Ils jugent qu'elle serait, aux yeux des Parisiens, comme une menace intempestive. *Il n'y a rien à faire, allons-nous-en.*»

Quel effort d'imagination, à cette heure, aurait pu amener le maréchal Bugeaud à prévoir qu'avant la fin de cette nuit il serait appelé d'urgence, *à cheval et en armes,* au palais des Tuileries, par un ordre souverain, pour y défendre *in extremis* le gouvernement qui venait de décliner son concours! Et quelle saisissante démonstration de la grandeur des effets, sans proportion avec les causes, que peuvent produire l'incertitude dans les vues, le décousu dans les résolutions, l'imprévu dans les faits, les hasards pour tout dire, qui font qu'un mouvement d'opinion, dont le but n'est qu'une réforme politique, devient à Paris, en un tour de main, une révolution!

LA DERNIÈRE REVUE ROYALE
DANS LA MATINÉE DU 24 FÉVRIER 1848

Je n'ai pas la prétention de me faire l'historien de la révolution de 1848. Arrivé à Paris presque à la veille des événements, parti presque au lendemain, je ne puis que retracer les impressions que, placé à un poste d'observation tout particulier, j'en ai reçues. Elles furent de celles qui ont laissé dans mon esprit l'une de ces fortes empreintes que le temps et d'autres révolutions n'ont pu effacer. J'ai introduit ces souvenirs un peu partout, dans les travaux écrits qui seront publiés après moi : 1° dans ce livre : *La Société, l'État, l'Armée,* où j'ai mis en présence M. Guizot et le maréchal Bugeaud ; 2° dans un autre livre, *le Siège de Paris,* où, au sujet de l'intervention du général Bedeau dans la crise de 1848, j'ai rectifié la légende qui a cours et rendu hommage au loyal dévouement de cet officier général ; 3° dans le présent recueil de récits anecdotiques, qui est le complément du premier de ces deux livres, et qui a été écrit longtemps après. Je n'ai pas épuisé le sujet et j'y reviens par l'exposé de deux incidents spéciaux qui devaient porter au comble mes vives sensations d'aide de camp algérien ballotté par les orages parisiens.

Le premier, *une revue royale*, sera la justification irrécusable, je pense, de l'opinion que j'ai précédemment exprimée *que, le 24 février 1848, l'esprit public ne soutint à aucun moment, comme à aucun degré, le gouvernement constitutionnel;*

Le second, *l'abdication du roi Louis-Philippe*, sera l'épisode saisissant dans sa dramatique simplicité, et que je crois fort inconnu, de l'abandon des Tuileries par la famille royale dans l'après-midi du 24 février, dont le plus étrange, le plus imprévu des hasards qui semblaient s'attacher à moi, me rendit le témoin.

L'un des premiers actes du nouveau ministère nommé dans la nuit, avec le mandat d'annoncer à la population la concession de la réforme électorale, origine du conflit, avait été la *convocation de la garde nationale*, qu'on reprochait au précédent cabinet de n'avoir mise sous les armes. Quelques-uns de ses bataillons, triés dans les quartiers de Paris connus comme entièrement dévoués à l'ordre (Rivoli-Tuileries, rue de la Paix, boulevard des Italiens, faubourg Saint-Honoré, faubourg Saint-Germain), avaient été placés dans la cour même des Tuileries. Ils formaient là une sorte de réserve civique dont tous les éléments, de grande ou petite bourgeoisie, étaient considérés comme étroitement liés à l'intérêt conservateur.

Aux premières heures, peu après sept heures, je pense (de toute cette émouvante journée, je n'ai pas interrogé ma montre), le capitaine d'état-major de Valazé, pénétrant dans la pièce où le maréchal me dictait des ordres, lui annonçait que le roi allait passer la revue des bataillons de la garde nationale réunis dans la cour du palais. A l'instant nous étions à cheval, le maréchal se portant au-devant du roi, qui arrivait monté sur un tranquille et superbe alezan, en uniforme de la garde nationale, suivi d'un cortège d'officiers au milieu desquels je me perdais.

Pas une des personnes présentes qui ne fût comme moi-même convaincue que les acclamations chaleureuses de cette troupe de choix, à qui le roi faisait l'honneur de cette visite matinale au milieu des grandes émotions du moment, ne vinssent le réconforter. Comment exprimer la déconvenue qui nous saisit tous, quand il fut acquis que, cheminant au pas de son cheval devant le premier bataillon, il ne devait entendre que de rares cris de : « Vive le roi! » couverts par le concert des cris de : « Vive la réforme! » Nous étions absolument décontenancés et l'impression du vénérable souverain dut être pénible, car peu après, laissant la revue inachevée, il tournait bride et rentrait aux Tuileries....

Cet attristant épisode de la matinée du 24 février fut à mes yeux l'avant-propos et comme la consécration virtuelle de la révolution qui allait s'accomplir. Quel appui, je le redis, le gouvernement pouvait-il attendre de l'ensemble de la nation, quand il ne le rencontrait pas dans un groupe de citoyens armés pour la défense de l'ordre public, qui avaient, quelques-uns pignons sur rue, tous les autres des intérêts de famille, de commerce ou d'industrie à protéger?

L'ABDICATION DU ROI LOUIS-PHILIPPE
ET SES SUITES

Ainsi que je l'ai dit dans le livre *Le Siège de Paris,* pour la défense du général Bedeau, le maréchal, pressé par les instances des nouveaux ministres et de quelques hauts personnages politiques, avait consenti à la retraite momentanée des troupes en mouvement. Elles devaient être remplacées devant les foules par la garde nationale, chargée de leur faire connaître l'avènement du ministère réformateur, avec la nouvelle orientation politique. J'ai montré que ces ordres de recul et d'attente, surprenant les troupes entourées par les masses populaires qui hurlaient : « Vive la réforme et vive la ligne! » avaient produit un double effet, effet d'ahurissement et de tiédeur sur les officiers et les soldats; effet d'encouragement sur les masses, avec un complément de force et d'audace pour les révolutionnaires.

Autour du maréchal, cette matinée du 24 fut très orageuse. Il subit, descendu dans la cour, la harangue réformatrice d'une députation populaire à demi armée et d'aspect assez inquiétant, à laquelle il répondit par quelques mots nettement conservateurs qui ne furent ni bien ni mal accueillis. Mais la démarche de ces gens-là était osée et jeta comme un froid parmi nous. Les nouvelles d'ailleurs se succédaient très mauvaises, quand un commissaire de police absolument effaré, pénétrant jusqu'au maréchal, vint lui annoncer que des commencements de barricades se faisaient dans la rue Richelieu, à quelques centaines de mètres du palais! L'information était d'une invraisemblance que semblait confirmer le désarroi moral de l'informateur, et le maréchal accepta la proposition que je lui fis d'aller en reconnaissance dans la rue Richelieu et ses débouchés sur le boulevard.

Suivi d'un peloton de cavalerie et partant au trot, je dus prendre le pas dès mon arrivée devant le Théâtre-Français. La rue de Richelieu était pleine de monde, d'un monde fort excité et m'accablant des cris de : « Vive la réforme! » mais ni agressif, ni insulteur, et je pus, en une heure et demie au plus, aller et retour, sans incident ni accident, remplir ma mission et constater qu'il n'existait dans le rayon indiqué ni barricades commencées ni luttes engagées.

A mon retour aux Tuileries, quelle surprise, je pourrais dire quel coup de théâtre, dépassant tous ceux que j'avais vus jusque-là!

Le maréchal, son officier d'ordonnance le capitaine d'artillerie Fabar, tous les officiers mis en vue des événements à la disposition du commandant en chef, avaient disparu! Les quatre pièces (dépendant de l'appartement officiel du général Jacqueminot, commandant la garde nationale, retenu dans son hôtel à Paris par la maladie), où le maréchal avait établi son quartier général et que j'avais laissées remplies de monde, étaient absolument vides!

Stupéfait, ne comprenant rien à cette éclipse totale du commandement, à cette solitude où je ne rencontrais même plus les plantons et les serviteurs, je descendais dans la cour des Tuileries pour en chercher l'explication. Je la trouvais auprès du capitaine d'état-major de Villoutreys, aide de camp du général Jacqueminot, qui, en l'absence forcée de son chef, était resté à son poste dans un haut sentiment du devoir professionnel. Il m'apprit, sans pouvoir rien préciser, « qu'à la suite d'un revirement nouveau dans l'esprit des gouvernants, le maréchal Bugeaud avait été relevé de son commandement, qu'il s'était immédiatement retiré avec tout son entourage du moment, qu'enfin on croyait que le maréchal Gérard lui avait succédé dans la direction des affaires militaires. »

Nous échangeons longuement tous les deux nos réflexions sur l'imminence d'une tempête révolutionnaire, et bientôt elle s'affirme à nos oreilles par le grondement, qui arrive jusqu'à nous, des clameurs populaires et par une courte fusillade à distance qui provenait, je crois, de la défense que le poste de la garde municipale stationné à l'ancien château d'eau de la place du Palais-Royal, opposait à ses envahisseurs.

Le capitaine de Villoutreys avait été mon camarade à l'École d'état-major. Nous étions bons amis et en état de confiance réciproque. Nous tombons d'accord pour reconnaître qu'en la présence immédiate de si grands périls, il nous est interdit d'arguer de la disparition de nos chefs pour les rejoindre, le roi, les princes et toute la famille royale étant encore aux Tuileries. « Entrons au château, dis-je à Villoutreys, et sachons ce qui s'y passe. Nous prendrons conseil de la situation qui nous sera révélée. »

Nous attachons nos chevaux à la grille de la cour du palais, dans laquelle stationnaient encore deux compagnies de la garde municipale et deux compagnies d'infanterie de ligne, formant la dernière garnison du château des Tuileries, où nous pénétrons *par la porte précédée d'un perron, qui est immédiatement à gauche du grand passage central voûté conduisant au jardin*. Au milieu d'une salle de rez-de-chaussée, de médiocre hauteur, quelques valets en petite livrée entourent une table qui attend des convives au nombre desquels, tous deux à jeun depuis la veille au soir, nous nous communiquons le regret de n'avoir pas le droit d'être admis.

Cette pièce est en communication avec une autre où se font entendre des exclamations, par une porte entr'ouverte. Nous la poussons, et nous restons cloués sur le seuil par une de ces puissantes et soudaines émotions qui laissent dans la vie d'inoubliables souvenirs !

Dans un salon de petite dimension, mais élevé d'étage et recevant une vive lumière des hautes fenêtres donnant sur le jardin des Tuileries, le roi Louis-Philippe en habit de ville, penché sur un bureau qui n'est, à droite, qu'à deux mètres de nous, écrit avec attention, en se redressant par intervalle comme pour recueillir sa pensée. Nous ne pouvons l'apercevoir que de dos.

15

Au milieu de la pièce, la reine Marie-Amélie, pâle sous ses cheveux blancs, est assise dans un fauteuil, les yeux fixés sur le roi. A côté d'elle, debout, un prince allemand, jeune, blond, d'aspect distingué. Villoutreys me dit qu'il est de la famille de Mme la duchesse d'Orléans. Auprès de lui, debout également, M. le duc de Montpensier, qui semble agité et vient par deux fois parler à l'oreille du roi avec une sorte de vivacité.

En arrière du bureau où écrit le roi, se tient immobile un personnage âgé, d'apparence respectable, dont la physionomie n'a rien de militaire. Mon compagnon me dit que c'est le maréchal Gérard. Il est en tenue de ville.

Devant nous, adossés à la paroi qui sépare l'appartement du jardin des Tuileries, debout, cinq à six personnes, parmi lesquelles Villoutreys me signale, à mon grand étonnement, le général de Neuilly (son beau-frère), qui n'est pas de la cour, et le publiciste Émile de Girardin, qui en est encore moins! Mon étonnement s'en va, quand je viens à penser qu'il est au moins aussi extraordinaire que nous assistions, mon camarade et moi, à cette réunion de personnages royaux, la dernière aux Tuileries, et qui semblerait devoir être solennelle, intime, non pas ouverte à tout venant.

C'est qu'à l'heure de ces violentes commotions, quand elles sont soudaines et, comme je crois l'avoir prouvé, absolument imprévues, le désarroi est à la fois dans les esprits et dans les faits. Quoi de plus caractéristique de ce désarroi, je le redis, que la présence qui n'est remarquée, encore moins relevée par personne, de deux officiers apparaissant tout à coup et demeurant au seuil d'une porte ouverte sur cet épisode royal, terminal d'une révolution? Et pourtant, je vis se produire là un fait encore plus significatif quant au désordre dans la situation des personnes et dans l'observation des respects. M. Émile de Girardin parlant à haute voix, — pendant que le roi écrivait, —

prononçait un discours! Personne, on se l'expliquera facilement, ne l'écoutait, et on s'expliquera encore mieux que, tout entier à l'émotion où j'étais, je n'en aie pas saisi le sens.

Le roi se lève, tenant une feuille de papier à la main, se retourne faisant face à l'assistance, expressément à la reine, et d'une voix ferme, dans une attitude qui l'est aussi, lit l'acte d'abdication qu'il vient d'écrire. M. le duc de Montpensier le reçoit des mains du roi et le remet au maréchal Gérard, qui s'est avancé et se retire. Le roi rejoint la reine Marie-Amélie, M. le duc de Montpensier, le prince allemand restés debout au milieu du salon, et rentre avec eux dans l'intérieur du palais. Mais, avant de disparaître, la reine s'arrête, lève ses bras vers le ciel, les deux mains jointes, dans un mouvement plein d'une douloureuse et frappante dignité :

« Oh! comme ils le regretteront! » s'écrie-t-elle d'une voix qui, bien qu'elle nous tournât le dos, arrivait distincte jusqu'à nous.

Jusque-là silencieux et à présent muets de saisissement, nous nous retirons à notre tour, repassant sans la moindre convoitise, cette fois, devant la table servie et entourée de serviteurs attendant, que nous avions déjà vue. Nous retournons à nos chevaux toujours attachés à la grille des Tuileries. Là, nous retrouvons la parole, échangeant nos impressions sur le drame politique et familial que nos yeux ont vu, que nos oreilles ont entendu, aussi incertains, après qu'avant notre entreprise d'exploration, de ce que nous devons et pouvons faire.

LA DERNIÈRE ESCORTE MILITAIRE DE S. A. LE DUC DE NEMOURS

Nous nous consultions en vue de prendre un parti, quand un officier général en uniforme, grand et d'ensemble très distingué, sortant du palais, vient droit à nous. C'était M. le duc de Nemours.

« Commandant, me dit le prince, très brièvement, mais avec une bienveillante courtoisie, prenez, je vous prie, le commandement des compagnies d'infanterie qui sont là. Elles vont me servir d'escorte. »

Sur cet ordre, montant à cheval, je me dirige avec Villoutreys vers cette troupe, je lui annonce que je prends le commandement, je la forme en colonne et j'attends. Peu après, M. le duc de Nemours reparaît. Il est à cheval, entouré de quelques officiers, et nous pénétrons à sa suite, par la grande voûte centrale du palais, dans le jardin des Tuileries. Une foule compacte le remplit, mais la révolution qui, de l'autre côté du château, le serre de si près, n'est pas encore, paraît-il, en possession du jardin. Très peu de cris de : « Vive la réforme ! » couverts par les cris de : « Vive le roi ! » Sur la place de la Concorde, nous côtoyons la colonne du général Bedeau, entourée d'une foule acclamant la réforme, et quelques escadrons de cavalerie adossés aux quais de la Seine. M. le duc de Nemours s'engage sur le pont que nous traversons derrière lui, va droit au palais Bourbon, met pied à terre devant le péristyle, franchit les degrés et disparaît. Les officiers de sa suite se retirent. Je reste seul, sans ordres, avec ma petite troupe en colonne sur le quai.

Après une attente qui ne dure pas, je pense, moins d'une heure et demie, quelques députés paraissant livrés à une vive agitation sortent du palais. L'un d'eux venant à moi :

« Que fait là cette troupe, commandant?

— Monsieur, j'ai reçu de M. le duc de Nemours le commandement provisoire de ces compagnies qui l'ont escorté du palais des Tuileries à la chambre des députés. Je n'ai reçu de lui, en dehors de ce mandat, d'instruction d'aucune sorte, et je l'attends.

— M. le duc de Nemours est parti depuis longtemps, aussi bien que Mme la duchesse d'Orléans qui l'avait précédé au palais Bourbon. Votre mission n'a plus d'objet. »

Réunissant les chefs des quatre compagnies de garde municipale et d'infanterie de ligne, je leur expliquai les faits antérieurs qui m'avaient mis inopinément en possession du commandement de circonstance que je venais d'exercer, et les faits actuels qui en marquaient le terme :

« Vous ne pouvez, leur dis-je, penser à regagner isolément vos quartiers de la rive droite où la révolution est établie. La rive gauche est entièrement libre. Suivez-la jusqu'au Champ-de-Mars et à l'École militaire, où vous vous mettrez à la disposition du commandant local, qui vous assurera le couvert, les vivres, et vous donnera les ordres que comporteront les circonstances présentes et à venir. »

Ils partirent, et mes subordonnés d'occasion purent échapper à l'humiliante et douloureuse destinée que subirent les troupes restées au centre de l'orage révolutionnaire, le désarmement.

Je n'avais pas, le 24 février 1848, l'honneur d'être connu de M. le duc de Nemours. Je ne l'ai jamais revu. Si, quoiqu'un peu mon aîné, il me survit, et que ces pages tombent sous ses yeux, il sera plus que surpris, je pense, d'apprendre :

Que le jeune chef d'escadron qui fut ce jour-là le commandant de la dernière escorte militaire qui l'ait suivi, n'était autre que l'officier portant aujourd'hui (1894) le poids de quarante ans de généralat, à qui la détresse du pays après Sedan, une révolution et un long siège ont fait naguère une notoriété à présent ensevelie avec lui sous les ruines du passé.

CHAPITRE IV

LE DEUXIÈME EMPIRE

UN SAUVETAGE SOUS UN GOUVERNEMENT AUTORITAIRE

A son avènement au ministère de la guerre, le maréchal de Saint-Arnaud, en souvenir, je pense, du maréchal Bugeaud et aussi des continuels rapports dont la guerre d'Afrique avait été l'occasion entre nous, m'avait invité à prendre possession, dans son département, de l'emploi de directeur-adjoint du personnel. Sur mon refus motivé, il avait remplacé l'invitation par un ordre ministériel écrit, et j'étais en fonctions, suppléant le directeur titulaire, le digne général Peyssard, que le déplorable état de sa santé empêchait trop souvent. Les attributions alors très étendues et très complexes de cette direction comprenaient les services *de l'infanterie, de la cavalerie et des remontes, de la gendarmerie, des états-majors et des écoles militaires, de la correspondance générale et des mouvements des troupes, du recrutement, de la justice militaire.*

Plus d'une année d'un travail surhumain, et surtout les enseignements que je recevais des chefs très expérimentés de ces divers bureaux, me furent nécessaires pour que je visse à peu près clair dans cet imbroglio d'affaires auxquelles mes précédents d'activité militaire algérienne ne m'avaient pas préparé. J'arrivais pourtant à une certaine part d'équilibre directeur, quand s'offrit à moi l'occasion imprévue d'en faire usage dans la conjoncture singulière que je vais rapporter.

Le nouvel empire se sentant, malgré l'énorme afflux des votes qui l'avaient consacré, d'ardents adversaires, entendait les soumettre à une surveillance à la fois étroite et généralisée. Il venait de créer dans ce but le ministère de la police, dont le titulaire était le comte de Maupas, qui avait été, je crois, comme préfet de police à Paris, l'un des plus dévoués agents du coup d'État.

Un jour, au travail du matin, le ministre me dit avec une parfaite quiétude :

« L'empereur a décidé en conseil, sur la demande motivée de M. de Maupas, que la gendarmerie passerait du département de la guerre au département de la police. Faites toutes dispositions préparatoires pour que ce transférement s'opère sans trop de secousse, comme sans trop de délai. »

A ces paroles, ma physionomie et mon attitude durent révéler au ministre la violence du choc que j'en recevais, car il ajoutait :

« Eh bien ! qu'est-ce qui vous prend ? Est-ce là un événement extraordinaire, et la guerre sera-t-elle diminuée parce qu'elle aura cédé à la police ces bons gendarmes qui déjà dépendent d'elle par l'intérieur et la justice ?

— Monsieur le maréchal, si cette ambitieuse et coupable visée du ministre de la police doit prévaloir, je ne serai pas l'instrument, même secondaire, de sa réalisation. Et j'ai la confiance que, si vous voulez bien entendre de sang-froid ce qu'un agent de la guerre, que vous savez un homme de devoir, va vous dire à ce sujet, vous serez le premier à défendre contre votre collègue, devant l'empereur, le grand intérêt national qui est en cause. »

A cette tirade un peu solennelle, fort émue dans tous les cas, le ministre, très peu travailleur, très peu informé, mais hautement intelligent et homme de cœur, eut le sentiment qu'il y avait là quelque chose de grave, et d'un signe, sans mot dire, il me lâchait la bride :

« Notre gendarmerie, vous le savez, monsieur le maréchal, est entourée dans nos villes et dans nos campagnes d'une considération qui va jusqu'à la confiance, jusqu'au respect, à l'occasion jusqu'à la crainte. Elle est, aux yeux de tous, une magistrature armée.

« D'où vient ce privilège spécial dont l'effet est tel, qu'avec un effectif très restreint, la gendarmerie assure dans le pays entier la sécurité, le respect de la loi, le maintien de l'ordre? Il vient presque uniquement de ce fait considérable qu'elle est recrutée dans l'armée par sélection et avec des soins infinis, organisée, entretenue, soldée, militairement commandée par le département de la guerre. Là est sa force et là est son honneur, qui, loin d'être diminués par ses contacts nécessaires avec les départements de l'intérieur et de la justice, y trouvent une sorte de consécration publique.

« Et c'est de cette élite militaire que vous, chef de l'armée, vous consentiriez à laisser faire un *corps de police,* en souffrant qu'on lui enlève, avec tout ce qui fait son prestige, tout ce qui fait la puissance de son mandat !

« Comme moi, vous étiez à Paris au milieu de la révolution de juillet 1830. Rappelez-vous qu'elle se fit aux cris généralisés de : *A bas les gendarmes !*

« Pourquoi? Parce que la Restauration, sans faire de la gendarmerie un corps de police, avait commis la faute grave de permettre qu'elle fût appliquée à des services exclusivement policiers, jusque-là qu'elle faisait des rapports politiques et que, en vue de certaines missions secrètes, les gendarmes pouvaient dépouiller l'uniforme pour revêtir les habits qui devaient les déguiser dans l'accomplissement de ces entreprises. Devenus suspects à la population, ils en furent à la longue détestés.

« *Plaise à Dieu, monsieur le maréchal, qu'à votre nom ne se rattache pas, dans l'histoire du pays et de l'armée, la date de l'irréparable déchéance de la gendarmerie française !* »

J'avais parlé avec toute l'énergie des convictions dont j'étais pénétré, et avec toute la liberté d'un fonctionnaire qui, mis de force dans son emploi, se sent absolument indépendant. Le ministre était assis devant son bureau, moi debout de l'autre côté. Il m'avait écouté attentivement sans rien exprimer. A la péroraison, d'un caractère si personnel, de mon adjuration, il se levait, le visage vivement coloré, et, me tendant la main par-dessus le bureau :

« On m'a surpris, on m'a trompé, *on ne le portera pas en paradis.* »

Cette parole du tout-puissant personnage qui avait été la cheville ouvrière du coup d'État m'avait paru significative. Elle l'était à ce point, qu'à quelques semaines de là ministère et ministre de la police avaient disparu pour toujours.

Mais j'étais resté en éveil, et ce grave incident fut l'origine d'un travail très important, le règlement de 1853 sur la gendarmerie, rédigé par une commission d'officiers généraux, spécialement en vue d'affirmer, d'affermir la situation militaire de ce grand corps de la force publique, et de le mettre à l'abri des tentatives policières de l'avenir.

Voilà comment, opérant dans la coulisse, un petit colonel inconnu jeta bas, sans s'en douter, un grand ministère et peut-être un grand ministre, dont la subite disparition, sur le théâtre de l'opinion, fut colorée, je pense, par de hautes considérations gouvernementales.

COMMENT SOUS LE DEUXIÈME EMPIRE ON PRÉPARAIT LA GUERRE

LA GUERRE D'ORIENT

J'ai dit ailleurs que l'empereur Napoléon III était pénétré de l'inébranlable foi que l'apparition des aigles sur nos drapeaux était pour l'armée française comme la permanente consécration de la victoire dans toutes les guerres éventuelles de l'avenir.

Cette sorte de fétichisme napoléonien s'expliquait théoriquement, sentimentalement si l'on veut, par les éclatantes gloires du passé dont l'empereur était l'héritier et le représentant parmi nous. Il était pratiquement injustifiable, plein de périls, et j'affirme, me bornant à envisager par ses grandes lignes la destinée du second empire, que ce fétichisme devait être et fut la cause la plus effective de son effondrement et de notre ruine. Cet incurable et fatal aveuglement avait gagné l'impératrice, la cour, l'entourage militaire, les ministres, tout le monde un peu, par conviction quelquefois, par intérêt plus souvent, par imitation et par mode. De ceux qui me savaient le contradicteur obstiné de ce chauvinisme, les malveillants me tournaient le dos. Les bienveillants, en souriant malicieusement, me disaient :

« Vous savez, nous avons, malgré vos dires, *la première armée du monde.* »

Cette formule admirative : *la première armée du monde,* était celle du temps de paix. A dater de 1854, au temps des guerres continues, elle fut remplacée par la formule encore plus décevante et dangereuse : *Nous sommes prêts.*

Dans cet état d'esprit d'un gouvernement qui pouvait tout ce qu'il voulait, l'armée, de 1852 à 1854, fut soumise, sous des effectifs très restreints qui répondaient à la célèbre déclaration : *L'empire c'est la paix,* à des transformations profondes. Toutes furent improvisées, c'est-à-dire réalisées aussitôt que prescrites, dans un travail fiévreux qui surprit, sans les accabler, les bureaux de la guerre tenus en état de perpétuelle alerte.

Ces innovations allaient modifier tout à la fois la constitution, les traditions, les habitudes et jusqu'à l'équilibre moral de l'armée française. La plus importante fut la création d'une garde impériale, formant par voie de choix la tête d'un grand corps dont les membres furent énervés par les emprunts d'élite, en officiers, sous-officiers et soldats, que leur faisait incessamment cette tête privilégiée. Il y eut une aristocratie et une démocratie militaires, et les esprits, dans des sens très divers, dans le sens des ambitions et des convoitises en particulier, furent livrés à une agitation qui avait jusque-là sommeillé.

Il y eut le retour à la rémunération de la Légion d'honneur, dont la gratuité avait pénétré depuis longues années dans les mœurs de l'armée, au profit de la dignité de l'institution, et il y eut la création, — mesure très populaire, — d'un degré inférieur de rémunération et d'honneur, la médaille militaire. Il y eut enfin la loi sur l'exonération du service, qui enlevait au *remplacement* le caractère de déconsidération traditionnelle qu'il avait dans l'armée, et l'élevait devant l'opinion à la hauteur d'une institution militaire. Cette loi, suggérée par un avocat de Paris qui avait l'oreille de l'empereur, avait fait son apparition au ministère de la guerre avant le départ du maréchal de Saint-Arnaud et le mien pour la guerre d'Orient. Vivement combattue, elle n'avait pu aboutir qu'après. Si j'avais été encore en fonctions, j'aurais certainement recommencé, au sujet de ce grave contresens de législation, — mais cette fois, je pense, sans aucune chance de succès, — la bataille où je m'étais engagé naguère au sujet de la gendarmerie.

Telle était au ministère de la guerre la situation très mouvementée, et quelquefois confuse, créée par ce rôle de *touche-à-tout* qu'avait adopté le gouvernement impérial, quand, dès la fin de 1852, un nuage, qui s'en fut toujours grossissant, s'élevait entre la Russie et la Turquie. Au cours de l'année suivante, il tournait à la tempête par la rupture des relations diplomatiques entre ces deux États, par l'invasion des principautés qu'effectuait l'armée russe, enfin par la retentissante destruction à Sinope de la flotte ottomane.

C'était la guerre, une guerre qui s'était annoncée de si loin, qui s'était affirmée par une succession de faits si avertisseurs, qu'on ne s'abordait plus en France qu'en se disant : « A quand la crise? » Mais si, dans le public, ce point d'interrogation ne s'échangeait que *curieusement,* au ministère de la guerre il s'échangeait *anxieusement,* entre les directeurs intéressés qui savaient par le menu qu'en raison de l'état des effectifs, du matériel, des approvisionnements de toute sorte, l'armée n'était préparée à aucune prise d'armes, qu'elle fût limitée ou devînt générale. A la fin de janvier 1854, deux mois après la catastrophe de Sinope, aucune question sur l'état présent des choses militaires ne nous avait été posée, et un jour que, très nettement, j'avais redit au ministre ce qu'il en était, il m'avait répondu presque en raillant *que, les patrons étant en tranquillité, les ouvriers ne devaient pas être en souci.* Évidemment, à cette heure-là, l'abstention gouvernementale était systématique et voulue.

UNE CONSPIRATION DE PRÉPARATION
DANS LES BUREAUX DE LA GUERRE

Dès les premiers jours de février, tourmenté par mes pressentiments, je demandais à mon excellent ami l'intendant Darricau (depuis intendant général), directeur de l'administration de la guerre, de réunir dans son cabinet en comité officieux tous les autres directeurs militants, celui de l'artillerie, général de Bressolles, celui du génie, général Mengin, celui du personnel (infanterie, cavalerie, états-majors), que je représentais.

« Nous sommes, leur dis-je, comme habitués aux coups de théâtre, et jusqu'à présent, par fortune, ils ne nous ont pas trop pris, s'agissant d'œuvres de paix, au dépourvu. Croyez qu'il s'en prépare un, s'agissant d'œuvres de guerre, qui nous accablera. Le gouvernement, vous le savez, croit son département de la guerre en possession de la baguette magique. Au premier jour, à l'imprévu, il nous prescrira de mettre sur pied un corps de troupes à destination de l'Orient, et si, dans la quinzaine, nous ne l'avons pas porté à des effectifs suffisants, équipé, armé, approvisionné, prêt à l'embarquement, nous nous verrons frappés sans appel d'un jugement d'imprévoyance ou d'incapacité. C'est la loi du temps. A ce déplaisant avenir nous pouvons échapper, au moins partiellement, par une petite conspiration directoriale où je vous demande d'entrer, pour servir un intérêt qui est un intérêt d'État avant d'être le nôtre.

« Je vais préparer sur le papier une *organisation d'encas*, celle d'un corps d'armée tout entier : états-majors, infanterie, cavalerie, force publique (gendarmerie). Je vous soumettrai ce travail, que je vous demanderai d'achever par l'adjonction des compléments nécessaires en artillerie, génie, administration (personnel et approvisionnements). Il exigera une assez longue étude pour la désignation des corps (d'Afrique ou de l'intérieur) et des groupes de personnel qui seront le mieux en état d'entrer dans cette formation et le plus à portée d'embarquement. Chacun des régiments d'infanterie ne fournira que deux bataillons, et chacun des régiments de cavalerie que quatre escadrons, afin que, par une simple et très rapide opération intérieure de versement d'hommes et de chevaux, les effectifs partants puissent être portés au presque complet de guerre.

« Ce travail définitivement arrêté entre nous, *et tous les ordres d'exécution établis à l'avance*, nous aurons gagné beaucoup de temps, assez de temps, je pense, pour que l'orage éclatant sur nos têtes, elles ne se troublent pas, et pour que le grand intérêt politique et militaire qui sera tout à coup en cause reçoive à peu près satisfaction. Nous autres, nous sortirons à notre honneur d'une situation qui, sans cette innocente préparation préventive, serait pleine d'incertitude, d'à-coups et de confusion. »

Les généraux de Bressolles et Mengin, l'intendant Darricau, paternellement bienveillants pour leur jeune collègue intérimaire, ne pouvant d'ailleurs se dissimuler le péril qu'il leur signalait, topent à ses conclusions. A dater de ce jour, nous sommes à l'œuvre pour laquelle j'ai la collaboration très active et très experte d'un fonctionnaire que le département de la guerre devait perdre trop tôt, M. Porchet, sous-chef du bureau des mouvements des troupes, à qui je veux donner ici un souvenir. Quand, ainsi que je l'avais prévu, l'ordre nous arrive inopinément d'organiser *hic et nunc* une expédition sur Gallipoli, notre travail est prêt. Il ne s'agit d'abord que de l'envoi sur ce point d'un *corps d'observation* de six mille hommes, qui devient presque immédiatement, sur l'avis que les Russes assiègent

Silistrie et marcheront sur Constantinople, un *corps d'opérations* de trente mille hommes.

A cette nouvelle évolution militaire gouvernementale qui devait être suivie de tant d'autres, notre préparation, quant à présent, répondait complètement. Il n'y manquait guère que le nom du commandant en chef. Le général Canrobert est désigné par l'empereur. Les ordres tout prêts sont signés, — *et personne ne paraît s'étonner qu'ils soient tout prêts*. — Le télégraphe, la poste sont mis en mouvement, et voilà comment, dans un délai qui ne dépassa pas de beaucoup une quinzaine, le noyau de la future armée d'Orient, qui allait comprendre avec le temps presque toutes les forces vives de l'armée française, fut en mesure, je ne dis pas d'agir, mais d'aller occuper son poste. Il n'y arriva pas et ne s'y installa pas sans encombre. Il y eut dans les ports d'embarquement, spécialement à Marseille, des scènes de confusion. Il y eut à Gallipoli des manquements de toute sorte, ensemble de déceptions et d'à-coups dus à l'improvisation de l'entreprise, à l'inévitable précipitation de l'exécution.

Et comme, après avoir lu l'exposé qui précède, on doit s'expliquer le début de la fameuse lettre que le maréchal de Saint-Arnaud, sorti de la quiétude ministérielle pour entrer dans les responsabilités et les soucis du commandement d'un embryon d'armée devant l'ennemi, écrivait de Gallipoli le 26 mai à l'empereur :

« Je le dis avec douleur à Votre Majesté, nous ne sommes « pas constitués, ni en état de faire la guerre...! »

L'épisode anecdotique dont je viens de faire le récit tiré des souvenirs de mon passage au ministère de la guerre, est certainement caractéristique de ce que j'ai appelé « l'incurable aveuglement militaire » du gouvernement impérial.

En 1854, il était à ses débuts dans la grande guerre, après une période de paix générale qui avait duré près de quarante ans, et le succès du siège de Sébastopol, si disputé qu'il fût, n'eut d'autre effet que d'épaissir le bandeau que l'empereur avait sur les yeux au sujet de la préparation des entreprises de guerre. On en jugera par un autre épisode anecdotique, peut-être plus significatif encore que le précédent, que mes lecteurs rencontreront à sa date chronologique dans la suite de cet écrit. Il leur montrera qu'en fait d'improvisation, de précipitation, de décousu, l'introduction à la guerre d'Italie devait dépasser de beaucoup l'introduction à la guerre d'Orient.

GÉNÉREUSE CONFIDENCE DU MARÉCHAL DE SAINT-ARNAUD

Au moment où se décidait la guerre d'Orient, j'allais entrer dans ma trente-neuvième année. J'étais un jeune colonel, et je ne voulais à aucun prix rester devant cette prise d'armes sur le fauteuil de bureaucrate où la volonté du ministre se manifestant, comme je l'ai dit, par un ordre écrit, m'avait retenu trois ans. Aussi, quand il prit le commandement du corps expéditionnaire que nous venions de transformer *en quelques jours* en une *armée d'Orient*, comprenant trois divisions d'infanterie, une de cavalerie, avec les compléments nécessaires d'artillerie, de génie et de services administratifs, m'étais-je fait à moi-même une place dans le travail que je lui présentais. C'était celle de chef d'état-major de la division du général Bosquet, avec qui j'avais, d'ancienne date, de très bons rapports algériens.

Le maréchal, étudiant avec un contentement joyeux le tableau synoptique que je mettais sous ses yeux de la constitution des états-majors et des troupes, arrivait à mon nom placé comme je l'ai dit, et tout à coup sa mobile physionomie devenait grave :

« Mon cher colonel, me dit-il avec une sorte de solennité dont je fus ému, en prenant ce commandement, je sais où je vais. Je suis atteint d'une maladie qui n'est encore qu'intermittente [1] et peut me laisser vivre ; mais je tiens d'un spécialiste, qui m'en a courageusement donné l'avertissement, qu'elle ne pardonne pas. Si dans un temps donné elle tourne au pire, *j'aime mieux finir au milieu des soldats que dans mon lit.*

« Mais je dois m'attendre à des défaillances de santé. Si elles viennent, il faut que j'aie à côté de moi un auxiliaire sur qui je puisse compter personnellement et militairement. Vous serez cet auxiliaire. Rayez votre nom de l'état-major Bosquet. Vous serez à la tête de mon état-major particulier comme premier aide de camp, et par la communication qui doit rester entre nous, que je vous fais, vous voyez que je vous institue « mon associé *ad latus* ».

Que ceux qui jugent avec quelque sévérité, comme il m'est arrivé à moi-même autrefois, la vie aventureuse du maréchal de Saint-Arnaud, que ceux-là mêmes qui la jugent avec le plus de passion et de colère, rendent à sa mémoire la justice que lui mérite la hauteur des sentiments qu'il m'exprima ce jour-là. La Providence l'en a récompensé en voulant qu'il allât finir, selon ses prévisions, *au milieu des soldats,* et finir après une victoire dont l'effet sur les esprits devait grandir par la profonde émotion dont cette mort devait pénétrer les cœurs.

Je ne me rattachais au ministre, devenu commandant en chef, que par nos communs souvenirs algériens et par le

---

[1] L'angine de poitrine.

devoir hiérarchique. A dater de la touchante déclaration dont il venait de me faire le confident, je me sentis bien plus étroitement lié à lui. Elle me créait des devoirs spéciaux, d'une nature délicate, que je me suis efforcé de remplir jusqu'à la fin. Je n'ai pu les remplir qu'avec le concours et l'assistance d'un de mes plus anciens et plus chers compagnons de la guerre d'Afrique, le général de Martimprey, chef d'état-major de l'armée d'Orient, un vrai soldat, un général d'expérience, et, par complément, un homme de bien. Il est mort gouverneur des Invalides, laissant parmi nous les plus dignes souvenirs. Dans les commencements très incertains de cette guerre, marqués à Varna par tant de manquements, de déceptions et de désastreux événements, notre entente cordiale suffit à assurer l'exécution des divers services et la marche générale des affaires, l'armée laissée dans l'ignorance qu'il y avait des jours où au commandant en chef, accablé par des souffrances qui s'aggravaient, échappait la possibilité d'agir.

Je devais cet hommage à la mémoire de l'un des officiers généraux les plus considérables, les plus modestes en même temps, de l'ancienne armée.

CHAPITRE V

A VARNA. — LES INCERTITUDES

Nous sommes à Varna sur la mer Noire, 27 juin-7 septembre. Le drame de Sébastopol avec ses redoutables et interminables péripéties a effacé dans les esprits, et peut-être dans l'histoire, le drame de Varna. J'affirme cependant que là furent mis à des épreuves qui ne peuvent être dépassées les gens de guerre que le devoir fixait au centre de cette première tempête de la guerre d'Orient.

Qu'on se figure deux armées qui, à des centaines de lieues de leur pays, sont sans instructions de leur gouvernements qui ne sont pas en état de leur en donner, et dont les chefs ne peuvent s'en donner à eux-mêmes, car ils ne sont fixés militairement et politiquement sur rien de ce qui pourrait guider leurs résolutions. Ces armées sont d'abord venues à Gallipoli dans une hâte qui a exclu toute préparation, pour couvrir Constantinople qui semble immédiatement menacée. Et voilà que la forteresse turque de Silistrie, qu'on ne supposait pas pouvoir tenir quinze jours devant les forces russes, les arrête à elle seule depuis deux mois dans une lutte émouvante, souvent corps à corps, dont l'héroïque ténacité et la durée apportent aux armées alliées un objectif et une direction qui mettent fin à leurs incertitudes. Il faut courir à l'assistance des vaillants défenseurs de Silistrie.

Elles y courent par terre et par mer dans une hâte nouvelle, avec une base d'opérations tout indiquée, Varna, port et place turcs voisins de la forteresse assiégée. Mais que trouve-t-on en y arrivant? La nouvelle absolument imprévue de la levée du siège par les Russes, qui ont repassé le Danube et semblent s'en retourner chez eux.

Que faire? Voilà un point d'interrogation qui se pose à la fois à Paris, à Londres, à Constantinople et à Varna. De partout, la force absolument inconsistante en ces matières et en beaucoup d'autres qu'on appelle l'*opinion*, nous conviait à suivre *l'épée dans les reins*, comme on dit, la retraite de l'armée russe, en quoi, à mon avis, nous aurions expressément répondu à l'intention de se voir suivis qu'exprimait cette retraite de nos adversaires. Le maréchal, inclinant d'abord à cette opération, s'était quelque peu engagé dans ce sens vis-à-vis des Turcs. Comme tout général algérien formé par la razzia, il aurait aimé à faire ses preuves dans une entreprise de grande guerre. Son tempérament très énergique l'y portait. Sa rare intelligence de toutes choses ne tarda pas à lui déconseiller l'aventure.

Dans le conseil des alliés dont j'étais le secrétaire, et dans les deux armées, la discussion pour et contre devint journalière et assez animée. Mais les partisans d'une marche en avant au delà du Danube et jusqu'au Pruth, projet qui ne pouvait tenir devant la discussion des voies et moyens, rencontraient des contradicteurs résolus qui exprimaient les idées suivantes :

« Vous n'avez pas de parc d'artillerie, pas d'équipage de
« pont, pas de magasins d'approvisionnement, pas d'ambu-
« lances de marche, pas de moyens de transport dans un
« pays qui ne vous en offre aucun. Vous n'êtes pas une

« *armée de guerre,* vous êtes une *armée d'expédition,* —
« et *d'expédition maritime,* — dont le ravitaillement en
« hommes, en chevaux, en vivres, en matériel, dont l'exis-
« tence, pour tout dire, sont étroitement liés à la flotte de
« guerre et de transport qui l'a conduite en Orient. Cette
« flotte, par la mer et par la vapeur, vous met en contact
« permanent avec la France et l'Angleterre. Elle est et doit
« rester pour toutes vos entreprises futures votre néces-
« saire, unique et très puissante *base d'opérations.* »

Cette argumentation irréfutable devait inévitablement prévaloir; mais, en envisageant les divers objectifs que pourraient se proposer les alliés dans une entreprise à la fois militaire et navale, on n'en pouvait découvrir que trois : Odessa, Anapa, Sébastopol.

L'occupation d'Odessa était sans aucun avenir militaire pour les deux armées, et la destruction par bombardement de cette ville ouverte, de cette grande métropole de commerce et d'affaires, répugnait aux esprits sérieux, soucieux de la dignité des pavillons de France et d'Angleterre.

La forteresse circassienne d'Anapa, tout à fait en dehors de la région politique et militaire où notre action offensive pouvait s'exercer utilement, n'avait pour nous, et pour les Russes eux-mêmes, qu'une importance locale entièrement secondaire.

Voilà comment le débat finit par se rencontrer exclusivement sur Sébastopol, et comment l'opinion, dans les deux armées, en vint à envisager sans émoi, et bientôt avec ardeur, une opération de guerre dont tout le monde apercevait les périls. Mais on reconnaissait qu'il n'y en avait pas d'autre possible, pas d'autre dont la grandeur fût en rapport avec le haut rang qu'avaient dans le monde les nations, les armées et les flottes que les desseins politiques très incertains de leurs gouvernements avaient conduites à cette impasse. Ce thème, sous la forme d'une active propagande, était vivement soutenu du côté des Anglais par le contre-amiral lord Lyons [1] et le colonel sir Hugh Rose [2], du côté des Français par le chef d'état-major de la flotte, le capitaine de vaisseau (nommé contre-amiral) Bouët-Willaumez, et par moi-même.

Le maréchal de Saint-Arnaud, renonçant à ses premières velléités de guerre continentale, s'était rendu à l'évidence et inclinait de plus en plus à la guerre maritime. Il s'affaiblissait d'ailleurs, et devait avoir le sentiment de la difficulté qu'il aurait à faire, dans la première, de longues étapes à cheval. Le vénérable commandant en chef anglais, lord Raglan, longtemps neutre, était à présent en état de plein accord avec lui. Les deux amiraux en chef, Hamelin et Dundas, ne disaient ni oui ni non ; mais leur répugnance, — peut-être sage au point de vue de leur expérience spéciale, — à s'engager dans l'aventure de Sébastopol était notoire. Ils rappelaient incessamment les terribles convulsions auxquelles la mer Noire était sujette, dès l'automne où nous allions entrer. Et l'amiral Hamelin montrait que sa flotte n'ayant pour auxiliaires, au contraire de la flotte anglaise, que de très petits navires de commerce, il ne lui serait pas possible d'effectuer, avec les moyens très insuffisants dont il disposait, le débarquement en Crimée du personnel et du matériel de l'armée, surtout si l'opération était disputée.

A cette inquiétante objection, le chef d'état-major de la flotte Bouët-Willaumez répondait en déclarant qu'il se faisait fort de construire à Constantinople dans les ateliers de la marine, avec le concours de tous les charpentiers fran-

---

[1] Père de lord Lyons qui fut longtemps ambassadeur à Paris.
[2] Devenu feld-maréchal et pair d'Angleterre.

çais et ottomans, de très grands chalands à fond plat qui satisferaient à toutes les exigences du débarquement de l'armée. Il fit comme il avait dit, après que le conseil des alliés eût approuvé sa proposition. Ces chalands, à la fois immenses et très légers, appliqués sur les flancs des vaisseaux pendant le trajet de mer et jusqu'à leur utilisation, rendirent si prompt et si facile notre débarquement, que les Anglais, retardés dans le leur, durent, pour en finir, nous les emprunter.

Si je rappelle ici cet incident qui, au point de vue pratique de la guerre de Crimée à ses débuts, eut la valeur d'un événement, c'est d'abord pour en faire honneur à l'officier qui fut le promoteur-exécuteur de cette ingénieuse invention. C'est ensuite pour constater qu'à la guerre, au milieu de circonstances faites pour rendre hésitants les esprits les mieux équilibrés, *une idée juste,* opportunément appliquée, peut avoir sur les événements les plus considérables effets.

C'est au milieu de ces agitations, de ces incertitudes, auxquelles mettait péremptoirement fin l'intervention du gouvernement anglais suivi par le nôtre, déclarant que la raison politique, la raison militaire, le parlement et l'opinion voulaient que Sébastopol devînt l'objectif des alliés, que ceux-ci virent fondre sur eux des calamités dont le concours et la violence semblaient destructifs de tout l'avenir de cette guerre :

Le choléra asiatique foudroyant,

L'incendie de la ville de Varna (construite en bois).

LES ÉPISODES TRAGIQUES

L'horreur de la situation qui suivit a été décrite par des plumes autorisées, mais je crois que pour la bien juger il faut l'avoir eue sous les yeux. Je me bornerai à dire qu'à l'invasion de l'effrayant fléau cholérique les armées et les flottes opposèrent un moral d'une incomparable solidité. Mais quelle préparation à la redoutable entreprise que nous allions aborder !

Il y eut un moment où l'on put dire de l'état des alliés :

Ils ne mouraient pas tous, mais tous étaient frappés.

Le médecin en chef, docteur Scrive, avait édicté un thème officiel des mesures de précaution et des moyens de préservation, auquel tous devaient se soumettre. En le transmettant à l'état-major de l'armée pour l'exécution, j'y avais joint officieusement et pour égayer le sujet la note suivante :

« Il est acquis :

« Que ceux qui ont la diarrhée *gaie*, sont absolument indemnes ;

« Que ceux qui l'ont *attristée*, sont en grand péril ;

« Que ceux qui l'ont *sépulcrale*, succombent infailliblement. »

Cette théorie des trois diarrhées, alors que les plus résistants et les plus heureux parmi nous en étaient tous atteints, était physiologiquement vraie. Mais en se répandant un peu partout, c'est par son côté hilarant qu'elle saisit les esprits français et qu'elle eut son petit effet utile sur le moral des gens.

Au cours de l'incendie nocturne de la ville de Varna en

état d'embrasement général du côté de la mer, il y eut un drame profondément impressionnant.

La totalité de l'approvisionnement en poudre des deux armées avait été déposée dans deux grandes maisons-magasins, — heureusement en pierres, — mais à toitures délabrées. Une heure vint où nous eûmes le saisissement de constater que flambait à son tour l'agglomération de maisons en bois qui, *à cent pas de distance,* faisait face aux deux poudrières contiguës.

Si l'on considère qu'en outre de la population indigène affolée, la ville, contenant tous les états-majors et tous les services des deux armées, était remplie de soldats accourus avec leurs officiers de tous nos camps environnants pour combattre le feu, on jugera de l'énormité de la catastrophe qui se préparait. Toutes les anxiétés comme tous les efforts se concentraient sur ce point, et je sens encore, à quarante ans de là, l'angoisse qui m'envahit quand je vis que les flammèches du brasier, portées par la brise d'ouest, venaient s'abattre sur les toitures des poudrières, un volcan dont l'éruption allait avoir une puissance destructive incalculable.

Tout près de là, au bord de la mer, étaient nos boucheries, où, providentiellement, s'accumulaient chaque jour les dépouilles encore fraîches des bœufs tués pour le service des armées. On y court. Les échelles sont dressées pour l'application de ces écrans préservateurs sur les toitures menacées. Mais quand il s'agit d'y monter, quelques minutes d'hésitation se produisent parmi les soldats qui arrivent haletants, porteurs des instruments du salut commun.

A ce moment, six généraux et un colonel présents sur les lieux s'adossent étroitement au mur des poudrières, leurs uniformes vivement éclairés par l'incendie, appelant à l'effort les travailleurs qui n'hésitent plus et s'élancent aux échelles.

Les uns et les autres restèrent au poste du péril jusqu'à

la fin de cette terrible nuit, les chefs faisant leur devoir opportunément, les soldats faisant le leur héroïquement. Une saute de vent avait refoulé l'incendie à l'ouest, et nous en devenions les maîtres.

Ces épisodes inconnus, je pense, de la dramatique occupation de Varna, m'ont laissé de tels souvenirs que je n'ai pu me défendre d'en décrire ici quelques-uns. Ils n'ont, je le redis, qu'une valeur anecdotique militaire. Mais il me semble qu'ils sont une première et déjà frappante révélation du fonds d'inébranlable constance qu'avait cette armée qui, ruinée dans ses effectifs par l'invasion cholérique la plus violente qu'on vît jamais, ruinée dans une part de ses moyens matériels par un incendie destructeur, allait à *quelques semaines de là* affronter les hasards de la guerre en Crimée et du siège de Sébastopol !

La guerre d'Afrique m'avait fait autrefois des forces physiques à l'épreuve, et je croyais que la grandeur des événements au milieu desquels je cherchais à remplir mes devoirs spéciaux avait solidement trempé mes forces morales. Elles allaient être soumises à une succession de tourments qui devaient dépasser tous les autres.

Plus s'avançaient nos préparatifs pour l'entreprise de Sébastopol, dans une fièvre qu'expliquait l'apparition prochaine des tempêtes traditionnelles de la mer Noire, plus s'avançait l'heure des grands risques et des grands efforts, et plus j'étais saisi par la douloureuse évidence de l'affaiblissement progressif de la santé et de la validité du maréchal de Saint-Arnaud. Les spasmes d'étouffement se succédaient, accompagnés de souffrances aiguës qui ne déprimaient pas un instant son inébranlable moral, mais qui étaient suivies d'un état de prostration physique accablant. La crise, heureusement, ne durait pas à l'ordinaire plus de quarante-huit heures, et d'accord avec le médecin en chef du quartier général, docteur Cabrol[1], ami du maréchal, nous la tenions soigneusement cachée.

EN MER VERS LA CRIMÉE. — INCIDENTS DRAMATIQUES DE LA TRAVERSÉE

Après la longue série des échanges politiques et militaires, pleins d'à-coups, avec Paris, Constantinople et Bucharest où se tenait, surveillant les événements, le corps d'armée autrichien des généraux de Hesse et Coronini; après tant d'épreuves morales et matérielles déjà presque oubliées, le maréchal exténué, mais toujours résolu et toujours confiant, s'embarquait sur le vaisseau *la Ville-de-Paris,* suivi de son armée qui n'était pas moins résolue et pas moins confiante que son commandant en chef.

Le programme des opérations, bien étudie à Varna, non pas définitivement arrêté, était alors celui-ci :

« Prendre terre aux environs de l'embouchure de *la
« Katcha,* à proximité de Sébastopol. S'établir devant le
« fort du nord en vue de l'enlever de vive force s'il était
« possible, par un siège régulier s'il était nécessaire. Ce
« fort dominait toutes les défenses de la rive droite du port
« de Sébastopol, principalement tournées vers la mer, et il
« ne semblait pas qu'il pût opposer à nos attaques du côté
« de la terre d'insurmontables obstacles. Le fort du nord
« pris, toute la rive droite tombait en notre pouvoir. Cette
« occupation préliminaire réalisée par les deux armées, les
« deux flottes pénétreraient dans le port de Sébastopol,

---

[1] Le maréchal, qui latinisait volontiers, appelait le docteur Cabrol : *Casus brolensis,* comme il m'appelait moi-même *comes ad latus.*

« *beaupré sur poupe*, et accableraient du feu de leur artil-
« lerie les forts de la rive gauche et la ville. »

L'ensemble de l'entreprise était assurément un *va-tout*. Les Russes l'avaient sans doute envisagé et ils en avaient cru le succès possible, puisque, pour le prévenir, ils ne reculèrent pas devant l'effrayant sacrifice de leur belle flotte de la mer Noire, coulée sur trois lignes parallèles formant estacade, d'une rive à l'autre de leur port.

Les commandants en chef des deux flottes n'avaient pas décliné l'exécution de ce thème d'invasion violente du port de Sébastopol; mais il était très apparent que l'issue de ce combat à outrance du bois contre la pierre leur semblait très incertaine. Aussi, le maréchal ayant le commandement suprême de la flotte comme de l'armée française, je préparai et soumis à sa signature une lettre[1] à la fois persuasive et autoritaire, dont le but était de montrer à l'amiral Hamelin qu'au jour où la flotte serait au « va-tout » dans le port de Sébastopol, l'armée serait depuis longtemps au « va-tout » sur les hauteurs de la rive droite, la retraite en cas d'insuccès lui étant absolument fermée.

Dès le 2 septembre, le maréchal et les états-majors s'étaient établis sur le vaisseau *la Ville-de-Paris*, mais on ne put partir que le 5, et ce fut le 7 seulement que la flotte anglaise nous rejoignit en mer. Ce jour-là, nous avions sous les yeux un spectacle d'une grandeur inoubliable. Qu'on se figure l'agglomération d'une centaine de navires de guerre de tout rang, à vapeur, à voiles (remorqués), français, anglais, ottomans (porteurs d'une division turque), con-

---

[1] Cette lettre, dont l'ampliation fut immédiatement adressée au ministre de la marine, doit se trouver dans les archives de ce département.

voyant près de trois cents transports de commerce. Et comment exprimer les sentiments de ferme espoir dont je fus pénétré, quand le lendemain, posté dans les hunes de la *Ville-de-Paris*, je vis cet immense ensemble faire route après un classement méthodique, dans un ordre parfait, les vaisseaux de guerre restés libres gardant la tête, les flancs et les derrières de la nouvelle Armada !

Mais il y avait pour moi, à ce rassurant tableau, une ombre qui allait s'épaississant depuis que nous avions pris la mer ; c'était la dépression manifeste des forces de notre commandant en chef, que paraissait soutenir presque uniquement l'extraordinaire énergie de son ressort moral.

Nous étions en mer depuis six jours. Le 10 septembre, avant l'aube, le docteur Cabrol entrait dans la cabine que j'occupais sur le vaisseau *la Ville-de-Paris*, à portée du logement du maréchal. Très pâle, très agité, solennel, il me déclarait que notre chef, dont l'abattement m'avait frappé la veille, était atteint d'une crise de son mal, l'angine de poitrine, bien plus effrayante que toutes celles dont nous avions été jusque-là, l'un et l'autre, les témoins ; qu'elle serait certainement la dernière et que tous les symptômes de la fin étaient très apparents...

Dès notre embarquement, il avait été entendu, entre le docteur et moi, qu'il m'avertirait du désastre que tout nous faisait craindre, pour que je pusse préparer les mesures qui assureraient la transmission du commandement. Ensemble, nous allons au mourant. Il était, dans cette nuit, devenu méconnaissable. L'œil terne, sans voix, poussant quelques plaintes inarticulées, la face couverte de sueur, la poitrine soulevée par des mouvements convulsifs, il me représentait l'agonie et une terrible agonie. Jamais, je pense, je n'ai rien vu, rien éprouvé de plus profondément émouvant. A la compassion dont me pénétrait le douloureux spectacle que j'avais sous les yeux, s'ajoutait irrésistiblement, dans mon esprit troublé, la pensée que dans quelques jours nous serions en face de la chanceuse entreprise du débarquement, et aucun de nous ne doutait qu'il ne nous fût disputé par l'armée russe de Crimée !

Jamais, dans ses plus intimes épanchements, le maréchal ne m'avait parlé de sa succession possible ou probable dans le commandement, mais c'était parmi nous une croyance universelle que le général Canrobert avait été désigné pour la recueillir. Il était jeune, très réputé, très populaire, très en cour depuis que le coup d'État avait intronisé l'empire, très souhaité par l'opinion dans l'armée.

Me faisant transporter sans perdre de temps sur le vaisseau où il était, je lui exposais, très ému, la situation. Lui, sans hésiter, niait qu'il eût une lettre de commandement. Stupéfait et plein d'anxiété, car les heures pressaient, je prenais précipitamment congé de lui, en lui annonçant que j'allais trouver sur un autre vaisseau le plus ancien divisionnaire de l'armée, général Forey, à qui, de droit réglementaire, le commandement revenait. Sur cette déclaration, le général Canrobert m'arrêtait :

« Eh bien, oui, — me dit-il, — j'ai une lettre de commandement (il me la lut, elle était signée du maréchal Vaillant, ministre de la guerre), mais je suis résolu à n'en faire usage que quand le maréchal de Saint-Arnaud sera mort. Tâchez de le faire vivre jusqu'au débarquement. »

Ce fut là que se refroidit, pour ne se réchauffer jamais pendant les opérations ultérieures du siège de Sébastopol, la confiance que j'avais dans l'équilibre du caractère du général Canrobert. Elle était entière par tout ce que la renommée m'avait appris de lui, car personnellement je ne l'avais jamais, jusque-là, vu à l'œuvre. Il restait à mes yeux le soldat émérite qu'il est, mais il n'avait pas le goût, il n'avait pas le dévouement des grandes responsabilités. C'était un vaillant, un heureux général d'Afrique et une âme vulgaire. Mais l'événement devait lui donner raison, et à vingt-quatre heures de là le maréchal de Saint-Arnaud, avec un incroyable fonds de résistance, revenait encore une fois, pour la dernière fois, à la vie.

Rentré à mon poste, dévoré de soucis, mais résolu à continuer jusqu'au bout mon déplorable rôle de conducteur anonyme des événements, je retrouvais, après une absence de deux heures, le maréchal dans l'effrayant état où je l'avais laissé. J'appelais à moi mon camarade et ami le lieutenant-colonel de Waubert, deuxième aide de camp :

« Je ne puis pas laisser mourir silencieusement cet homme, qui, condamné à Paris pour son incurable maladie, et le sachant, a préféré la mort au milieu des soldats à la mort dans son lit. Cette fin rachète toutes les erreurs possibles de sa vie et il est juste qu'elle soit glorieuse. Je vais écrire ses adieux à l'armée, et, signés ou non, je les ferai mettre par Martimprey à l'ordre de l'armée et de la flotte. »

Telle est l'origine, — la première, — *des adieux du maréchal à l'armée d'Orient*. Quand, à notre profonde et joyeuse stupéfaction, il revint à lui et ressaisit le reste d'énergie vitale qui put le conduire jusqu'à l'Alma, je mis le document des adieux dans la poche intérieure d'une capote d'uniforme que je ne devais pas quitter de bien longtemps. Je le retrouvai là, seize jours plus tard, au bivouac de Mackensie (bivouac de la soif), où, après une modification nécessaire, il allait avoir son emploi.

EN CRIMÉE. — AVANT, PENDANT ET APRÈS LA BATAILLE
DE L'ALMA

Ne voulant pas m'étendre au delà du récit des derniers jours que le maréchal passa parmi nous, derniers jours qui ne ressemblent que de loin aux divers tableaux qu'on en a faits, je ne dirai rien ici du débarquement qui s'effectua sur la vaste plage d'Old-Fort, jugée bien plus accessible que celle de la Katcha qu'on avait eue d'abord en vue; rien de la marche qui nous conduisit jusqu'à la rive gauche de la petite rivière Boulganak, où s'établit le bivouac d'où nous devions partir le lendemain pour attaquer l'armée russe; rien de la bataille de l'Alma, dont tous les épisodes sont connus. Je me bornerai à dire qu'au cours de cette succession de faits *l'apparente résurrection* du maréchal fut telle, qu'il put :

1° Monter à cheval après le débarquement et passer en revue une partie des troupes formées en bataille sur le rivage;

2° Faire à cheval l'étape de quatre lieues qui nous séparait du Boulganak;

4° Arrêter *lui-même*, étendu sur un lit de repos, les dispositions de l'attaque du lendemain, dans des circonstances qui méritent peut-être d'avoir une place dans ces souvenirs.

Nos bivouacs s'étendaient au pied d'une montagne abrupte et très haute, terminée par un plateau sur lequel, dès deux heures de l'après-midi, avec le général de Martimprey et tout l'état-major, nous étions établis en observation. Sous nos yeux se déroulait à portée de vue un panorama dont nos lunettes pouvaient fouiller tous les recoins, et dont peut-être aucun général d'armée, à la veille de livrer bataille, n'a eu la fortune de rencontrer les indications. Toute l'armée russe était là devant nous, sur les hauteurs de la rive gauche de l'Alma, dans les positions où nous allions les attaquer demain. Deux groupes principaux :

L'un dépendant de la grande trouée en pente douce par où passe la route de Sébastopol, en avant du village de Bourliouk, qui est sur la rivière. Il y a là, au sommet de cette pente, une accumulation de monde et de batteries de position (c'est là que se fit le grand et coûteux effort des Anglais) ;

L'autre, établi sur les hauteurs, difficiles d'accès, qui vont jusqu'à la mer où elles se terminent par des escarpements rocheux d'apparence inabordable, d'où résulte que toute cette dernière zone de hauteurs n'est pas défendue. Les troupes russes, sur une étendue d'un kilomètre, sont réunies en arrière d'une tour servant aux communications télégraphiques. (C'est là que se fit le grand effort des Français, que devait rendre décisif la brillante et laborieuse escalade des escarpements rocheux par notre division d'Afrique, qui vint achever le désarroi de l'ennemi.)

Voilà le tableau. De l'ensemble, nous faisons à notre aise et sous un beau soleil un croquis que nous portons à notre général en chef, qui, sans hésiter un instant, arrête le plan de la bataille de l'Alma, tel qu'il a été exécuté. Je le rédige sous sa dictée, croquis joint, et j'ai l'ordre de porter le tout à lord Raglan, avec mandat de répondre aux demandes d'éclaircissement que pourrait faire l'état-major anglais. Le maréchal, à la fin de cette journée, semblait très fatigué, bien qu'il eût l'entière possession de toutes ses facultés et qu'il eût, par moment, quelques élans de gaieté; mais ses yeux, ses joues se creusaient, et je restais tristement incertain de l'avenir. Quoique, presque jusqu'à la fin, il ait dicté des lettres et en ait même écrit quelques-unes, je regarde son plan de la bataille de l'Alma comme son dernier grand acte de commandement.

Cette journée devait finir par un incident singulier. La nuit était venue. Elle était noire quand je me mis en route pour le quartier général anglais, accompagné par mon camarade le colonel d'état-major de Lagondie, officier de grand mérite, qui était notre attaché militaire auprès de lord Raglan. Il était venu chez nous dans l'après-midi, en quête de nouvelles.

« Dans l'obscurité profonde où nous cheminons, lui dis-je, nous sommes tenus à quelques précautions, car du haut de mon observatoire d'aujourd'hui j'ai vu que beaucoup de cavaliers russes battaient la campagne. Nous savons que le quartier général anglais est à une lieue de nous sur le Boulganak, qui coule en plaine sur un lit sableux avec quelques centimètres d'eau. Voilà notre voie, une voie sûre, qu'autrefois en Afrique, la nuit, dans les mêmes préoccupations de sûreté, j'ai plus d'une fois suivie.

« — A d'autres. Le Boulganak est plein de détours et vous allez doubler pour le moins l'étape. Bon pour vous dont la nuit est sacrifiée; mais moi, j'entends la passer dans mon lit de bivouac pour me préparer à la bataille. Je vous annoncerai à lord Raglan. »

Et le voilà parti au trot, en riant et raillant.

Mais ce fut moi qui l'annonçai à lord Raglan. Il avait été capturé par un parti russe, et le colonel de Lagondie fut le premier, presque l'unique prisonnier que nous fit l'ennemi pendant la campagne de Sébastopol.

L'intérêt de cet épisode, purement anecdotique, est dans la démonstration qu'il fait de l'influence qu'ont sur les événements les petits aussi bien que les grands hasards de la guerre. Si j'avais suivi mon compagnon dans son voyage à travers champs, comme lui et avec lui j'aurais été fait prisonnier. L'ennemi aurait saisi sur moi le plan écrit et dessiné de la bataille de l'Alma. Il y aurait expressément vu que le maréchal de Saint-Arnaud, comptant sur l'agilité et l'endurance de la division d'Afrique (Bosquet), la mettait avant le jour en mouvement (trois heures avant les autres en raison du long parcours qu'elle avait à faire) pour marcher droit aux escarpements du bord de la mer, avec ordre d'en faire l'ascension dès que notre centre et notre gauche seraient engagés. Ainsi avertis, les Russes réunissaient des troupes et des moyens de défense sur ces hauteurs, qu'en raison de leurs difficultés de franchissement ils avaient négligées, et alors?...

Je ne veux rien affirmer; mais qui pourrait dire ce qu'aurait été la bataille de l'Alma si la décisive entreprise de la division d'Afrique avait échoué?

La légende représente le maréchal en état d'activité personnelle pendant la lutte, et parcourant à cheval, à côté de lord Raglan, le champ de bataille. La vérité, c'est qu'il put, ce jour-là, monter à cheval dès l'aube et se porter, entouré de son état-major, dans la plaine où les troupes étaient massées en ordre de bataille, commençant leur mouvement offensif vers l'Alma. Nous étions avec lui sur le flanc gauche de la division du prince Napoléon, dont l'état-major reçut, sous nos yeux, un premier boulet russe qui emportait la jambe du sous-intendant militaire de cette division.

L'Alma franchi et les troupes faisant sous le feu l'ascension des hauteurs, le maréchal, qu'avec la plupart de ses officiers j'avais quitté pour suivre le mouvement, s'établit dans la plaine et y resta jusqu'à la fin de la journée.

A chacun des progrès décisifs de notre marche en avant, je lui envoyais un officier qui l'en informait. Le dernier, le lieutenant-colonel de Waubert, lui portait l'avis, premièrement que notre conflit, qui avait été vif en avant du télégraphe, se terminait par la retraite en désordre des Russes qu'avait précipitée le choc latéral de la division d'Afrique (Bosquet); secondement, que les Anglais, prévenus de notre réussite, enlevaient en ce moment même, avec une incomparable énergie, les défenses qui les avaient longtemps retenus; troisièmement, que le maréchal, franchissant la hauteur par un chemin que lui indiquerait mon envoyé, pourrait s'assurer que la bataille était gagnée.

Il arriva. Il paraissait exténué, et quel homme autre que celui-là aurait pu porter sans fléchir le poids des fatigues qui, depuis le débarquement, l'avaient accablé?

Les bagages étaient bien loin, et nous lui faisions un épais lit de fougères où je le vois encore étendu, riant à nos récits, et en apparence prêt à recommencer.

Mais ce n'était qu'une apparence. Sur ce plateau où nous devions rester deux jours encore pour l'enterrement des morts et pour le transport, — très laborieux en raison du manque à peu près absolu de moyens, — des blessés à bord des flottes, l'état du maréchal empirait sensiblement, et le docteur Cabrol me faisait une douloureuse confidence. Il avait reconnu les premiers symptômes de l'invasion choleriforme qui, à côté de quelques cas foudroyants, sévissait dans les deux armées, spécialement chez les Anglais. Il lui paraissait impossible qu'au degré d'affaiblissement où était le maréchal, il pût résister à cette périlleuse aggravation du mal qui, depuis des mois, minait sa constitution. Cet alarmant diagnostic, comme toujours tenu secret, ne devait pas tarder à se réaliser.

De l'Alma à la Katcha, de la Katcha au Belbek, deux

étapes parcourues avec une inévitable lenteur, le maréchal, qui d'ailleurs avait encore la pleine possession de lui-même, était censé les faire à cheval. En réalité, il voyageait étendu sur des matelas d'ambulance, dans une voiture fermée, un carrosse d'ancien modèle que les Russes, le jour de l'Alma, avaient laissé tout attelé sur le champ de bataille.

C'est au cours de cette marche en avant que nous eûmes, par un cavalier tartar qui semblait un personnage et se déclarait sympathique à l'entreprise des alliés, la première nouvelle de la destruction par les Russes de leur flotte coulée en barrage dans le port de Sébastopol. Ainsi s'expliquaient les violentes détonations que nous avions entendues. La nouvelle, confirmée par un aviso français qui fut envoyé en reconnaissance, transformait, comme on le sait, notre plan primitif d'attaque au nord, par un plan obligatoire d'attaque au sud de Sébastopol.

M'abstenant d'entrer dans le détail bien connu des faits auxquels ces résolutions donnèrent lieu, je reviens au maréchal de Saint-Arnaud, me bornant à dire où et comment, à bout d'efforts et son ressort physique épuisé, non pas son ressort moral, il dut résigner le commandement.

L'étape doit nous conduire de la vallée du Belbek à celle de la Tchernaia. Les Anglais, très éprouvés par le choléra, demandent à nous précéder sur l'unique route qui s'offre aux deux armées. Leur défilé est très lent, nous nous ébranlons par suite très tard et cheminons péniblement tout le reste du jour, sous un soleil qui nous dévore, poussant devant nous les éclopés de l'armée anglaise. Nous ne pouvons atteindre qu'à la nuit les hauteurs boisées *et sans eau* de Mackensie, où, en désordre et dans l'obscurité, nos troupes haletantes s'établissent comme elles peuvent au bivouac qu'elles qualifient du nom qui lui est resté, *le bivouac de la soif*. C'est là, dans la nuit du 25 au 26 septembre, et non pas le lendemain sur la Tchernaia, comme l'ont dit les journaux et comme l'ont répété les livres, que finit pour moi la mission militaire spéciale, devenue intime par la force des événements, que le maréchal de Saint-Arnaud, quittant le ministère de la guerre pour le commandement de l'armée d'Orient, m'avait fait le grand honneur de me confier.

AU BIVOUAC DE MACKENSIE

LE MARÉCHAL DE SAINT-ARNAUD MOURANT RÉSIGNE LE COMMANDEMENT

Au bivouac de la soif, le maréchal et son état-major sont dans une clairière, sans bagages et sans serviteurs, qui sont on ne sait où. Mais la tente du maréchal, toujours portée à sa suite, a été dressée, et il repose sur son lit de campagne, le docteur Cabrol à côté de lui. Autour de la tente, chacun de nous a choisi sa place, et nous sommeillons aux pieds de nos chevaux, la bride passée dans le bras.

Vers une heure du matin, le docteur accourt et me réveille : « Venez, il est mourant, il vous demande. »

Le maréchal était effrayant à voir. Ses yeux, ses joues profondément creusés, son teint d'une pâleur cireuse, lui donnaient l'apparence d'un spectre. Mais cet état différait absolument de la crise d'angine et d'étouffement qui, sur la *Ville-de-Paris*, nous avait naguère saisis au point de nous faire croire à sa mort immédiate. Le regard était lucide, la voix encore ferme, et il avait sans effort le geste à l'appui de la parole.

« Mon ami, me dit-il, je me sens bien malade. »

Jamais jusqu'alors, pendant ou après les crises du passé,

il n'avait ainsi jugé sa situation. J'étais ému jusqu'aux larmes, mais ses paroles m'avaient suggéré une soudaine et décisive résolution :

« Il n'est que trop vrai, monsieur le maréchal, vous êtes bien malade, et le fardeau du commandement vous achève. Laissez-moi vous dire une vérité que vous ne suspecterez pas, que seul je puis vous dire et que je regarde comme un bien douloureux mais nécessaire devoir. Il faut résigner le commandement.

— Oui, vous avez raison, *faites appeler Forey.* »

Ainsi, il ne savait pas qu'en dehors du plus ancien divisionnaire il eût un successeur désigné par le gouvernement impérial, dont le silence à l'égard du maréchal, sur un point de cette importance, paraît, au premier abord, inexplicable. Il peut cependant se justifier par cette considération de sentiment que, devant le maréchal partant de Paris avec une santé notoirement très précaire, personne dans le gouvernement n'avait voulu envisager la possibilité de son remplacement à la tête de l'armée d'Orient. On pouvait craindre en effet qu'une discussion avec lui sur la *possibilité* de l'événement ne lui parût déguiser l'arrière-pensée de sa *probabilité.*

Je lui répondais :

« Ce n'est pas, monsieur le maréchal, le général Forey, c'est le général Canrobert, porteur des ordres du gouvernement, qui doit recueillir votre succession.

— Ah! Canrobert, j'en suis bien aise. Faites-le venir. »

Ma déclaration, en raison sans doute de l'excès de sa faiblesse et de l'indifférence qui en était la suite, ne parut pas le surprendre.

Il fallut beaucoup de recherches et de temps pour trouver pendant la nuit le général Canrobert au milieu de l'inextricable pêle-mêle du bivouac de la soif. Il vint au moment où le jour paraissait, et je l'introduisis dans la tente du maréchal, où je les laissai seuls. Je ne sais donc rien des échanges qui purent avoir lieu dans cette entrevue. Sans perdre un instant, je pris là où je les avais mis seize jours auparavant sur la *Ville-de-Paris,* dans la poche intérieure de ma capote, les adieux, restés sans objet par sa résurrection d'alors, du maréchal de Saint-Arnaud à l'armée. Mais depuis il avait livré et gagné la bataille de l'Alma. Il fallait qu'elle eût là sa place, et sur mes genoux à défaut de table, écrivant au crayon à défaut de plume, je modifiais dans ce sens le dernier paragraphe des adieux.

J'en fis, après que le général Canrobert se fût retiré, la lecture au maréchal qu'elle ne parut pas émouvoir.

J'ai conservé ce document raturé et corrigé au crayon vers la fin. Il porte la signature un peu incertaine, lisible cependant, du vainqueur de l'Alma, la dernière qu'il ait donnée en ce monde. Les adieux furent ce jour-là même mis à l'ordre de l'armée.

J'ai la conscience d'avoir fidèlement rempli, selon mes moyens et jusqu'à la dernière heure, les devoirs qui me liaient au maréchal de Saint-Arnaud, depuis le jour où il m'avait révélé le généreux état d'esprit militaire dans lequel il renonçait aux jouissances de sa grande vie à Paris pour aller, déjà très atteint dans sa santé, courir les hasards de la guerre d'Orient. Je n'ai pas, je le répète, à juger sa vie, mais je dis et je crois avoir montré qu'en donnant à cette vie la fin qu'il a voulue, qu'il a cherchée et trouvée au milieu de ses soldats, il a bien mérité de lui-même et du pays.

CHAPITRE VI

COMMENT, SOUS LE DEUXIÈME EMPIRE, ON PRÉPARAIT LA GUERRE
(SUITE)

AVANT ET PENDANT LA GUERRE D'ITALIE

J'ai dit précédemment que la folie impériale de l'*improvisation de la guerre*, — de la guerre d'Orient à la guerre de Prusse, — en passant par les intermédiaires d'Italie et du Mexique, avait été une sorte de *crescendo* qui pouvait s'expliquer par ce fait que les trois premières avaient ou réussi, ou paru réussir. Et je suis entré dans quelques détails sur l'improvisation spéciale de la guerre d'Orient, dont je fus, à titre de directeur-adjoint des services militants du ministère, l'un des improvisateurs. J'expose à présent quelques faits révélateurs de l'improvisation encore plus étonnante de la guerre d'Italie.

ÉTRANGE INCIDENT ENTRE LE MARÉCHAL VAILLANT, MINISTRE
DE LA GUERRE, ET MOI

A cinq ans de là, en 1859, général de brigade, j'avais depuis la guerre de Crimée la paisible fonction de membre du comité d'état-major. Aucun de nous ne croyait à une prise d'armes, et avec le public français nous jugions que la guerre d'Orient n'avait été qu'un accroc accidentel à la célèbre déclaration politique : *L'empire, c'est la paix,* motivé par le parti pris d'agression, en 1853-1854, de la Russie contre la Turquie.

Mais voilà que l'empereur a parlé, et voilà que, par un soudain revirement qui s'explique, tout le monde croit à la guerre d'Italie. Sans perdre une heure, je forme mon équipage de campagne en chevaux, en matériel, et je me rends à l'École de Saumur, où un camarade m'a signalé la mise en vente, par un officier, d'un excellent cob irlandais qui est un vrai cheval de bataille. Le général de Rochefort, commandant l'École, m'accueille avec des démonstrations plus que cordiales. Il réunit ses officiers, il me les présente, et c'est devant eux que je monte et que j'achète le cheval irlandais. On cause, et à une question qui m'est posée sur les circonstances qui m'ont amené de Paris à Saumur pour faire cette acquisition, je réponds sans ambages : *Que je tiens la guerre pour certaine, pour très prochaine, et que je forme mon équipage de campagne.*

Le surlendemain, dans une réunion d'officiers généraux au ministère de la guerre, le maréchal Vaillant m'interpelle en souriant avec bienveillance :

« Eh bien ! qu'est-ce que j'apprends ? Vous avez été à Saumur, et publiquement vous y avez déclaré la guerre !

— Monsieur le maréchal, j'ai seulement dit que j'y croyais.

— C'est déjà trop, mon cher général. Que diable ! Il ne faut pas que sur un tel sujet vous paraissiez mieux informé que le ministre. »

Tout le monde rit, mais ni le maréchal, ni aucun de nous ne paraissant disposé à prolonger cette scabreuse conversation, on parla d'autre chose.

A quelques jours de là, du 15 au 16 avril, je crois, entre minuit et une heure du matin, je suis réveillé en sursaut par un sergent de chasseurs à pied qui, une lanterne à la main, pénètre dans ma chambre précédé par mon ordonnance :

« Mon général, le ministre de la guerre vous demande immédiatement et j'ai l'ordre de vous conduire à lui. »

Je m'habille, je pars et me voilà montant le grand escalier du ministère, guidé par le sergent qui ouvre à mi-chemin une porte dissimulée que je ne connaissais pas et me conduit, par un étroit escalier dérobé, à la chambre du ministre. Il est au lit, un lit de troupe (en fer) sans rideaux, et il me dit avec bonhomie :

« Il faut bien que je vous pardonne votre incartade à Saumur ; lisez. »

Et il me tend un billet autographe du prince Napoléon à l'empereur, dont voici la substance :

De source absolument sûre, je sais que l'armée autrichienne, passant le Tessin, marche sur Alexandrie et se prépare à occuper contre nous les débouchés des Alpes. Pas un instant à perdre.

« Vous avez lu et compris ?

— Oui, monsieur le maréchal.

— Eh bien, voici où nous en sommes. Nous allons pénétrer en Italie par deux voies principales dont l'une, passant par Briançon et le mont Genèvre, va être immédiatement suivie par la division Bourbaki du corps du maréchal Canrobert. Bourbaki, en ce moment absent, va être prévenu. Mais vous commandez sa brigade d'avant-garde (deux régiments et un bataillon de chasseurs) formée à Briançon. Êtes-vous prêt ?

« — Vous savez bien que oui, monsieur le maréchal, répondais-je en souriant.

— Bon, bon. Vous partirez par le premier train pour

Lyon, où, dès votre arrivée, vous verrez le maréchal de Castellane qui organise l'ensemble du mouvement, et prendrez ses instructions. Adieu et bonne chance. »

A Lyon, après m'avoir entendu, le maréchal de Castellane lève les bras au ciel, sous l'impression, à ce qu'il me paraît, d'un étonnement impatienté : « On croit donc à Paris qu'un ordre donné est un ordre exécuté? Vos troupes, partant en hâte de trois garnisons différentes, ne seront pas réunies à Briançon avant six jours, et que feriez-vous là en les attendant? Restez ici. Vous serez prévenu de l'heure de votre départ utile. Voilà mes instructions. »

Je ne crus pas pouvoir user pendant plus de vingt-quatre heures de la liberté que me laissait le maréchal, et je m'en fus à Briançon, où je vis arriver successivement, dans les délais qu'il m'avait annoncés, mes bataillons. Partis d'urgence sans préparation d'aucune sorte, ils n'avaient pas d'équipages de campagne (mulets de bât pour les officiers et pour les compagnies). Mais il y en avait à Briançon un marché bien achalandé, et il me fut possible de pourvoir à ce premier manquement. La déclaration des chefs de corps m'en découvrait un autre. Quelques soldats, dans chacune de leurs compagnies, n'avaient pu, en raison de la précipitation de la mise en route, être exercés au tir!

Je fais appeler le commandant de place, qui était un ancien lieutenant-colonel de gendarmerie. Je lui prescris de m'organiser un champ de tir et de distraire de son approvisionnement de cartouches les quantités nécessaires à l'immédiate réalisation de mes vues. L'excellent homme me répond *qu'il n'y a pas à Briançon* (place frontière de première ligne) *d'approvisionnement de cartouches; que celles dont la petite garnison a besoin pour ses exercices de tir lui sont pério-*

diquement envoyées ; qu'en dépôt dans les magasins, on ne trouve que de vieilles cartouches pour fusils d'ancien modèle!

. . . .

Je n'irai pas plus loin dans le récit des incidents anecdotiques, — si étonnants qu'ils semblent dépasser le vraisemblable, — qui montrent à quel degré d'imprévision et de laisser aller l'empire s'abandonna, après l'improvisation de la guerre d'Orient, pour l'improvisation de la guerre d'Italie. Dans un autre livre *(le Siège de Paris)*, j'ai fait voir, à propos de la pseudo-guerre avec l'Espagne, et de la pseudo-diversion militaire et navale dans la Baltique, comment dans le même esprit d'inconstance et d'aveuglement il s'était engagé dans la guerre de Prusse.

Aux méditations des Français, en si grand nombre, qui attribuent la succession de nos revers dans la guerre fatale à la mauvaise fortune, à l'incapacité, à la trahison, je livre cette attristante démonstration des réalités qui ont précipité la chute militaire de notre pays.

Si l'empire échappait, systématiquement pourrais-je dire, au souci de la préparation de la guerre, comment la faisait-il? Il la faisait dans le *décousu* qui s'attache infailliblement à l'exécution de toute entreprise improvisée. Les à-coups, dans les sens les plus divers, furent la caractéristique invariable des guerres d'Orient, d'Italie, du Mexique, de Prusse. Ces à-coups se manifestant aux yeux de tous dès l'ouverture des hostilités, personne n'est en confiance absolue, on va au gré des événements de chaque jour ; et si un commandant de troupe s'avise de vouloir les dominer par un effort particulier, il n'en est pas le bon marchand. J'en pourrais citer cent exemples dont j'ai été le témoin. Je me borne à un seul où j'ai eu rôle d'acteur, et quelque peu de victime.

Nous sommes, dans la guerre d'Italie, au 31 mai. Je commande une belle et forte division d'infanterie qui a reçu l'ensemble de ses réserves et qui est pleine d'entrain. Tous nous sommes alertes et prêts à bien faire. Nous venons de passer, à l'aube, sur un pont de bateaux branlant, mais sans encombre, la Sesia furieusement débordée. De mon chef, le maréchal Canrobert, j'ai l'ordre de traverser la vaste plaine bordée par un cercle de hauteurs sur lesquelles est assis, en forte pente, le bourg de Palestro auquel va me conduire une belle grand'route. C'est une étape ordinaire. Je devrai remonter le bourg et établir ma division au bivouac sur le plateau qui le domine.

De l'ennemi, je ne sais rien. De l'armée du roi Victor-Emmanuel, je sais qu'elle est de l'autre côté des hauteurs qui bordent la plaine à ma droite, et c'est de là que partent, pendant que je chemine vers Palestro, quelques coups de canon que j'entends distinctement, qui se multiplient et tournent au canon de bataille.

Pas de doute. Le roi a rencontré l'ennemi et il est engagé. Je fais *tête de colonne à droite,* et à travers champs je marche au canon. J'ai envoyé l'un de mes plus sûrs officiers, le capitaine Duquesnay (aujourd'hui général de brigade), au maréchal qui est encore à la Sesia, pour l'informer de la situation et de mon mouvement.

Je n'ai pas fait trois quarts de lieue dans ma nouvelle direction que le capitaine revient, m'annonçant que le maréchal mécontent m'ordonne de revenir à mon étape sur Palestro. *Tête de colonne à gauche,* et me voilà rentré sur la grand'route, cheminant tristement vers le bourg. Mais le canon tonne toujours, et pendant cette première reprise de marche deux boulets perdus, venant du lieu invisible de l'engagement austro-piémontais, traversent ma colonne, enlevant sur son cheval le chef de bataillon Duhamel du 43° et une file du 88°. On croira sans peine que j'étais dans l'état d'esprit que nos pères qualifiaient « d'humeur de dogue ».

J'approchais de Palestro, quand un colonel d'état-major piémontais arrivant au galop :

« Mon général, le roi réclame votre assistance.

— Le roi, colonel, l'aurait depuis longtemps, si je n'avais été arrêté dans mon mouvement vers lui par des ordres que, dans ma pensée, son appel direct met à néant. Donnez-moi une direction. »

Il me la donne et part.

Tête de colonne à droite, et je reprends ma marche par les champs vers le lieu de l'engagement. Le capitaine Duquesnay retourne en hâte auprès du maréchal pour l'informer de l'appel, considéré par moi comme un ordre supérieur, que j'ai reçu du roi Victor-Emmanuel.

J'approchais de mon objectif, mes bataillons pleins d'ardeur, quand mon envoyé me revient. Il me dit un peu décontenancé, et je pense avec quelques réserves, que le maréchal avait exprimé que « nous n'étions pas à la guerre d'Afrique », qu'il fallait que l'initiative individuelle s'effaçât devant les vues générales du commandement, qu'enfin il me renouvelait l'ordre d'aller m'établir au bivouac au-dessus de Palestro.

Silencieusement, en raison de la présence de mon état-major réuni autour de moi, j'avale cette autre couleuvre et cette leçon de guerre. — *Tête de colonne à gauche*, et j'arrive au pied de Palestro. Mais, avant de m'engager dans la raide et longue rue qui conduit au sommet du bourg, j'appelle à moi mes chefs de corps :

« Le canon gronde toujours, et vous devez être plus que surpris des quatre inutiles évolutions que je vous ai fait faire aujourd'hui. Préparez-vous cependant à la cinquième. Habitué comme je le suis à l'imprévu dans cette guerre, je tiens pour probable que lorsque nous serons dans le défilé en pente de Palestro, je recevrai l'ordre final de courir à la bataille. Il est entendu que dans ce cas les compagnies, sans manœuvrer, feront demi-tour sur elles-mêmes et que nous descendrons par le troisième rang, au pas de gymnastique, pour regagner le temps perdu. »

L'ordre arrive en effet, et mes treize bataillons, dont l'avant-garde était déjà là-haut au bivouac, descendent, — je devrais dire dégringolent, — jusqu'à la plaine. *Tête de colonne à gauche ;* mais le canon s'est tu, et un dernier ordre m'arrive : « Le combat a pris fin. Remontez à vos bivouacs. »

COMMENTAIRE

On sait que notre 3ᵉ régiment de zouaves, mis à la disposition du roi Victor-Emmanuel, arriva à propos, bien que campé assez loin de l'armée piémontaise, pour l'assister si énergiquement et efficacement, qu'il eut les honneurs de la journée.

Admettez qu'à cette assistance partielle se fût jointe celle d'une division de près de dix mille hommes, la mienne, deux fois arrêtée quand elle courait à la rescousse des Piémontais, la journée de Palestro, qui fut un combat réussi, devenait une victoire qui inaugurait brillamment la campagne de 1859.

Mon chef, en refrénant d'abord l'élan traditionnellement militaire qui me poussait « à marcher au canon », en m'empêchant ensuite de me rendre à l'appel du roi, avait dit, comme je l'ai rappelé plus haut, à mon envoyé « que nous n'étions pas à la guerre d'Afrique ». J'eus alors, et j'ai gardé la pensée, que c'était lui qui, par la force de l'habitude, se croyait encore à cette guerre.

Incident du même ordre à Solférino. Ici, c'est le général Niel qui se plaint publiquement de n'avoir pas été assisté en temps utile par le maréchal Canrobert, dont l'irritation est grande. Elle se traduit par un appel sur le terrain et l'envoi au général de deux témoins, qui sont le général Bourbaki et moi-même, en vue d'une rencontre que nous jugeons impossible, bien qu'elle ait été, de part et d'autre, décidée. Elle n'a heureusement pas lieu, et j'ai la fortune d'échapper à une sorte de complicité dans un événement qui aurait été un scandale militaire retentissant et d'un bien mauvais exemple.

Ainsi, dans la guerre d'Italie comme dans la guerre d'Orient, les mêmes causes ont produit les mêmes effets. L'absence de toute préparation a entraîné l'incertitude et le décousu de l'exécution. En réunissant par l'addition ces causes et ces effets dans les deux guerres, on a le tableau de la troisième, la guerre de Prusse. C'est le *crescendo* fatal que j'ai annoncé.

L'empire, sur le terrain des armes, a commis une autre erreur dont l'étude, très sommaire, sera la conclusion de ces récits.

DE LA VALEUR MORALE
CONSIDÉRÉE DANS LES GÉNÉRAUX D'ARMÉE

LE MARÉCHAL BAZAINE

Le parti bonapartiste, ardemment secondé après la guerre dans sa haine contre moi par le parti de la république violente, a fait de moi, général de l'empire, un ennemi de l'empire. Ce n'est pas seulement un déni de vérité et de justice; c'est une indignité, dont mon caractère et ma vie entière auraient suffi à me garantir, si en France les partis vaincus ou vainqueurs avaient le souci de la vérité et de la justice.

Par les raisons que j'ai dites ailleurs, j'ai été l'adversaire intraitable de l'association de l'armée au coup d'État, des efforts de captation qui l'ont préparé, des effets d'abaissement qu'ils ont eus sur l'état moral de ce grand corps qui reste, au milieu de nos incessantes révolutions et contre l'étranger, l'instrument et l'espoir du salut. Mais de l'empire régulièrement constitué par la loi, j'ai été le serviteur fidèle.

Je l'ai servi, en m'efforçant de pallier, dans la mesure de mon rôle secondaire de conseiller ministériel, les conséquences du parti pris d'aveuglement avec lequel, tête baissée, il se jetait dans les questions d'organisation et dans les aventures de guerre.

Je l'ai servi en lui montrant, dans des affirmations qu'il a jugées coupables, et dans un livre qu'il a condamné, que sa puissance militaire, restée stationnaire, avait plus d'apparence que de fonds, par comparaison avec la puissance très moderne et très effective de ses adversaires ; enfin, en lui conseillant une longue période de paix consacrée à d'impérieuses et profondes réformes dans notre état militaire.

Mais il voulait être servi autrement, et ce fut à l'optimisme bruyant et intéressé qu'il donna toujours sa confiance avec les faveurs. Dans la constitution de son armée, — organisation et commandement, — l'empire a commis la périlleuse erreur de n'envisager que la question relativement secondaire des *faits* et des *personnes*. Il n'a pas reconnu l'importance supérieure de la question des *principes* dont, en tout temps, dépendent l'*équilibre moral* des armées, et, à la guerre, leur confiance dans leurs chefs et leur dévouement.

En ce qui touche le commandement, j'écrivais il y a aujourd'hui (1894) vingt-sept ans [1] :

« Quand, dans l'âme des généraux, le calcul a pris la
« place du patriotisme, c'en est fait des armées. Il ne fau-
« drait pas remonter bien haut dans l'histoire contempo-
« raine pour constater, aux jours des grands revers et des
« grandes épreuves nationales, ce que furent la solidité de
« caractère et la fermeté dans le devoir des généraux que
« la fortune avait soudainement comblés en les élevant au-
« dessus de tous ! »

Ce jour-là venu, leur préoccupation spéciale, au milieu du désarroi universel, est de concilier la sauvegarde de leurs intérêts propres avec celle des intérêts généraux qui périssent. Sous cette double influence qui est énervante, ils n'ont ni la liberté d'esprit pour juger, ni le ressort pour agir. C'est ainsi qu'en 1870, nous avons vu un général qui n'avait échappé aux honneurs du maréchalat que par le fait de l'invincible opposition de l'opinion publique, resté en haute faveur et devenu ministre de la guerre et chef de l'armée, s'entêter, sous l'inspiration de l'impératrice et de M. Rouher, dans les mesures militaires *affolées* qui allaient détourner le maréchal de Mac-Mahon de sa retraite ordonnée sur Paris, et le jeter avec son armée dans le gouffre de Sedan.

Un autre dont le passé, au point de vue des principes et de la correction morale, nous avait toujours été suspect, a trop chèrement payé ses erreurs qui furent des calculs, pour que je veuille entrer ici dans le *concert à outrance* de colères et de malédictions qui l'ont suivi jusque dans la tombe et qui pèseront toujours sur sa mémoire. Mais de cet homme que j'ai longtemps connu quand nous étions tous les deux engagés dans la guerre de la conquête algé-

---

[1] *L'Armée française en* 1867, p. 94.

rienne, avec qui j'ai eu depuis de fréquents contacts de carrière, je dirai ce que je sais et ce que je crois.

LE MARÉCHAL BAZAINE

La légende, autorisée par une condamnation à mort que voulaient la douleur et la colère publiques, l'a déclaré *traître*. Je crois qu'il a trahi son devoir; je me refuse absolument à admettre qu'il ait, comme y incline la légende, livré de parti pris ses bataillons à l'ennemi.

Que pouvait-on attendre, à l'heure où la détresse nationale nous commandait de servir le pays dans l'abnégation et le sacrifice, d'un chef d'armée qui, au cours de sa vie militaire et privée, — sans scandale parce qu'il était habile, — avait fait devant nous tous la preuve qu'il a renouvelée au cours de son procès devant ses juges, d'une insuffisance presque absolue de sens moral, comme de dignité professionnelle et personnelle?

A Metz, en tant qu'homme de guerre, il devait savoir, comme moi-même à Paris, qu'après l'effondrement de Sedan tout était perdu sauf l'honneur national, dont il n'avait, faute d'élévation, qu'une conception incertaine. Profondément sceptique, il ne croyait ni à l'effort défensif désespéré que la France allait faire, et qui devait durer bien plus longtemps que celui qu'elle avait fait avec sa véritable armée, ni à la résistance de Paris, qu'en l'état du pays révolutionné il déclarait hautement chimérique.

Dans cette disposition de cœur et d'esprit, cherchant une issue qu'il n'apercevait pas à la situation que lui avait faite la bataille de Saint-Privat qui l'avait rejeté dans Metz; s'abstenant de toute communication quelconque avec Paris; envoyant, on ne sait dans quel but, des émissaires à Londres et ailleurs, le maréchal perdait devant son armée l'autorité directrice, et devenait le jouet des événements. Il n'avait pas eu assez de hauteur d'âme et de désintéressement personnel, après que l'empereur lui eut remis le commandement, pour lier étroitement sa destinée à celle de cette armée en péril, pour se faire l'excitateur des facultés guerrières, de l'énergie et du dévouement patriotiques de ces troupes qui étaient une élite. Il vivait à Metz renfermé dans l'isolement et dans une sorte d'indifférence fataliste dont les officiers de son entourage étaient les témoins affligés.

Originaire du rang, et d'une instruction militaire très limitée, il avait été dans la guerre d'Afrique un vaillant soldat souvent remarqué. Intelligent, très fin, sous une enveloppe dépourvue de distinction, il s'était fait dans l'armée et hors de l'armée des amis qui furent les porte-voix de sa notoriété dans les grades inférieurs, de sa supériorité dans le généralat, et de son illustration dans le maréchalat. A la fin, il avait un rang parmi les grands Français que font à la fois la chance et le bien jouer, dont les services ont souvent une valeur effective, mais surfaite au delà de toute mesure par les dithyrambes dont les entourent le journalisme et l'opinion après lui.

Je regrette que l'ingénieux auteur dramatique qui a introduit sur la scène française avec beaucoup de succès, m'assure-t-on, *les faux bons hommes,* n'y ait pas fait, pour le redressement des mœurs publiques, une place *aux faux grands hommes*. C'est par centaines que, depuis nos malheurs, nous leur élevons, à côté des *vrais,* des statues. Il semble que ce dérèglement de nos vanités soit à nos yeux la compensation, au moins la consolation, de l'effrayante impuissance relative de la natalité française à produire *les hommes ordinaires* qui feraient sa prospérité dans la paix et la force de ses armées dans la guerre.

Je crois avoir démontré que les gouvernements qui, sur

la foi d'une notoriété professionnelle, — dont le contrôle n'est jamais trop sérieusement fait, — appellent au commandement des armées qui vont à l'ennemi, des hommes dont l'équilibre moral et le caractère peuvent être suspectés, assument de terribles responsabilités. Puissent cette erreur et d'autres que nous avons payées si cher, rester la leçon de l'avenir!

FIN

TABLE ANALYTIQUE DES MATIÈRES

Introduction v

Les principes, les sentiments, les espérances, qui m'ont conduit à écrire ce livre. vii

ÉTAT SOCIAL

Chap. I. — État social, État politique, État militaire. — Leur solidarité. 3

Les croyances dans les sociétés antiques et dans le monde moderne. — Inquiétante analogie des origines de la décadence dans tous les temps. — Le scepticisme religieux. — Ses causes, ses effets. — Le fond et la forme en matière de religion. — L'invasion dans l'Église des intérêts politiques et temporels.

Chap. II. — Les respects dans le monde 22

Il y a deux sortes de respects. — Comment et pourquoi les respects s'en vont. — Une prédiction d'outre-tombe.

Les respects dans les armées. 35

Les réalités du champ de bataille telles qu'elles m'ont apparu toujours. — Par quelle force peuvent être dominées, dans l'âme du soldat, les irrésistibles émotions du champ de bataille. — Respects français et respects anglais au siège de Sébastopol, Français et Allemands au siège de Paris. — La supériorité des armées qui ont à la fois, au milieu des épreuves et des tentations de la guerre, les respects volontaires et les respects forcés du règlement.

La contrefaçon des respects 43

L'égalité et l'inégalité sous l'aspect qu'elles ont en France. — Le régime de l'idolâtrie passagère. Quelques exemples de congratulations aux personnes, outrées jusqu'à l'apothéose. — Le péril spécial de ce régime dans son application à l'armée. L'apparition pour la première fois, dans le rang, des réservistes créés par la loi militaire de 1872. Ils sont les premiers soldats du monde ! — La ruine de l'esprit public et de la hiérarchie sociale.

Chap. III. — La violence et la séduction. 52

Ce n'est pas la violence qui perd les peuples, c'est la séduction. — Les violences de la première république laissent intacts le patriotisme et la valeur de ses armées. — Le général Bonaparte. — Ce qu'il eût pu être. — Ce qu'il a été. — Les séductions et la centralisation du premier empire; leurs effets. — La France vouée à la succession alternative des gouvernements démocratiques et césariens. — La Légion d'honneur. — Les séductions du second empire. — Curieux exemples des contresens politiques que crée la manie des décorations. — Ce que l'Assemblée nationale aurait dû faire et ce qu'elle n'a pas fait.

Chap. IV. — L'argent et le sensualisme. 76

L'argent et le sensualisme ont été, dans les civilisations d'autrefois, ils sont, dans les civilisations d'aujourd'hui, les agents les plus actifs de leur corruption et de leur destruction. — Les progrès qu'ils ont faits en France depuis le commencement du siècle. — Les progrès qu'ils feront encore. — Les nouvelles mœurs rurales. — Saisissantes prédictions et adjurations au peuple français, en 1827, du général Morand, vieil adversaire des Prussiens dans les guerres du premier empire.

L'éducation et l'instruction primaires. 83

Uniformité singulière des réponses faites à certaines questions par beaucoup de soldats prussiens prisonniers. — Ces réponses sont comme apprises. — L'instruction et l'éducation. — Exemples tirés des formules de l'éducation populaire dans l'école allemande.

L'éducation et l'instruction secondaires 83

L'éducation n'est pas mieux comprise dans les internats de l'Université qu'à l'école primaire. — Origines des succès qu'obtiennent les établissements libres et de la prédilection qu'ont beaucoup de familles pour ceux qui ont une direction ecclésiastique. — La liberté de l'enseignement sous les réserves de droit. — Les traditions de l'enseignement sont immuables dans nos écoles militaires. — Nous n'avons pas étudié et nous n'avons pas su nous assimiler à temps les progrès réalisés par les armées étrangères. — Les institutions militaires de la Prusse sont, au principal, le résultat d'une grande réforme de l'éducation publique. — Stein et Scharnhorst.

ÉTAT POLITIQUE

Chap. V. — Principes et procédés de gouvernement. — La défiance et la peur. 97

La politique française au temps de ma première jeunesse. — Les carbonari et les bonapartistes de la Restauration. — L'hydre de l'anarchie du gouvernement de 1830. — Le spectre rouge du second empire. — Le spectre noir de la république. — Théorie gouvernementale traditionnelle de la défiance et de la peur unies à la séduction. — Ses effets. — Un duel à armes dissimulées. — Ce qu'est devenue, sous ce régime, la magistrature préfectorale. — Théorie gouvernementale dont le principe serait la propagande par l'État, de la confiance et de la sécurité. — La décentralisation administrative.

Chap. VI. — Les institutions libres et le gouvernement du pays par le pays. 109

Une erreur française dans la recherche de la vérité politique. — Richelieu. Louis XIV. L'empereur Napoléon Ier. Le roi Louis XVIII. Le roi Louis-Philippe. — L'Angleterre est le pays des institutions libres. Elle ne les doit pas au tempérament particulier qu'on prête aux Anglais. Elles sont le fruit d'une grande réforme politique qui ne diffère pas de celle que je préconise. — Liberté et responsabilité. — Empoisonnement de l'atmosphère gouvernementale en France. — La journée d'un ministre. — La commune, le département, la province. Leur émancipation quant à la gestion des affaires, sous la réserve du contrôle de l'État. — Une comparaison : ce que la centralisation traditionnelle de toutes les affaires militaires par le ministère de la guerre, avait fait de l'armée française au moment où éclatait la guerre de 1870. Désordre, confusion, impuissance. — Réflexions sur les premiers effets de la décentralisation administrative. — Résumé.

Chap. VII. — Le parti conservateur. 131

De 1815 à 1870, le parti conservateur a toujours contribué à la ruine du gouvernement qu'il entendait servir.

Sous la Restauration. 131

Les hommes d'État de la monarchie. — Le conseil supérieur de la guerre. — Les hésitations du pouvoir entre les dévouements et les avertissements. — Le rôle des conservateurs à outrance. — la révolution de juillet 1830.

Sous le gouvernement de Juillet. 133

M. Guizot et le maréchal Bugeaud. Leurs vues conservatrices en matière de cens électoral. — La révolution de 1848. Rectifications sommaires à la légende. — Aphorismes gouvernementaux résultant des événements dont je fais le récit. — Encore M. Guizot et le maréchal Bugeaud.

Sous le second empire 142

Le parti conservateur acclame le coup d'État, et en ratifie toutes les conséquences. — Il est servile. Au cours d'entreprises de guerre presque continuelles, et toujours imprévues, il ne rappelle pas une seule fois au pouvoir que *l'empire c'est la paix*. — La guerre du Mexique. — Le plébiscite. — Sedan.

Après la guerre 144

Le parti conservateur à l'Assemblée nationale. Il donne le spectacle et l'exemple de ses divisions au pays divisé. — Il se fait exclusivement politicien et manque absolument à son mandat d'apaisement social. — Inavouables compromissions pour l'élection, par l'Assemblée, des sénateurs inamovibles. Cette fin honteuse d'un parlement conservateur en immense majorité, était un châtiment. — Le principe et les procédés de l'enquête sur les actes du gouvernement de la Défense nationale. Elle fait revivre le parti césarien. — Le bilan du césarisme.

CHAP. VIII. — Le parti républicain 152

Le parti républicain au pouvoir n'a pas manqué, lui aussi, de faire application de la théorie gouvernementale « de la défiance et de la peur ». — L'intolérance politique et religieuse. — Un exemple frappant du libéralisme vrai des Anglais. — L'erreur républicaine du gouvernement de la Défense nationale. — Réflexions rétrospectives. — La politique libérale du roi Henri IV. — Le suffrage universel. Pratiqué comme il l'est, le suffrage universel est une grande école de corruption sociale et politique. Il est infailliblement, à un jour donné, l'instrument du renversement de la république et de l'avènement du césarisme

(1850-51). — La presse. Son irrésistible influence. Inanité des efforts faits en tous sens par les gouvernements pour la contenir ou l'asservir. — Les journalistes, professeurs d'esprit public, ne sont l'objet, quant à leurs précédents, d'aucun contrôle. — Théorie du gouvernement de la presse par la liberté absolue et la responsabilité proportionnelle. — La Prusse et l'Italie. — Comment et par qui s'est fondée la grandeur contemporaine de la Prusse. — Encore Stein. Ses audacieuses réformes expliquées par des extraits de ses lettres. — Après l'empereur Napoléon III, fondateur militaire de l'unité italienne, c'est Cavour qui en a été le fondateur politique. Les politiciens français n'ont pas cru à l'avenir de cette fondation. Principes et procédés de gouvernement de Cavour. Comme ceux de Stein, ils montrent, dans des temps et dans des milieux très différents, la puissance des effets d'une décentralisation administrative très étendue, combinée avec une centralisation politique énergique et bien suivie.

ÉTAT MILITAIRE

Chap. IX. — Les institutions militaires et les armées. 181
Je réédite un vieux livre: *l'Armée française, en* 1879. — Les institutions militaires sont les fondements de l'édifice, qui est l'armée nationale. Le dangereux mirage qui nous a fait confondre jusqu'à présent, en matière de constitution d'armée, les institutions de tout temps insuffisantes en France, avec l'organisme devenu très puissant. — Exemples tirés de l'histoire contemporaine, de la grandeur du rôle des institutions, quand à la guerre l'organisme a été détruit par la défaite. Trafalgar et Iéna. — L'explication de la rapidité et de la proportion de nos revers dans la guerre de 1870. — Les guerres futures déconcerteront les principes, les prévisions et les traditions des guerres passées.

Chap. X. — L'éducation militaire de la nation. 193
Il faut développer en France l'esprit militaire. En quoi il diffère de l'esprit guerrier.

Le catéchisme militaire. 194

Sa définition, son but de pénétration dans les écoles et dans les familles. Principes généraux du catéchisme militaire. — Les réalités du devoir des armes remplaçant dans le tempérament français les excitations vaniteuses, l'appétit de la louange et des distinctions voyantes.

Les familles militaires. 196

Les familles militaires envisagées au point de vue de l'extension de l'esprit militaire dans le pays. — Les guerres incessantes et destructives dont notre pays a subi les effets, ont contribué pour une grande part à l'abaissement de la natalité française. La guerre et la conquête algérienne. — Les familles militaires sont de véritables et nécessaires agences de recrutement pour l'armée. Théorie de la vocation transmise. Les familles militaires disparaissent de plus en plus. L'État ne fait rien pour elles, et la législation les opprime.

L'éducation civique de l'armée 201

Le dressage et l'éducation des soldats. — La compagnie, l'escadron, la batterie, sont les écoles primaires de l'armée. Le capitaine directeur, éducateur et tuteur. Pouvoirs étendus et responsabilités proportionnelles.

La discipline et l'émulation dans l'armée 205

Théorie du gouvernement des masses hiérarchisées. Ses principes sont méconnus dans l'armée française, qui n'utilise pas l'indéniable puissance de l'émulation sur le dressage des soldats, sur leur éducation, sur l'équilibre disciplinaire. La prime d'encouragement. — Exemple frappant de ce qu'un chef militaire inconnu, modeste, mais pénétré des vrais principes du commandement, peut obtenir d'un régiment français. Le 39º de ligne et son colonel. — L'ancienne armée était à certains égards un instrument de déclassement. La nouvelle devrait être l'école de la discipline nationale.

Chap. XI. — Les établissements d'éducation militaire (Écoles) . 214

Le rôle du commandement et des cadres dans l'armée nouvelle . 215

Les écoles militaires prussiennes d'officiers en 1870. 216

Leur énumération, leur objet, leur constitution. Étonnante succession de garanties que doivent fournir et de preuves que doivent faire les candidats officiers. — Sagesse des dispositions législatives ou réglementaires qui président au fonctionnement de ce vaste ensemble d'institutions scolaires. — La distribution de l'avancement dans les grades inférieurs.

Les écoles militaires prussiennes de sous-officiers en 1870. . . . 220

Les écoles de sous-officiers préparent à ce mandat militaire spécial des sujets qui ne veulent et ne peuvent être que sous-officiers. — Efforts du gouvernement prussien pour retenir dans l'armée les sous-officiers que la loi autorise à en sortir. Les institutions scolaires militaires de la Prusse sont les plus solides éléments de la puissance de son armée.

Les écoles militaires françaises en 1870. 222

Notre indigence comparative, constatée par les chiffres. — Le Prytanée de la Flèche. L'École de Saint-Cyr. L'École polytechnique. L'École d'application de l'artillerie et du génie. L'École d'application d'état-major. L'École de cavalerie de Saumur. — Examen critique de la constitution de chacune de ces écoles et des résultats qu'elles donnent. — A propos de l'immobilité des traditions de l'enseignement à l'École de Saint-Cyr, révélation anecdotique de l'incident qui y a fait introduire l'exercice du cheval. — L'ancien régime était relativement beaucoup plus riche que le nouveau en établissements scolaires militaires.

La réforme des établissements d'éducation militaire. 231

En 1872, l'Assemblée nationale s'est exclusivement appliquée à la réorganisation de l'armée combattante. — Récents efforts pour le développement des institutions militaires, notamment des établissements scolaires. Énumération, examen critique sommaire de ces créations nouvelles. — Propositions de réforme du système, à titre de complément des progrès réalisés. — Il y aurait quatre prytanées. Leur constitution, spécialement au point de vue de l'assistance aux familles militaires. — Notre École d'infanterie et de cavalerie (Saint-Cyr), la plus importante de toutes, est radicalement insuffisante. C'est un collège militaire, et l'esprit de collège y domine bien plus que l'esprit des armes. Les élèves sont beaucoup trop nombreux devant le professeur, pour que les études soient bien suivies. — Il y aurait deux écoles d'infanterie et de cavalerie. Leur constitution, spécialement au point de vue de l'introduction de l'esprit militaire dans ces écoles, par l'obligation d'un stage régimentaire préalable pour tous les candidats admis.

Chap. XII. — Le recrutement de l'armée 243

Aucune nation n'est en état de porter le double fardeau de l'obligation et de la durée du service militaire. — Ma lutte à l'Assemblée nationale contre M. Thiers pour la réduction à trois ans du service militaire de cinq ans (1872). La loi du 15 juillet 1889 me donne satisfaction sur ce point. Sur plusieurs autres, elle est très imparfaite.

Les états-majors 246

L'École supérieure de guerre, élément très important de reconstitution militaire. — Le service d'état-major et le corps d'état-major. L'un et l'autre devraient coexister dans l'armée. — Fausses traditions dans la distribution du travail des états-majors. Économies de personnel écrivant à réaliser. Importantes missions à donner au personnel économisé.

Les missions militaires à l'étranger. 254

Leur objet et leur haut intérêt jusqu'à présent méconnus en France.

Travaux permanents de reconnaissance des frontières françaises. 255

La situation que les événements de 1870-1871 ont fait à la France vis-à-vis de l'Europe monarchique, lui font une loi d'être sans trêve en éveil sur ses frontières. — Le but, la forme et l'effet des travaux de reconnaissance. De leur entier accomplissement peut dépendre le salut de l'avenir national.

Création d'emplois de major de brigade. 258

Les sous-officiers. 260

De l'état de sous-officier nous n'avons pas su faire une carrière recherchée. — La question d'argent. L'indemnité de rengagement immédiatement payée. — La question de dignité d'état. Mesure de l'autorité dont les sous-officiers sont investis dans l'infanterie, dans la cavalerie, dans l'artillerie, dans le génie, dans l'armée navale. — Du mode de répression disciplinaire appliquée aux sous-officiers dans l'armée. — Logement des sous-officiers. Service de table et lieu de réunion. — Habillement et armement. — Le problème de l'encadrement ne sera résolu que lorsque l'armée aura un corps de sous-officiers comme elle a un corps d'officiers.

La défense du territoire. 274

Nous sommes aujourd'hui en possession des trois forces qui nous ont manqué en 1870, l'organisation, le nombre, l'arsenal. — La défense directe échelonnée. — La défense latérale. — L'emploi simultané de ces deux modes de préparation de la défense territoriale.

Conclusion. 276

APPENDICE

Préface 281

Chap. I. — L'Algérie d'autrefois. 283

Mon premier commandement. — Conseils aux jeunes officiers qui débutent dans la carrière. A la guerre et devant l'ennemi, toute mission a sa valeur. — Historique du commandement d'un convoi d'ânes porteurs de meules, nourricier d'une colonne en opérations. Journée difficile. Ces humbles travaux sont l'origine du rapide avancement que j'ai rencontré dans l'armée. — Une controverse avec La Moricière. Les événements ultérieurs l'ont rendue prophétique. — La guerre marocaine. Le maréchal Bugeaud. Souvenirs anecdotiques de la campagne d'Isly. — Combat du 15 juin 1844. Mort de Tristan de Rovigo. — Une vive alerte. Bataille d'Isly. Changement imprévu dans ma destinée, qui reste associée à celle du maréchal Bugeaud. Sa mort à Paris. — J'échappe à un emploi de cour.

Chap. II. — Encore l'Algérie d'autrefois 315

Le maréchal Bugeaud et le général Changarnier. Les origines de leur réciproque aversion. — Un récit du maréchal Bugeaud. Terrible conflit. — Réflexions sur les contrastes qu'offraient leurs caractères et leurs tempéraments. — Au château de la Durantie (novembre 1847). Une controverse avec le maréchal Bugeaud au sujet de la durée du gouvernement constitutionnel. — Le *credo* politique du maréchal. Il est plein de confiance dans l'avenir, explique cette confiance, et juge paradoxales mes objections que je ne croyais d'ailleurs que purement théoriques. Elles devaient, à trois mois de là, recevoir la sanction des faits par la révolution de Février.

Chap. III. — La révolution de Février 328

Le maréchal est à Paris, où je l'ai suivi. — Le dernier dîner royal aux Tuileries. J'ai l'honneur imprévu d'y assister, et, très attentif à ce qui se passe là sous mes yeux, je reconnais que, dans cette soirée du 23 février, la sécurité du roi, qui se révèle par un incident particulier, semble entière. — Rencontre après le dîner de M. Cuvillier-Fleury, mon maître autrefois au collège Sainte-Barbe. Il est dans l'intimité de la famille royale et ne paraît redouter à aucun degré les événements du lendemain. — Le maréchal Bugeaud, rentré chez lui dans la soirée, est rappelé aux Tuileries dans la nuit, et reçoit le commandement des troupes. — La dernière revue du roi, le 24 février au matin, dans la cour des Tuileries. — Le maréchal Bugeaud est remplacé dans le commandement par le maréchal Gérard. — Étrange succession de faits qui me rendent le témoin de l'abdication du roi. Le récit de cet épisode profondément émouvant de la révolution de Février. — J'ai l'honneur de commander la dernière escorte militaire qu'ait eue S. A. le duc de Nemours.

CHAP. IV. — Le deuxième empire 343

Un sauvetage sous un gouvernement autoritaire. — Je suis directeur adjoint du personnel de la guerre, en vertu d'un ordre ministériel répondant à mon refus officieux de cet emploi. — Le ministère de la police. Il veut mettre la main sur la gendarmerie. — Comment je sauve la gendarmerie, et comment, sans le vouloir et le savoir, je renverse le ministère de la police. — Les expériences de l'empire sur l'armée. — Prodromes de la guerre d'Orient. — Une conspiration de préparation dans les bureaux de la guerre. — Le maréchal de Saint-Arnaud, commandant en chef de l'armée d'Orient. Généreuse confidence qui me lie étroitement à la fortune de la fin de sa vie. — Le chef d'état-major de l'armée d'Orient, général de Martimprey.

CHAP. V. — A Varna 356

Les incertitudes. — Le maréchal et l'opinion inclinent à la poursuite des Russes qui se retirent, abandonnant le siège de Silistrie. Impossibilités militaires, théoriques et pratiques, de cette opération de guerre. — Comment se décide l'entreprise de Sébastopol. — Les épisodes tragiques de Varna. Le choléra asiatique. L'incendie de la ville. — Incomparable solidité morale du maréchal qui s'affaiblit visiblement, et de l'armée dont le ressort semble se retremper dans l'épreuve. — En mer vers la Crimée. Devant une nouvelle crise d'angine de poitrine, d'une effrayante violence, le maréchal est à l'agonie. — La transmission du commandement. Le général Canrobert. — Le maréchal revient à la vie avant le débarquement. — En marche vers l'Alma. — Épisode du colonel de Lagondie. — Bataille de l'Alma. — Le maréchal, dont l'état se complique de symptômes cholériformes, est condamné par le docteur Cabrol. — Au plateau de Mackensie (bivouac de la soif). — Dans la nuit le docteur Cabrol m'avertit que le maréchal se meurt. — Mes douloureux et derniers échanges avec lui. Je reviens à ses premiers adieux à l'armée, qu'à l'heure de sa première agonie, sur le vaisseau *la Ville-de-Paris*, j'avais rédigés. J'y introduis la bataille de l'Alma. Il les signe encore en pleine possession de lui-même. — Le général Canrobert prend le commandement. — Réflexions sur la fin du maréchal de Saint-Arnaud et appel à la justice sur l'honneur que doit en recueillir sa mémoire parmi nous.

Chap. VI. — Comment, sous le deuxième empire, on préparait la guerre (suite). 378

Avant et pendant la guerre d'Italie. — Étrange incident entre le maréchal Vaillant, ministre de la guerre, et moi. Il me communique un avis du prince Napoléon à l'empereur. — Mon départ précipité pour le théâtre de la guerre. — Les étonnements du maréchal de Castellane à Lyon. — Mes étonnements à Briançon. — En marche sur le bourg de Palestro, où j'ai l'ordre de m'établir au bivouac. — A peine en route, je suis averti par le canon que le roi Victor-Emmanuel est engagé avec l'ennemi derrière les collines qui sont à ma droite. Je renonce à Palestro et marche au canon. — Mon chef me rappelle à l'exécution de ses ordres. — Je reprends la route de Palestro. Un aide de camp du roi m'apporte l'avis qu'il réclame mon concours, et je retourne à la bataille. — Mon chef me rappelle encore une fois à l'exécution de ses ordres, et je reprends la route de Palestro. J'y arrive dans la soirée, et là je reçois de lui l'avis que l'engagement n'ayant pas cessé, je dois aller à la rescousse du roi. — Je retourne pour la troisième fois à la bataille, mais mon mouvement est à peine prononcé, que mon chef m'informe qu'elle a pris fin, et je reviens à Palestro. — Commentaire sur cet extraordinaire imbroglio de guerre. — A Solférino, même désarroi au dire du général Niel. Il donne lieu à un grave incident. — De la valeur morale considérée dans les généraux d'armée. — J'ai servi fidèlement l'empire. — Comment j'ai entendu le servir. — Dès 1867, je constatais, dans un livre condamné par le pouvoir, que dans l'armée, dans l'esprit de certains de ses chefs, le calcul tendait à remplacer le patriotisme. — Le maréchal Bazaine. S'il n'a pas trahi son pays, il a trahi son devoir.

26744. — Tours, impr. Mame.

www.ingramcontent.com/pod-product-compliance
Lightning Source LLC
Chambersburg PA
CBHW070926230426
43666CB00011B/2333